古典文獻研究輯刊

三八編

潘美月・杜潔祥 主編

第 51 冊

耿文光《目錄學》的研究與整理

楊琦、張憲榮 著

國家圖書館出版品預行編目資料

耿文光《目錄學》的研究與整理／楊琦、張憲榮 著 -- 初版
-- 新北市：花木蘭文化事業有限公司，2024〔民113〕
目 2+216 面；19×26 公分
（古典文獻研究輯刊 三八編；第 51 冊）
ISBN 978-626-344-754-7（精裝）
1.CST：（清）耿文光 2.CST：目錄學 3.CST：研究考訂
011.08   112022614

ISBN-978-626-344-754-7

9 786263 447547

古典文獻研究輯刊
三八編　第五一冊
ISBN：978-626-344-754-7

耿文光《目錄學》的研究與整理

作　　者　楊琦、張憲榮
主　　編　潘美月、杜潔祥
總 編 輯　杜潔祥
副總編輯　楊嘉樂
編輯主任　許郁翎
編　　輯　潘玟靜、蔡正宣　美術編輯　陳逸婷
出　　版　花木蘭文化事業有限公司
發 行 人　高小娟
聯絡地址　235 新北市中和區中安街七二號十三樓
　　　　　電話：02-2923-1455 ／傳真：02-2923-1452
網　　址　http://www.huamulan.tw 信箱 service@huamulans.com
印　　刷　普羅文化出版廣告事業
初　　版　2024 年 3 月
定　　價　三八編 60 冊（精裝）新台幣 156,000 元

耿文光《目錄學》的研究與整理

楊琦、張憲榮　著

作者簡介

楊琦（1987～），女，太原師範學院文學院講師，主要研究漢字學，方言學等。在《勵耘語言學刊》《北京師範大學學報》等上發表論文 10 餘篇，參與「中華字庫——版刻楷體字書文字整理」及「耿文光《目錄學》的整理與研究」等省部級項目。

張憲榮（1984～），男，山西大學文學院副教授，主要研究小學文獻學，漢字學等。發表論文 30 餘篇，出版《小學文獻學視野下的毛氏汲古閣本〈說文〉研究》等著作，主持國家社科基金青年項目「小學文獻學研究」等。

提　　要

本書主要是對山西籍學者耿文光的《目錄學》進行整理和研究的一部著作，具體包括兩大部分：第一部分是對該書的研究，包括三章的內容，首先對《目錄學》的前身《日課書目》一書的成書時間、版本、性質和其批註等進行詳細的考證，其次對存藏於國家圖書館的二十卷稿本《目錄學》的編纂情況和版本進行研究，最後是詳細梳理了《目錄學》和《萬卷精華樓藏書記》的關係。第二部分是對該書的整理。存世的《目錄學》有九卷本和二十卷本之分，其中，九卷本為刻本，二十卷本為稿本，二者在收書方面很少有重複。本次主要對九卷本進行全面標點整理。之所以如此，是因為九卷本為耿文光生前所刻之書，基本上能夠反映耿氏對此書的態度。二十卷本則不僅殘缺嚴重，而且著錄混亂，基本上是耿氏的一個工作稿本。從這個角度來看，前者無疑是最好的也是亟需整理的著作。

2016 年度山西省高等學校哲學社科研究
一般項目《耿文光〈目錄學〉的整理與研究》
（項目編號：2016215）的最終結題成果

目次

緒　論

　　耿文光字斗垣，號蘇溪漁隱，是清代晚期一位頗有成就的山西籍藏書家和目錄學家。其築室曰「萬卷精華樓」，藏書達八萬餘卷。他認為目錄學為讀書之門徑，故先後編纂了《目錄學》《萬卷精華樓藏書記》等多部目錄學著作。這些著作都是在其以讀書為目的的觀點下進行編纂的，故不僅有明確詳盡的編纂體例，而且廣徵博引，考證精核，這使其在一定程度上擺脫了當時私家書目僅供翻檢或炫耀的實用目的，而成為了一種學術性很強的專著，故其價值遠在一般私家書目（包括善本書目）之上。不過可惜的是，由於耿氏生前資金匱乏，雖多次欲以付梓諸書，但最終僅在生前刊刻了《目錄學》九卷等寥寥幾部，而其《萬卷精華樓藏書記》則在民國時期才被收入《山右叢書》中。同時，由於其生前大部分時間皆在鄉里度過，故並不為世人所聞，其著作亦很少受世人關注，直到 20 世紀 80 年代以後方才有個別學者對之進行研究，但成果亦不太多。近年來，其部分著作的稿本已經陸續被影印出版，故可據以展開進一步的研究和整理。本書所探討的是他的《目錄學》。

一、國內外研究現狀和發展趨勢

　　目前國內外並沒有專門對《目錄學》這部著作進行研究的學術成果，而是有若干在研究耿文光本人和其《萬卷精華樓藏書記》的同時稍微提及該書的一些學術或學位論文，如鄭偉章《善讀書者必通書目——目錄學家、藏書家耿文光考述》（北京社會科學，1999 年第 3 期）、李俊清《略論耿文光及其目錄學成就》（晉中師專學報，1990 年第 1 期）、李豔秋《耿文光的目錄學成就》（文獻工作與研究，1998 年第 4 期）、李琦《晚清藏書家耿文光研究》（2006 年蘇

州大學碩士論文,第 12～13 頁)、李澍懿《〈萬卷精華樓藏書記〉研究》(2013年山西師範大學碩士論文,第 2 頁)等皆對該書的刊刻過程、體例、特點等進行了介紹,只不過有詳有略而已。同時,《山西文獻總目提要》、《中國版本目錄學書籍解題》等也對之有簡單的介紹。而《北京圖書館普通古籍總目·目錄門》不僅著錄了該書的刻本,而且還收錄了其殘存的兩個稿本,價值頗大。所以從整體上看,目前學界對該書僅停留在介紹和著錄的層面,尚未對其展開深入探討。本課題即在充分收集其現存的各個版本的基礎上,從目錄學和校勘學的角度對之進行整理和研究。

二、研究目的和意義

對耿文光《目錄學》的整理和研究有以下幾方面的意義:

首先,從對耿文光本身的研究來說,有利於深化對耿文光目錄學思想和目錄學著作的認識。

《目錄學》作為耿文光現存最重要的兩部著作之一,是其前期用力頗深的目錄學專著。可以說,其後期的《萬卷精華樓藏書記》的編纂思想、體例、著錄方式等都可以在此書中看到影子。同時,自從《目錄學》的稿本被影印出來之後,通過對該書不同版本的校勘整理,不僅可以進一步深化對該書的研究,而且更為重要的是,還可以看出耿文光對從《目錄學》到《萬卷精華樓藏書記》這兩部目錄書之間編纂思想的微妙變化。所以對《目錄學》的研究可以有利於加深耿文光目錄學思想和目錄學著作的認識。

其次,從目錄學學科的建設來說,可以進一步拓展目錄學研究視野,同時也可以豐富目錄學知識,並為之提供一定的文獻資料。

傳統目錄學由於被歷代學者認為是讀書之門徑,並且具有「辨章學術,考鏡源流」的作用,所以一向受到學者們的重視。其中,那些有小序和提要的目錄學著作更是其中的寵兒,被認為是能夠發揚劉向開創的目錄學傳統和繼承傳統學術的典範。但是,這種著作在整個目錄學史上實在是太少了,大多目錄學專著和教材也僅僅關注影響較大的《郡齋讀書志》《四庫全書總目》等有限的幾部。耿文光的《目錄學》等著作其實與這些著作在本質和功能上都是一脈相承的,但是在體例和具體著錄等方面都對之進行了很大的突破和改進。所以對之價值的挖掘和評價,不僅可以拓展目錄學研究的視野,使其不再僅僅局限於為人熟知的幾部書目,同時《目錄學》這部著作所蘊含的眾多資料也可以為

研究者提供豐富的文獻材料。

最後，該研究也有利於體現三晉學者的獨特學術地位，挖掘三晉文獻的獨特價值。

耿文光一生幾乎大部分時間都在鄉里度過，早年徜徉於平陽、介休等書肆，致力於購書，晚年才遠涉津門等地，但也不過為了刊刻所著書。所以，相對於祖籍山西的那些藏書家如張敦仁等來說，他應該是一位土生土長的典型的山西籍藏書家。雖然他久居鄉里，但並非閉門造車，而是視野開闊，學識豐贍，勤於著述，故其目錄學成就其實毫不遜色於當時的江南藏書大家。只不過其不為世人熟知，故而長久默默無聞。所以今天在弘揚傳統文化，整理文化典籍的進程中，對這位元優秀的目錄學家的目錄學著作進行整理和研究，挖掘其深厚的目錄學思想，不僅可以向世人展現這位三晉學者的獨特的學術地位，還可以從另一方面揭示三晉文獻的獨特價值。

三、研究方案及可行性

（一）現有研究基礎

1. 耿氏《目錄學》一書現存於國家圖書館的一個刻本和兩個稿本已經由國家圖書館出版社收入《清代私家藏書目錄題跋叢刊》第9～10冊影印出版，目前這三個版本已經全部獲取，這為本次整理提供了較為全面的材料儲備。

2. 耿氏的《萬卷精華樓藏書記》《蘇溪漁隱讀書譜》等著作中有關該書的條目已經基本輯錄完畢，而學界相關的研究成果也較全面的進行了收集，這為本書的進一步研究作了較好的前期準備。

（二）研究特色

前人大多以《萬卷精華樓藏書記》為研究對象展開對耿文光目錄學思想的研究，而對《目錄學》一書則僅限於簡單介紹。本書則以其前期的《目錄學》為研究對象，不僅要對其版本進行系統研究和整理，而且還要對其性質、著錄項、提要以及其對《萬卷精華樓藏書記》的影響等進行多方面的研究。

（三）難點與創新之處

1. 難點

首先，此書原稿凡二十卷，然耿氏生前僅刊刻了其中的九卷，剩餘的十一卷皆歸併到了其《萬卷精華樓藏書記》內了。但是其並未說明如何歸併，歸併

了哪些，而今存的二十卷本又是一個殘本，無法反映原貌。這需要在研究《目錄學》之前，尚需對《萬卷精華樓藏書記》進行進一步研究。

其次，《目錄學》這本著作目前存世有三個版本，其中的兩個稿本皆藏於國家圖書館，獲取原稿相對不易，只能就影印本進行研究，這使得本書不可避免地會失去原稿所擁有一些信息（如影印本無法體現原稿的朱筆批校，只能隱約辨認）。同時，由於是修訂稿本，不僅字跡潦草、塗改嚴重，而且頁碼顛倒，書簽四處可見，在整理上尚需一定的時間。

2. 創新之處

（1）在充分收集《目錄學》各種版本的基礎上較為全面地對之進行整理。

（2）較深入地對《目錄學》一書的成書過程、版本價值、性質、著錄特點及其對《萬卷精華樓藏書記》的影響等進行探討。

（四）研究思路和方法

1. 研究思路

首先，對《目錄學》的各種版本進行調查和搜集。

其次，綜合現存諸版本進行校勘整理，做出一個較為全面，訛誤較少的版本。

再次，在進行整理校勘的過程中，對這些版本的特點和價值進行挖掘。

最後，以此整理本為基礎，對其性質、著錄等進行較為深入的研究。

2. 研究方法

（1）紙本校勘與實地調查相結合

在前期校勘整理的過程中，採用先紙質校勘後實地調查的方法。由於目前已經複印了該書的三個版本的影印本，所以為了節省時間，擬先依照這些資料進行初步整理，有些不清楚和殘缺的地方暫且標記。然後親自去藏書單位借閱原本，重點對這些做標記的地方進行修訂，同時據原本重新校勘初次整理本。若有特別有價值之處，則出以校記。

（2）多重考證與綜合比較相結合

在後期研究的過程中，採用反復考證和綜合比較的方法。由於《目錄學》現存的兩個稿本的成書時間並不明確，而且與其刻本的關係也非常微妙，所以尚需要結合相關資料進行版本考證，比如此兩本分別屬於耿氏的第幾次手訂稿本，二者成書時間以何為先，兩本與刻本在內容上有何變化等等。同時，我

們發現，此書與《萬卷精華樓藏書記》關係亦十分密切，很多時候在著錄時並不如其凡例所說的那樣界限明確。一書的同一版本往往會同時被收入兩個書目內，但有時在內容上會有詳略之分，甚至態度上也有極大的不同，這對研究耿文光的目錄學思想的變化具有很大的參考價值。而研究這些問題，就必須進行綜合比較，反復考證才能看得清楚。

（五）擬採取的研究工作方案和調研計劃

1. 通過前人研究成果和歷代目錄著作，調查《目錄學》這一目錄著作的歷代書目的著錄情況和現存的版本情況（包括版本類型、收藏單位、影印出版情況），初步擬定獲取途徑和方法。

2. 優先獲取已掃描的電子圖書或已出版的紙質圖書。同時，調查收藏單位是否可以提供閱覽和掃描，並擬定實地調研的具體時間和所需時間。

3. 在收集版本的同時，以九卷本《目錄學》為底本，以殘稿本《目錄學》等為參校本進行校勘整理，作出一個初次整理稿。然後通過實地調查對之進行進一步的修訂，最後整理出一個訛誤較少的本子。

4. 在校勘整理的同時，初步對這些版本的特點和價值進行研究。

5. 通過對整理本的研究，進一步對《目錄學》的性質、著錄（著錄項、著錄方式等）、提要等進行研究。

6. 通過與《萬卷精華樓藏書記》的比較，不僅要探討《目錄學》未被刊刻的內容是如何歸併到前者的，而且要指出這兩部著作的區別和聯繫，從而進一步把握耿文光目錄學思想的變化軌跡。

上　編

第一章　《目錄學》的前身：
《日課書目》研究

　　據相關文獻可知，耿文光《目錄學》一書的前身名曰《日課書目》，此目由於一直深藏國家圖書館，故長期不為人所知。學者們僅據《蘇溪漁隱讀書譜》《萬卷精華樓藏書記》〔註1〕中所收的《序文》大概知道它是《目錄學》的「初名」，但一般不將之當作耿氏的著作來看待，因而也談不上什麼研究。其實，這部著作的重要性在於不僅與《目錄學》關係密切，而且與《藏書記》亦頗有淵源。幸而今已由國家圖書館出版社影印出版，故可一睹其真容。今據之求證以上兩目，亦多有值得探討之處。

第一節　《日課書目》的成書時間

　　現在有關《日課書目》的資料頗少，最早提及此書的是耿氏的《讀書譜》。其卷三所收的《目錄學序》「爰發所藏，定為日課」句下小注云：「初名『日課書目』，後改今名。其中有成篇者，皆舊稿也。」〔註2〕據此可知，此書原來是《目錄學》一書的舊稿。考此序撰於「同治十年辛未」，則改成「目錄學」這

────────────────

〔註1〕本書為論述方便，以下諸章凡提及《蘇溪漁隱讀書譜》皆簡稱「《讀書譜》」，凡提及《萬卷精華樓藏書記》皆簡稱「《藏書記》」。

〔註2〕按，耿文光《目錄學》一書今存世者有兩個版本：一為刻本，凡九卷；二為稿本，殘存六卷多。二本皆收錄此序，但前者已刪去了此條小注，後者則僅有「初名『日課書目』，後改今名」。與《讀書譜》所收的序相比，二者顯然是據之刪並的，故今取《讀書譜》之文。

一名稱也應始於此時了。

那麼，《日課書目》是什麼時候開始編纂的呢？

今因資料不足，故無法知道其確切時間，但從相關資料可以看出一點端倪。

考耿氏《萬卷精華樓藏書叢記序》（以下簡稱「《序》」）云：「余先著《目錄學》以為入門之法，每考一書，動成篇卷，然僅僅知書之名目而已。……遂別其專考古書者為《紫玉函書目》，專記藏書者為《仁靜堂書目》；其片麟斷甲，悉歸是編，為《藏書記》。」據此可知，《目錄學》一書應該是耿氏所編的第一部目錄學著作。

可是據《讀書譜》記載，耿氏編纂諸目的順序依次是：同治九年修《仁靜堂書目》，同治十年修《目錄學·經部》，光緒元年修《精華書目》，光緒十四年修《紫玉函書目》。照這樣看來，耿氏最早編成著作反是《仁靜堂書目》，而非《目錄學》了。

那麼，如何解釋上面的矛盾呢？

筆者認為《讀書譜》既然是耿氏根據可信的材料編纂而成的〔註3〕，其所「修」書目的順序應該正確的。而《序》並見錄於《讀書譜》與《藏書記》，又成篇較晚，其記載應該也無大問題。在兩則材料都毋庸置疑的情況下，那只能有一個解釋，就是《序》中所云「《目錄學》」並非同治十年所修的那部著作，而是指《日課書目》。前面提及，這兩部書目關係密切，耿氏作《序》時《目錄學》早已改今名，故耿氏說「先著」，暗含著追溯源頭的意味。從編纂時間上看，《日課書目》應該比《仁靜堂書目》要早或在同時。但是就書目性質而言，前者並不是一部真正意義上的著作，起碼在耿氏眼中確實如此，否則他不會一而再地提起其四大書目而不及此了。從這個角度看，以上兩說其實並不矛盾。

《仁靜堂書目》完成於同治九年，那麼，與其年代相近的《日課書目》呢？

前面提及，《目錄學序》注云「初名『日課書目』，後改今名。」那麼，這似乎意味著在同治十年之前此目已經編訂而成了，否則不至於又說「其中有成

〔註3〕據《讀書譜序》自述其所據材料云：「敝篋中有幼時課程，並教子讀書大法，皆有時日可程，因擇其要語錄之。年來專攻目錄，書多跋尾，仿歐公之《錄》，繫年於末，今猶可考。」可見耿氏編纂此書時確實是有根據的。同時，此書所錄序文，與《藏書記》《目錄學》等均有差異，後兩書顯然是經過修改後的，故從這方面也可以看出此書材料的原始性。

篇者，皆舊稿也」這樣一類話了。而在此之前，據《讀書譜》的記載，除了同治九年修《仁靜堂書目》外，別無記錄。考卷二咸豐三年云：「自是年始攻書目，遂訂一冊子，凡有關於書者皆記錄之。如《通志》、如《玉海》、如各省及郡縣志，其中有經籍一門者，皆檢閱而採節其要錄，以資考證。其久佚之書及書存而不足重輕者不錄。又經藏中不盡釋典，道藏中不盡道言，其中可備參考者甚多，亦不可忽略。」據此，此年耿氏編訂一冊子，但所錄多摘抄諸書論說，似乎尚未對其藏書進行專門的著錄。但是這些材料皆見錄於其後來編訂的書目，所以不妨將之看作是編目的前期。再檢卷四有《五十自序》一文，云：「三十以前學近於俗，功多誤用。四十以後所見略廣，始悔前日之非，因盡發所藏，肆力古籍，隨手所得，編為日記。」按，此為耿氏總結五十歲以前讀書經歷，當然可信。其所云四十歲為同治八年。是年以後方「盡發所藏，肆力古籍」，即對其藏書進行著錄。「隨手所得，編為日記」，應該就是其所為的「定為日課」，故《日課書目》當在此時進行編寫。兩年之後，又進行修訂，改成了「目錄學」這一名稱。但改名之後，原稿並未棄去，而是繼續按日增補刪併，故「日課書目」這個名字是名實相副的。筆者以為，不妨將《日課書目》看作是耿氏編目過程中的一個類似於日記式的稿子，而不是一部有意編訂的著作，方可說得清楚。所謂「耿氏書目」四種已經明確了名稱和書種，如《日課書目》這一類皆當視為工作稿或未定稿。

第二節　《日課書目》的版本情況和性質

明確了《日課書目》的編纂時間，我們再來看看今存於國圖的這部著作到底是個什麼情況。

今觀此本凡 3 冊，格紙抄寫。半葉八行，大小字不等，大字行二十二字，小字雙行同，行四十二字。四周雙邊，白口，單黑魚尾，魚尾上題「狀元及第」，下題「八行廿二」，下書口題「書業德」。首附凡例七條（末有殘），第一行題「日課書目」四字，次清光緒五年耿氏自序。

從正文看，此本無卷端題名或已佚，開篇即《讀春秋編》十二卷，末頁為「術數類」小序，顯然有缺，因為最後一部著作《集古錄》並不屬於此類。文內字跡整體上較為工整，若干篇目有批改或塗抹。天頭處偶有批注，或有浮簽，題「另行起」「另起」等。而於題名前常加墨圈，或有作「⊜」或「⊘」者（偶

爾作「⊗」)。由此可以初步斷定,此本定然不是原稿本,而是修訂後的本子。

今檢《北京圖書館普通古籍總目·文字學門》著錄其為「抄本〔註4〕,而《清代私家藏書目錄題跋叢刊》則著錄為「清稿本」〔註5〕,二說不同,其實皆不確。此本雖無耿氏鈐印,但從筆跡和批改痕跡看,應屬於稿本,而非抄本。但是也不屬於清稿本,因為那些塗改及浮簽提示具有很強的指向性,顯然還在修改當中。

由此可見,此本的版本情況尚需重新進行一番探討。

首先我們看其序言。此序並不長,今抄錄於下:

> 藏書八萬卷,從何讀起?古人讀書最重目。欲遍羣書,先編目錄。目錄成而學問未有不進者。余自幼嗜書,以書為師。先收者多陋,繼乃精好。昔苦無書,今有書而不能讀,同一太息。因手輯是編,名曰「日課書目」,以此引導童子,俾使早知書,無傷老大。誠讀書之門徑,下學之階梯也。
>
> 今學者急於功名,專攻舉業,以讀書為不急之務,與古人游不合之心。究之文,卒無成,而書亦束之高閣比比然也,寔為兩失。凡事必有本原,何況讀書?不觀詩話,不知試帖;不識古文,不知時文;不考經史,不知古文。順流而下,其勢易;逆流而上,是以難也。
>
> 今准之以目,凡經學之源流正變,史家之得失短長,諸子之精言奧語,文法之支分脈別,悉於是取焉,以之澡身、畜德、益智、怡神有餘蘊焉,而操筆為文,其不合於法度者亦幾希矣。吾子孫有志讀書,其慎守此。光緒五年三月三日。

此序將編纂此目的緣由、目的及作用等已經敘述得非常清楚了,但是筆者對末題「光緒五年三月三日」卻產生了疑問。據《讀書譜》云,是年耿氏正在修《精華書目·史部》,而《目錄學》早在同治十三年就修完了。那麼,作為《目錄學》的「舊稿」《日課書目》怎麼又在此年出現了一篇序言呢?如果再檢《目錄學序》,可以發現,其開篇與此序幾乎一般無二,只不過將「因手輯是編,名曰『日課書目』」改成了「爰發所藏,定為日課。隨手抄錄,積久漸

〔註4〕北京圖書館普通古籍組,北京圖書館普通古籍總目·文字學門〔M〕,北京:國家圖書館出版社,1995:22。

〔註5〕(清)耿文光,日課書目〔M〕// 李萬健,鄧詠秋,清代私家藏書目錄題跋叢刊:第9冊,北京:國家圖書館出版社,2010:50。

多」，小注云：「初名『日課書目』，後改今名，其中有成篇者，皆舊稿也。」
兩序一對比，後者顯然是由前者增刪而來的。由此可見，此序一定是在《目錄
學》修訂之前就已經寫好了，而光緒五年應該是重新修訂此序的時間。那麼，
此序最早是何時編寫成的呢？其開篇「藏書八萬卷」似乎可以提供一點線索。
考《讀書譜》同治九年《仁靜堂書目序》云：「丙寅得吾邑王丈書六百餘種，
戊辰又得楊氏書五百餘種，兼以遊歷所收、書林所販，總八萬餘卷。」據此可
知，至少在同治九年左右耿氏藏書達到了八萬卷。聯繫到前面我們提到的《日
課書目》的成書時間，那麼，可以說，此序應該在此書成稿之時就已初具輪廓
了。同時，據此序我們也可以知道，此書至少在光緒五年進行過一番整理，但
到底是第幾次，尚需進一步考證。

　　其次，此本《凡例》今存七條，最後一條有殘。經與《讀書譜》卷三所收
《目錄學》之《凡例》相校，二者基本相同，而後者較之加詳焉。其第一條為
總論，云：「是編先錄書名、卷數，次著撰人名爵里姓氏，次編輯首尾為第，
次板本，次序跋，次舉要，次諸家論說，末附案語。」說明除書名之外，具體
的著錄項一共有八項，以下諸條便分述這八項的具體情況。此本在一些條目旁
皆有墨筆批改，天頭亦或有之。今將之與《目錄學》所載相校，發現這些批改
之語，在後者皆已入正文。今試著舉兩例：

　　第三條：作者姓氏（旁墨筆「仿《宋詩紀事》之例，各列小傳」）考（前原有「必」
字，後有「之」字，皆抹去）史傳、地志（地，原作「各」）、說部（此詞前原有「諸家」，
已圈去。後則旁添「文集」），庶無闕佚（後原有「其未詳者俟考」六字，今皆勾去）。論世
知人，寔為讀書要著。

　　按，此條天頭處有「其未詳者歷考」六字，據《目錄學》可知，當插入「作
者姓氏」後面。

　　第四條：編輯次第，可以見古書之式，並可知作者之意。見目如見書，此
條是已（末墨書「是編自首至尾依次注明」十字）。

　　今檢《目錄學》之《凡例》，凡此本墨筆批注和塗改的內容，皆已一一據
錄。由此可見，至少此本之《凡例》，在同治十年以前就已經進行過修訂了，
而其所據底本成書當更早一些。如果再聯繫到正文，我們可以說，此本的批注
和塗抹是非常複雜的，既有早期的修訂，又有之後的修訂，需要分別對待。

　　第三，從正文看，此本不分卷，亦不分類。各書排列頗為混亂，或《毛詩
指說》等「經部・詩類」著作放在《四書集編》等「四書類」之後，或《夏小

正戴氏傳》等「史部・時令類」著作放在了《儀禮正義》與《四書纂箋》之間，或《桐江集》等「集部・別集類」著作放到了《重論文齋筆錄》等「子部・雜家類」之前，暗示了此本及其底本尚未進行明確的分類，應是一部較為原始的稿子。

在具體著錄上，此本大約錄書86種（含不同版本）。這當然不是原書的所有內容，惜其殘缺過多，所以我們無法考見原來到底收書多少。今將之與《目錄學》《藏書記》進行比較，可以發現，其與九卷本《目錄學》相同者有《法帖譜系》《靈樞經》《難經本義》《難經集注》四種，與二十卷本《目錄學》（以下簡稱「二十卷本」）相同者有《集古錄目》《金石稱例》《經義考》三種（按，皆殘存案語），而與《藏書記》相同者則占了一半多。由此可見，此本是自始至終貫穿於耿氏編目過程當中的。九卷本《目錄學》刊刻較晚，姑且不論。二十卷本則與此本皆為稿本，故可詳論之。今檢之此二十卷本，無論從用紙，還是筆跡上，都與此本一般無二，甚至天頭處批語及文內塗改痕跡亦有驚人的一致（底本基本上是楷體抄寫，較為工整，而修訂則行書批改，較為潦草，有時不可識別）。如果我們再將二者相同的書籍進行對比，可以發現內容上居然還可以相互補充。今試將以上三例分析之：

（1）《經義考》：二十卷本依次著錄了書名、卷次、編輯次序、版本等，而在抄錄盧見曾序時，抄至「吾鄉漁陽先生」便戛然而止了，顯然有缺。繼檢此本，前無任何信息，開篇便是「浩博」二字，亦有缺頁。今再翻《藏書記》卷六十八，盧序後依次為《居易錄》之說、朱稻孫跋，最後為耿氏案語。耿氏云：「書目自《四庫總目》以外，惟此書最為」，下面即「浩博」二字。由此可見，二十卷本著錄了此書的前半部分，此本則收錄了其末案語。而《藏書記》中盧序與耿氏案語之間的論說序跋大約占了一版，恰好又是此兩目所缺之內容。

（2）《金石稱例》：二十卷本依次著錄了書名、卷次、編輯次序、版本等，而其所抄溫葆淳序僅云「《論語》『正名』，漢鄭氏注謂『正書字也。古』」便沒有了下文。再看此本皆雙行小字，開篇為「之學」二字，顯然有缺。今《藏書記》不載此書，所以我們只能翻閱原書了。經查閱，原來是梁廷枏自序中第七至八個字。此本梁序後，接以溫葆淳序。考《金石稱例》有藤花亭本和行素草堂本兩種，所以頗懷疑兩目所錄非同一版本。

（3）《集古錄目》：二十卷本僅著錄了書名、卷次、編輯次序、版本等，

此本則殘存有耿文光之兩則案語，但與《藏書記》所錄微異。值得注意的是此本殘存頁天頭處墨筆批「初稿」，似乎其所錄皆來自初稿。又批「宋婁機《漢隸字源》稱歐陽文忠公《集古錄》、歐陽叔弼《集古錄目》，以隨得隨錄為次」等字，意在提示要將這三十多個字添入正文，今《藏書記》已經收錄。

根據以上分析可知，由於兩目皆為殘卷，所以雖然我們不敢肯定二者原來是由同一書分拆為二而成的，但是至少可以確定其大致在同一時間抄寫而成的，而且其修訂的時間也應該是一樣的。再據第（3）條天頭處所批「初稿」二字推測，此本之底本大概已經是第二稿了。但是此二稿並非照原稿原樣抄寫，而是陸續有所修訂的，前引光緒五年序及凡例就可以證明，在同治十年、光緒五年確實進行過局部修訂。除此之外，其所錄《集古錄目》末有「己卯十二月耿文光記」（光緒五年），《古今韻會舉要》末有「癸未七月文光識」（即光緒九年），《鬼穀子》末有「光緒十四年十月望後三日蘇溪漁隱耿文光識」。所以可以知道大概在同治十年至光緒十四年之間確實修訂過。而此本又是直接在二稿上進行批注的，所以稱其為「第二次修訂稿本」應該是無誤的。

那麼，此本是何時出現的呢？

今考二十卷本有一浮簽題「戊子寓津門覆校一過，正史四卷」，那麼，此本批注的時間也應該在光緒十四年了。而前引《鬼谷子》末識語可知其底本最後抄完時間也在是年十月，所以筆者推測此本是邊謄抄邊批注的。而這個時間，據《讀書譜》所載，正是耿氏修訂《藏書記》的時間，所以我們頗為懷疑此本的這些批注與此書有關。

第三節　《日課書目》的批注和圈點

弄清楚此本的版本情況及性質，我們還需進一步探討一下它上面的那些批注和圈點。

經過仔細整理，我們發現其批注和塗抹大致包括以下幾種情況：

（1）圈去底本姓氏下的小傳

如《春秋諸圖統紀》六卷，原有「履謙，字伯恒，大名人，官至太史院使，事蹟具《元史》本傳」，今皆圈去。此外如《春秋本義》《古經解鉤沉》《毛詩名物解》《詩疑問》等。

（2）天頭處另附浮簽題「另行起」等

如《毛詩名物解》二十卷，版本項題「通志堂本」，天頭處夾簽批「另一行起」。又《毛詩集解》四十二卷，有「是書合李黃兩家之說」等句描述編輯次序，其版本項題「通志堂本」等，天頭處各有夾簽批「另行起」三字。以上其實皆已另起一行了。

（3）刪去版本項，而在別處另貼浮簽題版本

如《大戴禮記補注》十三卷，原版本項在阮元序前、序錄末，今則刪之，而另墨筆抄錄於序錄前，編輯次序之末。

（4）圈去直行文字而雙行書寫

如《春秋類對賦》一卷，原版本項小注單行直書題「汲古李中麓抄本」，今則圈去「麓抄本」三字，另雙行書之。其他如《埤雅》《毛詩指說》等。再如《四書辨疑》十五卷，原在其所抄錄的《經義考》諸說末小字單行直書題「經義考案語」，今則圈去「案語」二字，另雙行書之。

（5）題名天頭處墨筆加「○」或加「乙」等

此類情況最多，如《儀禮集說》天頭處墨筆批「○」，《詩傳遺說》墨筆「乙」等，其他如《春秋集傳》天頭處墨筆「⊗」，《春秋本義》墨筆「⊙」，《鄭志》墨筆「⊘」。

（6）天頭或文內有新批注內容

如《容齋隨筆》十六卷，天頭處有三處墨筆新增文字，其他如《呂子校補》等；再如《藝文類聚》一百卷末，墨筆增加了數百字，其他如《凡例》第1～2條等。

以上六條中，除第（3）（6）條外，餘四條皆為出現頻率較高的情況。如果從著錄項的角度看，其多數集中在題名、撰者姓氏及版本項當中。再從修訂內容看，多數在調整行列或圈去撰者小傳等，具體增加或刪減的內容並不是很多。由此可見，此本所錄的內容在重新抄錄時基本上已經確定了，修訂的不過是些形式而已。那麼，這裡就有幾個疑問了：

（1）此本凡例第一條云「先錄書名卷數，次著撰人名爵里姓氏」，其底本撰人下確實亦有「爵里姓氏」，即小傳，可是修訂時為何要刪除呢？

（2）此本底本已經另行書寫了，可是為何還有浮簽提示要「另行起」呢？

（3）天頭處書名上那些墨圈或文字到底是何意思？

（4）天頭或行間那些批注的文字最後都到了哪裡？

今筆者細閱此本，忽檢得其中《交河集》一書卷端墨筆批「另錄」二字，再檢前引二十卷本《目錄學》，發現天頭處或有題作「已」者，故恍悟原來此本中書名天頭處的那些「乙」字，其實是「已」之誤，蓋因書寫潦草故也。以此類推，那些加圈或圈內有符號處，應該都是提示此本裡的這些書都已經錄到某個地方去了。這樣看來，以上第（3）個疑問首先解決了。

那麼，究竟錄到哪裡去了呢？

今再檢此本，《古今韻會舉要》一書後，另頁題「日課書目」「子部　儒家類」，下面還有此類小序。又，《南江劄記》一書卷端下墨筆批「已錄入雜家類」。又，此本末頁有「右術數」，下面所錄為術數類小序。由此可見，此本已經在四部之下分成若干小類了。而耿氏書目中，只有《藏書記》是有部類之分的。那麼，會不會是抄錄到後者去了呢？

沿此思路，我們將此本與《藏書記》進行一些比較。發現上面提到的《南江劄記》一書果然出現在後者的「卷九十七子部十‧雜家類八」內，《交河集》一書亦在後者的「卷一百二十七集部二‧別集類二十四」內，再看具體內容亦大致相同。同時，二書中「術數類」小序內容亦有驚人的相似。不僅如此，此本中《藝文類聚》一百卷末有墨筆批注的一段文字，今又收錄於《藏書記》之《毛詩稽古編》末。此外，凡是此本書名前有墨圈或「乙」等字者，大多見錄於《藏書記》。由此可見，此本應該是《藏書記》修訂時所參考的本子之一。一般學者根據《藏書記》卷五十七所云「余先纂《目錄學》二十卷，體例未純潔，因刪其雜糅太甚者而刻成九卷。其所刪之說，棄之可惜，復割截補綴消納於《藏書記》內」，以為《目錄學》與《藏書記》關係密切。現在看來，《日課書目》亦與之有千絲萬縷的關係。當然不可否認，此本與《藏書記》亦有一些不同，《藏書記》在修訂時也未必盡遵此本，所以可以發現有些書此本雖然天頭加圈，但卻未見錄於後者。再如《法帖譜系》一書，此本天頭雖墨筆批「體例不合，刪已。」但《藏書記》卻也收錄了。總之，可以確定的是，此本中的批注意見應該大多都被《藏書記》吸收了。

明白了此，我們再來看前面第（1）條，就會發現，刪除這些傳記，大概是為了遷就《藏書記》、九卷本《目錄學》等目錄學著作。因為這兩部著作在著錄項中都沒有提到要詳細考證撰者生平。

那麼，第（2）條又如何解釋呢？筆者暫時還沒有一個明確的定論，但是至少可以有兩種推測：第一，此浮籤是貼在原稿上的，但耿氏在抄錄此底本時

將之直接黏貼過來了。比如《毛詩本義》十卷，版本項「通志堂本」天頭處浮籤題「另行起」。其實「通志堂本」四字已經另起一行了，為何還要天頭上注明呢？惟一的可能就是此浮籤本來就不屬於此本。第二，之所以有這類浮籤，也有可能是提示《藏書記》等修訂時也要依照這樣的格式謄錄，所以今年看到的耿氏書目的格式皆如此，無論是版本項，還是抄錄序跋。

綜上所述，此本自始至終都是伴隨著耿氏的編目、訂目活動而存在的。以前認為它與《目錄學》不過是原名和今名的關係，現在看來並非如此簡單。其實，比起《目錄學》來，它似乎與《藏書記》關係更加密切。今存的《日課書目》不僅缺頁、倒頁甚多，而且著錄體例亦不一，或先撰者姓氏後序跋、版本，或先版本後序跋，體現了它原始、粗糙的一面，但也正好能夠反映出它作為一部工作稿或未定稿的性質。

按，本章曾以《國圖所藏耿文光〈日課書目〉考》為題
發表於《古籍研究》第 68 卷

第二章 《目錄學》的稿本：二十卷本 《目錄學》研究

　　與《藏書記》相比，《目錄學》一書目前學界很少有學者進行過專門研究。有之，也不過進行簡單的介紹，如李豔秋、鄭偉章等的論文〔註1〕。其中李文較為詳細些，但具體論述時卻出現了一些值得商榷的地方，如其開篇云：「《目錄學》九卷，北京圖書館藏抄本，存六卷。清光緒間刻《耿氏叢書》本，九卷。」〔註2〕按，今檢《北京圖書館普通古籍總目・文字學門》於「耿氏叢書」下著錄為「《目錄學》，存六卷」〔註3〕，又「《目錄學》九卷，（清）耿文光撰，清光緒二十年（甲午 1894）刻本」〔註4〕。其中，前者未云原卷數，後者則明確列出。回頭再看李文，其第二條所錄尚無大誤，而第一條中的卷數是從哪裡來的呢？顯然是承第二條而來的。事實上，國圖所藏那個「抄本」即其所說的「原二十卷」本，因內容首尾皆闕，故僅著錄了存卷（其實所錄存卷亦有誤，見下文）。李文則以為此殘本亦九卷，顯然有誤。而國圖在其館目中著錄為「抄本」，亦不確。今檢《清代私家藏書目錄題跋叢刊》於此書著錄為「清光緒十四年

〔註1〕目前對耿氏《目錄學》的介紹的文章有：李豔秋《耿文光的目錄學成就》（文獻工作與研究，1998 年第 4 期），鄭偉章《善讀書者必通書目——目錄學家、藏書家耿文光考述》（北京社會科學，1999 年第 3 期），李琦《晚清藏書家耿文光研究》（2006 年蘇州大學碩士論文）等。

〔註2〕李豔秋，耿文光的目錄學成就〔J〕，文獻工作與研究，1998（4）。

〔註3〕北京圖書館普通古籍組編，北京圖書館普通古籍總目・文字學門〔M〕，北京：國家圖書館出版社，1995：22。

〔註4〕北京圖書館普通古籍組編，北京圖書館普通古籍總目・文字學門〔M〕，北京：國家圖書館出版社，1995：79。

（1888）稿本」，理由是「書中夾紙條『戊子八月十三日寓津門覆校一過』」〔註5〕，近似，但亦值得商榷。因為此書天頭及正文內皆有批改和圈點，顯然正在修訂。籠統題作「稿本」並不能反映此書的真正面貌。再檢耿氏的《讀書譜》云：「五十九歲寓津門，覆校《精華書目》。」〔註6〕其五十九歲即清光緒十四年。那麼，問題就來了，此年耿氏到底是校《目錄學》，還是《藏書記》呢？再進一步說，此兩種書目到底有什麼關係呢？還有，《目錄學》到底是如何流傳的呢？這些都值得進一步探討。筆者參諸相關文獻，擬對此書進行較為詳細的考證。

第一節 《目錄學》的編纂情況

關於是書的編纂情況，其前所附序中闡述得非常清楚。今將《讀書譜》卷三所收《目錄學敘》中相關內容節錄於下〔註7〕：

> 目錄學者，學讀書也。古人讀書最重目，欲治羣書，先編目錄，目錄成而學問未有不進者。余自幼嗜書，以書為師，先收者多陋，既乃精好。昔苦無書，今有書而不能讀，同一太息。爰發所藏，定為日課初名『日課書目』，後改今名。其中有成篇者，皆舊稿也，隨手抄錄，積久漸多。以此引導童子，俾早知書，無傷老大。誠讀書之門徑，下學之階梯也。

據此，我們至少可以知道以下幾點：

（1）此書編寫的緣由有兩點：第一，耿氏認為編纂書目可以治理群書、增長學問，此可算作其對編目的基本觀念。第二，隨著藏書越來越多，越來越精，其有心讀書卻精力不足，故「定為日課」，隨讀隨錄，久而成篇。這是其編目的直接動因。

（2）此書編寫的目的是為了引導學童讀書，用他的話來說，就是通過此書知道「讀書之門徑」。有關這一點，其在《萬卷精華樓藏書叢記稿序》中也

〔註5〕（清）耿文光，目錄學〔M〕// 李萬健，鄧詠秋，清代私家藏書目錄題跋叢刊：第10冊，北京：國家圖書館出版社，2010：207。

〔註6〕（清）耿文光編，蘇溪漁隱讀書譜〔M〕// 北京圖書館編，北京圖書館藏珍本年譜叢刊：第171冊，北京：北京圖書館出版社，1999：490。

〔註7〕同上：340。按，此敘現在有三個版本，除本文所引外，九卷本《目錄學》、二十卷本《目錄學》皆有之。三本略有不同，當以《讀書譜》所載最早，故今採用之。

說：「余先著《目錄學》以為入門之法，每考一書，動成篇卷，然僅僅知書之名目而已。」〔註8〕說法大同小異。

（3）此序「定為日課」下小注云「初名『日課書目』，後改今名。」說明此書原有舊稿，而此時方改現在的名稱〔註9〕。考《讀書譜》卷三，此序修在同治十年，那麼也可以說此時也是《目錄學》編纂之始了。《讀書譜》又載同治十年修經部，至十三年修集部，則可知此同治十三年當為《目錄學》編成之時。

那麼，此書在編成之後又有哪些修訂呢？

今考存世的刻本《目錄學》之《凡例》云：「此甲集也。原本二十卷，因無力發刊，去其十一而為九卷。開雕於光緒二十年二月十五日，至七月二十五日工畢。所刪之卷重新整比為乙集，續刻嗣出。」據此可知，此書原有二十卷，光緒二十年因無力全刊，而僅刻九卷，故此時餘十一卷尚未刊行。

又，《藏書記》卷二十經部「小學類」小序末云：「《目錄學》已刻九卷，餘十一卷之未刻者重加整理，統併於此。」按，此識語寫於「十七日」，但不知月份。依上文所引《凡例》推測，應當為七月以後了。此時正是《藏書記》第四次易稿、錄完經部之時，同時也是《目錄學》九卷本剛剛刻完不久。這時未刻的「餘十一卷」就隨著修訂《藏書記》而融入其中了。

綜上所述，如果推測無誤的話，至少在清光緒二十年前後，原二十卷本《目錄學》隨著有選擇地刊刻和重新整理，應該會重新進行修訂的。但到底在這之前有無修訂，修訂過幾次，尚無可靠的證據。

在這裡需要注意一下，前面所謂「去其十一而為九卷」並不是專門挑出某一類著作進行刊刻，而是四部之中各選若干部定為九卷。其中「所刪之卷重新排比」似乎暗示了此目在刊刻前後確實有過整理。另外，所謂「統併於此」，也並非意味著此目原稿因此就沒有了，要知道《藏書記》當時尚在重新謄抄，可能僅僅是將「餘十一卷」的內容有選擇地抄錄了過去。正因為如此，我們在研究今存於國圖的稿本《目錄學》與《藏書記》的關係時，才會發現二目中雖然有很多相同的書籍，但具體到每一書所錄內容則有同有異，並非完全相同〔註10〕。

〔註 8〕（清）耿文光，萬卷精華樓藏書記〔M〕// 上海書店編，叢書集成續編：第70冊，上海：上海書店，1994：1。

〔註 9〕《日課書目》與《目錄學》雖有舊名、新名的關係，但不能據此認為二者是同一部著作，只是換了個名字而已，相關討論見本書第一章。

〔註10〕關於《目錄學》與《藏書記》之間的關係，詳見本書第三章。

此外，有關此目的體例，《目錄學》所附《凡例》亦有明確說明，開篇便云：「是編先列書名、卷數，次撰人名氏，次編輯序第，次板本，次序跋，次舉要，次諸家論說，末附案語。」〔註11〕據此，此目共有九大著錄項。同時，它們的排列順序也是有意義的，如《凡例》第二條云「目錄之學，首重卷數。卷數不明，識者鄙焉。……自古校書，篇卷為重。是編於卷數有無，兩本互異者，悉為著明。」因為在耿氏看來，卷數自劉向校書以來就明確注明，故需要排在最前面。又因為一般「書成而後鏤板」，所以版本項排在了編輯序第之後了，這是根據書籍編纂刊刻順序來安排這些著錄項的。再看看與之相關的《藏書記》，則撰人名氏後接以版本，然後才是編輯序第，恰好與此目相反。

那麼，這樣做有何意味呢？筆者以為前者體現了對書籍內容的重視，後者則體現了對書籍形式的關注。前者反映了耿文光早期對編目的態度（受劉向校書的影響較大），即其《凡例》所明確說的「為讀書而作，非藏書之目。」後者則反映了耿氏對清代以來編目重視版本之風的影響（重視版本價值和版本源流的梳理），他自己也在《藏書記》的序中說「次稿備著版本、節錄序跋，如《天一閣書目》之例；三稿略辨版本，如《書目答問》之例」等，所以對於後者，雖然他也多次提到為讀書而編之類的話，其實在思想上已經有了微妙的變化。因此，《目錄學》與《藏書記》在著錄上看似有很多相同，但其實已經有了諸多差異。

第二節　二十卷本《目錄學》版本考

以上我們對《目錄學》的編纂緣起、目的、時間及體例進行了一些梳理，那麼，今存於國家圖書館的那本《目錄學》到底是怎樣一個本子呢？

今檢此本凡5冊，格紙抄寫。半葉八行，大小字不等，大字行二十二字，小字雙行同，行四十二字。四周雙邊，白口，單黑魚尾，魚尾上題「狀元及第」，下題「八行廿二」，下書口題「書業德」。首目錄學敘（首全尾殘）。

是本首殘缺過甚，直至《國語》一書，卷端才題「目錄學卷七　靈石耿文光斗垣甫」「史部」，接著卷八亦史部，卷九集部，卷十一至十二史部，卷十六、

〔註11〕（清）耿文光，蘇溪漁隱讀書譜〔M〕// 北京圖書館編，北京圖書館藏珍本年譜叢刊：第171冊，北京：北京圖書館出版社，1999：345。

卷十九集部，故明確標明卷次的僅有七卷，餘或殘或佚。但從殘存卷次可以推知，原書應為二十卷無疑。

此本在分類上，我們雖可推知其大致依四部劃分，部下無小類，但在編排上卻頗為混亂，如上面史、集部交相排列等。具體到所錄書，如《太元》《珊瑚木難》，一為術數類著作，一為藝術類，此則皆歸於卷十二史部了。如果此本確為耿氏書之原貌的話，那麼，可以看出其尚處於待整理狀態，並非一個已定的稿子。

再從筆跡上看，此本整體上楷體書寫，較為工整。正文內偶有增刪，天頭處或有批注：有時批在浮簽上，有時在書上。這些批改的字跡皆較為潦草。

綜上所述，我們可以初步推知，由於此本在分類與歸類上皆較為混亂，文內和天頭處皆有批改，所以它應該是一個尚待修訂或正在修訂的稿本。但到底是第幾次呢？又是何時編訂的呢？

今再檢此本，筆者以為以下幾點值得注意：

（1）此本所收書之書名天頭處，大多有墨筆「○」，或題「乙」，或題「⦶」等。其始於《香祖筆記》十卷（天頭處墨筆「○」），之後便陸續有之。如《國語》二十卷，書名天頭處墨筆「○」；《華陽國志》十二卷墨筆「⦶」，《十七史蒙求》十六卷墨筆「乙」等。

（2）此本正文內序跋處或有「∟」符號。如《歷代史表》五十九卷中李鄴嗣序末，《中說》十卷中陳亮之說末等，皆有此符號。

（3）此本開篇有一浮簽，墨筆題「戊子八月十三日寓津門覆校一過　正史四卷」。

那麼，以上三點究竟何意？

首先，第（3）條所注的時間為「戊子八月」，即光緒十四年。是年據《讀書譜》所載，耿氏「寓津門，覆校《精華書目》，意欲往上海刻之而力有不足。」〔註12〕又《藏書記》卷二十小學類序末云：「《藏書記》成于丁亥冬日，戊子寓津門，覆校一過。」〔註13〕又，卷四十五史部《赤雅》末云：「戊子夏寓津門，重錄書目至『地理·外紀類』。」又，九卷本《目錄學》所收《淳化秘閣法帖

〔註12〕（清）耿文光，蘇溪漁隱讀書譜〔M〕// 北京圖書館編，北京圖書館藏珍本年譜叢刊：第 171 冊，北京：北京圖書館出版社，1999：490。

〔註13〕（清）耿文光，萬卷精華樓藏書記〔M〕// 上海書店編，叢書集成續編：第70 冊，上海：上海書店，1994：210。

考正》末云：「戊子夏，寓居津門，意欲付梓而茫無倫次，心竊憂之。」〔註14〕
以上幾條皆明確指明耿氏在清光緒十四年寓津門所校定的是剛剛編成不久的
《藏書記》，而此本則云校定的是「正史四卷」。考今本《藏書記》正史類有八
卷，而此本史部正好存有四卷（卷七、八、十一、十二），如果不是巧合，那
麼如何解釋這種矛盾呢？筆者由此想到了《藏書記》中《石刻鋪敘》一書末的
一條識語，其云：「余先纂《目錄學》二十卷，體例未純潔，因刪其雜糅太甚
者而刻成九卷。其所刪之說，棄之可惜，復割截補綴消納於《藏書記》內。」
〔註15〕此次刊刻發生在光緒二十年。在此之前，耿氏曾對原二十卷《目錄學》
大加整理，最後挑出若干著作，編成甲集，即今傳世的九卷本《目錄學》，而
餘十一卷皆「消納」於《藏書記》。這至少可以暗示我們《目錄學》與《藏書
記》曾經有過相互參考，彼此融合的階段。那麼，此本中的這個浮簽，是否也
是暗示早在光緒十四年，已經有部分內容為《藏書記》所吸收了呢？如果這個
推測沒錯的話，那麼上面的那個矛盾就可以迎刃而解了。

　　今再檢此本，在史部四卷中所收凡 62 部（含不同版本），其中與《藏書
記》不同者僅 6 部。從內容上，二本相同的那些著作亦有密切關係〔註16〕。或
為《藏書記》全部採納，或部分採納。可見，此本確實在《藏書記》的修訂過
程中發揮過很大的作用。

　　沿著這個思路，我們再看第（2）條，發現只要這個符號「」出現的地
方，《藏書記》所錄文字便止於此。如《後漢紀》一書，此本的邵氏序在「史
家之雄也」句下墨筆加一「」，而《藏書記》恰好僅節錄至此。由此我們才
知道，此符號原來是提示節錄內容於《藏書記》的。

　　繼而我們再看第（1）條，發現除了前面那些符號外，尚有墨筆批注別的
文字的，如《昌黎詩集注》《顏魯公集》《龍川文集》，天頭批「已錄」。那麼，
錄到哪裡去了呢？今檢《藏書記》，三書皆見於其「集部‧別集類」。如果再將
前面那些有符號的與《藏書記》相校，可以發現大多皆見錄於後者。由此我們
才知道，所謂「乙」「∅」等這些符號，應該是「已」之誤，因書寫潦草，故
而冷眼一看，不知所云。

〔註14〕（清）耿文光，目錄學〔M〕// 李萬健，鄧詠秋，清代私家藏書目錄題跋叢
　　　　刊：第 9～10 冊，北京：國家圖書館出版社，2010：69。
〔註15〕（清）耿文光，萬卷精華樓藏書記〔M〕// 上海書店編，叢書集成續編：第
　　　　70 冊，上海：上海書店，1994：481。
〔註16〕二本的關係，見本書第三章。

　　綜上所述，我們可以明白，此本殘存的約 180 種的書，大多都與《藏書記》有密切關係。無論是天頭處所批，還是文內的符號，都足以說明此本具有一種工作稿的性質。因為其中的批注大多不是為了自身內容的進一步完善，而是為了便利《藏書記》的進一步修訂。考《藏書記》自光緒十三年初步編成後，次年耿氏便攜之入津門，雖欲刊行未果，但其時卻進行了一次覆校，此本的這些批注和符號估計便是在此時寫上去的。所以此本題作「清光緒十四年稿本」大致是沒錯的，但是還不很具體。到底是第幾次的稿本尚需進一步考證。

　　今國圖藏有一部《日課書目》，版式、用紙及字跡皆與此本同，所以可知二書應該是在同一時間抄寫的，修訂時間也大致相同。後者《集古錄目》殘存有耿氏兩則案語，其天頭處有「初稿」二字，所以我們推知這些案語來自初稿。那麼這樣的話，後者之底本就應該是第二次謄錄了，無怪乎其字跡如此整潔。但不可否認，其謄錄時亦有所修訂〔註17〕。此本之底本亦然。如果加上這些批注和符號的話，那麼，此本應該可以說是「第二次修訂稿本」了。由此我們覺得準確一點的話，此本應該題作「清光緒十四年第二次修訂稿本」。

　　最後，我們覺得還得補充一點，前面說《目錄學》的原名是「日課書目」。而現在國家圖書館正好藏有這兩部著作，皆為稿本，且用紙、版式等皆同。那麼，是不是說它們本來就是一部著作而最後被分拆為二了呢？筆者覺得可能性不大，因為既然它們的正文中有了明確的題名，那麼說明耿氏是有意將二者進行區分的。而且兩書還著錄有相同的書籍，如果是來自同一部書，不至於如此。另外，雖然二者對《藏書記》的修訂發揮了很大的作用，幾乎都在充當類似於工作稿的角色，但是最終的結果卻是不一樣的。因為二十卷本在光緒二十年左右的時候，其中的一部分已經被挑選出來，編成九卷而刊行了，其餘的部分則又一次被消融到了《藏書記》中。而《日課書目》則默默無聞，消失在了茫茫歷史當中了。

〔註17〕見本書第一章。

第三章 《目錄學》的影響：《目錄學》與《藏書記》的關係研究

第一節 《目錄學》與《藏書記》的關係概述

　　前面討論了《目錄學》諸本的基本情況，其中也涉及到了《目錄學》與《萬卷精華樓藏書記》的關係，惜討論不多。本章在前面的基礎上進一步探討一下這兩部目錄學著作之間的關係。因前人未及探討〔註1〕，故詳論之。

　　有關二者的關係，在耿氏的著作中屢有提及，今將有關者摘錄於下：

　　（1）余先著《目錄學》以為入門之法，每考一書，動成篇卷，然僅僅知書之名目而已。……遂別其專考古書者為《紫玉函書目》，專記藏書者為《仁靜堂書目》；其片麟斷甲，悉歸是編，為《藏書記》。（《萬卷精華樓藏書叢記稿序》）

　　（2）一目一行者為《仁靜堂書目》；先明次第，加以辨證者為《目錄學》；雜錄諸說者為《藏書叢記》；多收古書者為《紫玉函書目》。（《蘇溪漁隱讀書譜》卷四《紫玉函書目序》）。

　　（3）是編為讀書而作，非藏書之目。別有《仁靜堂書目》專記藏書，又著《紫玉函書目》詳加考訂，而前後無次、詳略不等者為《藏書叢記》，凡四

〔註1〕目前學者們多將此兩目分別進行探討，如李俊清《耿文光及其目錄學成就》（社會科學戰線，1989 年第 3 期），李豔秋《耿文光的目錄學成就》（文獻工作與研究，1998 年第 4 期），鄭偉章《善讀書者必通書目──目錄學家、藏書家耿文光考述》（北京社會科學，1999 年第 3 期）等。

種，互觀益明，不可偏廢也。(《蘇溪漁隱讀書譜》卷三，《目錄學敘》)

（4）書目僅錄……三種，其餘備於《精華書目》。予所著凡四種，詳於彼者略於此，否則重見迭出矣。(《蘇溪漁隱讀書譜》卷三)〔註2〕

（5）《藏書記》成於丁亥冬日，戊子寓津門，覆校一過。癸巳春，易為大字，別寫一本。至甲午夏六月，經部錄畢，視舊稿有增有刪，而所補尤多。其例之不合者，使歸一律；說之重複者，去其繁重；新得之書按部添入，或往日所遺亦因類及之。《目錄學》已刻九卷，餘十一卷之未刻者重加整理，統併於此。凡二十餘年，四易稿矣。時居汾陽，記於寓所，十七日也。(《萬卷精華樓藏書記》卷二十經部「小學類」)

（6）余先纂《目錄學》二十卷，體例未純潔，因刪其雜糅太甚者而刻成九卷。其所刪之說，棄之可惜，復割截補綴消納於《藏書記》內。今《記》中有補痕及小小違誤，未能畫一者即是。(《萬卷精華樓藏書記》卷五十七)

以上六條材料中，據（1）至（3）條可知，耿氏所編的四種書目是有區別的，其中，《仁靜堂書目》專門記錄藏書，《紫玉函書目》則專門考訂古書。《目錄學》是「每考一書，動成篇卷」，是「先明次第，加以辨證」，似乎其特點在於「考」。而《藏書記》則要麼「雜錄諸說」，要麼「前後無次、詳略不等」，似乎其特點是「雜」。四種書目中，前兩種收書範圍比較確定，後兩種則相對模糊些。而據第（4）條可知，四種書目所收書是有重複的，但在具體著錄時可能會有詳略之分。尤其是後兩種，這種關係體現的非常明顯，今舉《藏書記》中所列數條如下：

（1）《周易本義》：「宋本與今本絕不相同，其異文並著諸家論說，已詳著於《目錄學》，茲不復出。」(卷二經部一·易類二)

（2）《尚書傳》：「前後不同，已詳著於《目錄學》，茲不復出。」(經部二·書類)

（3）《詩古微》：「餘詳《目錄學》。」(經部二·詩類)

（4）《石鼓考》：「余已錄其文於《目錄學》，而著其略於此。」(卷五十四史部十六·金石類二)

（5）《絳帖平》：「其絳帖之說並諸序，予已詳著於《目錄學》，可互觀也。」(卷五十七史部十五·金石類五)

〔註2〕（清）耿文光，蘇溪漁隱讀書譜：卷三〔M〕，北京：北京圖書館出版社，1999：
　　　359。按，此條所謂「書目」即《目錄學》。

以上五條皆重見於兩目中，《目錄學》所錄較詳者，《藏書記》則略說之，而不再重複著錄。反之亦然。所以，對於這部分著作，需要同時參考兩目的內容方可見得全貌，這樣的話，可以說二者有詳略之分。但換個角度看，其實也可以說是互相補充，相輔相成。所以耿文光才多次強調，其書目是「互觀益明，不可偏廢也。」

但二者的關係絕不僅僅在於此，據（5）（6）條可知，光緒二十年，在耿文光將《藏書記》重新謄錄的同時，還將原二十卷的《目錄學》整理出九捲進行了刊刻（以下簡稱「九卷本」），其餘十一卷則「消納」到了《藏書記》各個條目下。這樣的話，《目錄學》便出現了一種情形：已刊刻的九卷本《目錄學》可能在內容上一如既往地與《藏書記》保持一種互相配合的狀況，但二者關係具體如何，尚需進一步探討。同時，剩餘的十一卷則由於「消納」反而與《藏書記》原來的內容完全融入在了一起。那麼，這些剩餘卷數是如何「消納」的呢？到底「消納」了多少呢？這些問題也值得進一步挖掘。

在第（6）條中，耿文光說「今《記》中有補痕及小小違誤，未能畫一者即是。」但是《藏書記》在耿氏生前並沒有刊刻，所以這實際上是針對其稿本而言的，今流行之印本則很難看到這種情形，所以我們無法以此來探討上面的問題。然而幸運的是，國家圖書館藏有二十卷本《目錄學》（以下簡稱「二十卷本」）〔註3〕，雖僅存六卷，但亦彌足珍貴。從收書狀況看，以上兩目基本不重複，卻與《藏書記》重複頗多，這為我們的進一步探討提供了很大的便利。

下面我們依據上面材料，對九卷本和二十卷本《目錄學》與《藏書記》的關係進行具體探討。

第二節　九卷本《目錄學》與《藏書記》的關係

九卷本《目錄學》，據其《凡例》稱「開雕於光緒二十年二月十五日，至七月二十五日工畢。」而此時的《藏書記》，經部剛剛錄完，視原稿要增刪很多〔註4〕。所以，二書的整理幾乎是同時進行的。

從收書上看，九卷本收書共48部（含不同版本），與《藏書記》重者有38部，其中版本相同者有32部，可見二者重複率還是非常高的。從這些重複的

〔註3〕按，此殘本雖然屬於二十卷本《目錄學》，但非初稿本，應該是修訂稿本。具體討論見本書第二章第二節。
〔註4〕見前引《藏書記》卷二十經部「小學類」小序。

著作中，我們可以探討這兩種目錄的關係。具體來說，二者有以下幾種情況：

首先，九卷本備述本書情況，引用本書序跋及諸家之說，而《藏書記》略於前者，而補抄本書以外的諸家之說。

如：湖海樓本《周易鄭注》十二卷，九卷本卷一云〔註5〕：

（漢）鄭氏注，（宋）王應麟撰集，丁傑後定，張惠言訂正

首乾隆四十五年盧文弨序，次《上經傳》第一至第三，《下經傳》第四至第六（每卦先彖辭，次爻辭，次象傳，次象傳），《繫辭上》第七，《繫辭下》第八，《文言》第九，《說卦》第十，《序卦》第十一，《雜卦》第十二，次《正誤》（正王氏之誤），次《易贊易論》（《世說》注作「序易」，末一行「以上遵武進張惠言訂正丁氏本」），次《敘錄》（臧鏞堂纂，敘《易》源流），次附錄（鄭注《詩》《禮》所引易義，皆用京氏學，與《易注》用費學不同，今附錄於後。王伯厚曰：「以互體說易，蓋亦本諸康成，今附卷末。」惠言：「謂易有互體，自田何以來傳之。《集解》所見京房、荀爽、宋衷、虞翻，皆有明文，非康成獨得之解。後齋以互體為康成之學，此厚齋鄭學之淺也。」）。

湖海樓本（嘉慶二十四年蕭山陳氏校刊）

鄭康成注《周易》九卷，《唐志》十卷，《崇文總目》僅有一卷，晁、陳兩家皆不著錄。南宋說《易》家所引已非全文，至於末年，四明王厚齋乃復為之裒輯，以成此書。明胡孝轅附梓《李氏集解》後，故凡已見《集解》者不錄。姚叔祥更增補二十五則，皇朝惠定宇復加審正，搜其闕遺，理其次第，益加詳焉。蓋說經之道，貴於擇善而從，不可以專家自固。況易含萬象，隨所取資，莫不具足。鄭易多論互體，《繫辭傳》曰「雜物算德，辨是與非，則非其中爻不備」，又曰「物相雜故曰文」，此即互體之說所自出。王弼學孤行，遂置不講，而此書亦遂失傳。王氏搜羣籍而緝綜之功蓋不細，其不能無誤，則以創始者難為功也。近者歸安丁小疋孝廉復因胡氏、惠氏兩本重加考定，舉向來以鄭注《易乾鑿度》之文竄入者為芟去之，以《漢書注》所云鄭氏乃即注《漢書》者，非指康成。又於字之傳訛者，如小畜之輿，說「輻」當作「輹」，夬之壯於「頄」當作「頯」，

〔註5〕（清）耿文光，目錄學〔M〕// 李萬健，鄧詠秋，清代私家藏書目錄題跋叢刊：第9冊，北京：國家圖書館出版社，2010：417。

一一正之。又王氏次序本多顛錯，胡氏、惠氏雖迭加更定而終有未
盡。今皆案鄭《易》本文為之整比，復撝補其未備者若干，使北海
之學大顯於世。……余於厚齋所輯，若《詩考》，若鄭注《古文尚書》
及《論語》，若左氏賈服等義，皆為訂正，惟《詩考》稍加詳。此書
雖亦瞻涉，然精力不及丁君遠甚。……增明歸時，攜以諗吾黨之有
力者合梓之，為王氏經學五書，知必與有應者乎？至於字音，鄭氏
時未有反語及直音，「某字為某字」者，後人增之，以便初學，根本
于鄭，未可廢也。盧文弨序。

上經乾傳第一（臧在東次為九卷，分題如此。案，《隋書》《舊
唐書》《鄭注周易》皆九卷，《釋文序錄》云十卷者，錄一卷也。朱
子發《漢上叢說》云「鄭、王本于費氏，康伯本于輔嗣，則費氏之
後，《易經》上下釐為六卷，《繫辭》而下合為三卷矣。臧依王弼九
卷之次，是也。又，《釋文》引《七錄》云「十二卷」，十二卷之次，
《正義》云「先儒……以《彖》《象》附上下《經》為六卷，則上《繫》
第七，下《繫》第八，《文言》第九，《說卦》第十」，然則《序卦》
第十一，《雜卦》第十二也。鄭原本蓋如此，以下各卷題並同。）周
易（《詩·毛詩·國風正義》云「鄭注《周易》，大名在下」。）

文光案，此第一行所題並注，今人於書題著卷、分章斷節之處，
全不加省，欲識古書之面目難矣。

鄭君自序云：遭黨錮之事逃難，注《禮》；黨錮事解，注《古文
尚書》《毛詩》《論語》；為袁譚所逼，來至元城，乃注《周易》。（《唐
會要》）

近世古書亡缺，鄭氏所注第九，總《文言》《說卦》《序卦》《雜
卦》四篇，學者不能知其次，乃謂之鄭氏《文言》。（《玉海》）

邵氏晉涵曰：鄭君《易注》在北宋時猶存《文言》《說卦》，篇
至南宋盡佚。王厚齋尚書撰集一卷，明胡孝轅刻附李氏《易解》之
後，姚叔祥為補錄二十五則。國朝惠松涯復事補正，視厚齋初集之
本較詳矣。歸安丁君升衢篤志好古，取胡氏、惠氏本，匡正其訛字，
補所未備。積歲久，始克成書。綴葺辨析，用心至勤。持以諗余，
余何以益升衢哉！鄭君訓釋經文，胥本雅馴，古文假借，舊書間有
未盡晰者，《泰·初九》以其彙古文作𦮼，鄭作「彙，勤也」。按，《爾

雅》「篹，勤也」，篹、胥音同，胥、夤聲之轉，是鄭注本於《爾雅》也。又，《釋詁》云「建，速」，鄭注引《詩》「不建故也」是矣。《豫·九四》「朋盍簪」，鄭云「簪，速也」，建、簪同音，亦可與《爾雅》相證明。其見於《書》《詩》《禮》者，更僕未可畢數，略為升衢言之。

文光案，《周易鄭氏注》刻於《玉海》者止一卷，《雅雨堂叢書》有新本《周易鄭注》三卷，亦王氏所集、惠氏增補者，其末有圖。惠氏原書有《箋易注元室集》本（此本內所集漢易最多）。惠氏《易漢學》八卷，有經訓堂本。

《藏書記》云：

> （宋）正應麟集，國朝丁傑後定，張惠言訂正

> 湖海樓本。蕭山陳春校刊，前有盧文弨序，後有《正誤》（正王氏之誤）、《易贊易論》（《世說注》作「序易」）、《序錄》（臧鏞堂敘易源流）、《附錄》。鄭注《詩》《禮》所引易義，皆用京氏學，與《易注》用費學不同。丁小疋因胡氏、惠氏兩本重加考定，凡《乾鑿度》之文羼入者悉栞去之，復補其未備。歲久，始克成書。

> 《周易鄭氏注》，《隋志》九卷（《七錄》十二篇，《舊唐志》同，《釋文敘錄》《新唐書》十卷），不知何緣增益？其本合《彖》《象》於經，使學者尋省易了。

> 蕭子顯曰：康成聲炎漢之季，訓義優洽一世。

> 李延壽曰：鄭元並為眾經注解，大行于河北。魏末，大儒徐遵明門下講鄭氏所注《周易》，遵明以傳盧景裕及清河崔瑾，景裕傳權曾、郭茂，權曾早入鄴都，郭茂恒在門下教授，其後能言易者多出郭茂之門。

> 馮椅曰：鄭氏易旨趣淵確，去聖人未遠也。

按，以上九卷本除了詳細描述該書的編輯序第、內容大意外，還抄錄了盧文弨序文，並摘抄了《唐會要》收錄的鄭玄序及《玉海》、邵晉涵等相關論述。而《藏書記》則摘抄了蕭子顯、李延壽、馮椅的說法，補充了九卷本在「論說」中的內容。

其他如《十三經注疏校勘記》、宋刻元修本《漢書》、《新舊唐書合抄》《法帖譜系》《秘閣法帖題跋》《絳守居園池記注》等。

其次，九卷本備述本書情況，引用本書序跋及諸家之說，而《藏書記》略於前者，而補充其他相關信息。

如：宋咸淳元年吳革刻本《周易本義》十二卷，前有吳革序。

九卷本詳細描述了該書的編輯序第，同時還節引了吳序，並摘抄錢大昕、四庫提要、陸游、魏了翁等十多家的論說，而《藏書記》則僅補了此書的版本源流及《經義考》的著錄情況。並云：「宋本與今本絕不相同，其異文並著諸家論說已詳著於《目錄學》，茲不復出。」

再如《音學五書》二十八卷，《藏書記》明確說「其大要已著於《目錄學》，此錄其散碎」，其摘抄者有《寧人與潘次耕書》《茶餘客話》及王昶、程晉芳說等，大多與顧炎武本人有關。而與《音學五書》有關者皆見《目錄學》。

其他如《詩集傳》《詩古微》《韓詩外傳》《大學章句》《石鼓文音釋》《石鼓文抄》《法帖釋文》《淳化法帖釋文》《淳化祕閣法帖考正》《黃帝素問》等，這類型在《藏書記》中往往有「詳著《目錄學》」「已著於《目錄學》」之類的提示語。

第三，九卷本敘述本書較簡，《藏書記》則較之詳盡，且補充大量論述。

如：知不足齋本《駁五經異義》一卷，有孫星衍序。

九卷本僅簡述編輯序第，並節錄孫星衍序，《藏書記》則不僅詳述其附刻書之情況，而卻對孫序亦較前者摘抄詳盡。

再如武英殿本《漢書》一百三十卷，九卷本除簡述編輯次第外，僅抄錄了《敘例考證》及諸卷末附《考證》中的數條，《藏書記》則不僅詳述編輯次第等，而且還抄錄了《天祿琳琅書目》《史略》《拜經樓藏書記》《十七史商榷》等的相關論述。其他如《古泉匯》《續泉匯》等。

第四，九卷本敘述詳盡，《藏書記》僅改並節錄其中一部分內容。

如《法帖刊誤》二卷，九卷本詳述其編輯次第，並摘錄黃伯思序及王珍、許翰二跋，《藏書記》則僅述編輯次第，且內容與前者大同小異。再如《淳化帖釋文》十卷，九卷本詳述編輯次第，並加以考證，再檢《藏書記》則與之幾乎一致。再如《杜工部集注》，二目不僅所述編輯次序一致，所錄序跋亦相同，只不過《藏書記》將後者節錄幾句而已。

其他如《法帖釋文考異》《難經集注》《元遺山詩集箋注》等，此種情況在兩目中並無任何提示，必須彼此互觀方可明白，似可將之當作上文第二點的一個變例。

第五，九卷本與《藏書記》內容有頗多重合處，但亦有相異或相補之處。

或觀點有相異處，如《詩序》二卷，九卷本為殿本，《藏書記》為抄本，雖版本有異，但皆略述本書情況，而在輯錄諸家之說上下功夫。二書在這方面雖有可相互補充之處，但又同時摘抄了《後漢書》、沉重、《隋書經籍志》、韓愈、朱彝尊等的說法，而僅僅詳略不等。其最大的不同是耿氏的案語，在九卷本中，耿氏認為「孟子所說之《詩序》與班、馬所引之《詩序》及衛宏所編之《詩序》，決非一本，未可以混同。《唐志》所著之《詩序》，與朱子所刪之《詩序》，或即衛宏編訂之本。雖語有淺深，不出一手，然皆漢以上經師之說，非後人所能依託，此則無可疑也。」而到了《藏書記》則備列唐宋尊序、疑序之說之後，反而說「兩說相反，讀《詩》者將何所適從乎？」由九卷本之觀點鮮明，至《藏書記》模棱兩可，反映了耿氏在對《詩序》上的態度的微妙的轉變。

或內容有可補處，如《難經本義》二卷，二目之編輯次第及所引諸說幾乎相同，只不過《目錄學》有時用小字雙行注，《藏書記》則一律大字單行。同時，在內容上，《藏書記》另摘抄有《郡齋讀書志》《直齋書錄解題》《玉海》中論說，顯得更為充實些。類似如《織錦回文詩》《河東集》等。

以上幾點僅是為方便論述而做出的大致劃分，其實彼此之間尚有交錯處，如《黃帝素問》一書，雖然列於第二點，意即九卷本較為詳盡，且有提示語，但是《藏書記》所述亦與之頗有重合處，似是刪節前者而來的，其末也沒有過多的補充，故列入第四點亦無不可。

從以上可以看到，九卷本詳述本書編輯次第及序跋等，而《藏書記》略於此而詳於其他的情況佔據很大部分，體現出二目在內容上相互補充，彼此呼應的關係。而對於此，耿文光往往在《藏書記》中會以「詳於《目錄學》」或類似的形式來進行描述，說明其在編輯時是有意識地將二書聯繫起來的。九卷本的《目錄學》刊刻較早，《藏書記》則屢經修訂，所以凡是《目錄學》詳載的著作，耿氏可能會酌情進行刪併。有時刪減太多，便出現了前面第四種情況了。同樣，倘若《目錄學》有所簡省的，耿氏也會隨時補錄，便出現了第三種情況。如果《目錄學》論述較精，則《藏書記》也會原樣抄錄。隨著見聞增多，原來的觀點也會有所變化，所以出現了最後一種情況。

由此可見，九卷本《目錄學》與《藏書記》的關係並不是內容上的簡單對應，而是包含有諸多複雜的情況，甚至觀點上也會有微弱的差異。

第三節　二十卷本《目錄學》與《藏書記》的關係

今藏於國圖的二十卷本《目錄學》其實是一個修訂稿本，究竟是第幾次尚需進一步研究，本文不欲對之進行詳考，而僅將之當作九卷本刊刻之前的一個稿本來看待。下面我們將與之相關的資料列於下：

（1）原本二十卷，因無力發刊，去其十一而為九卷，開雕於光緒二十年二月十五日，至七月二十五日工畢。所刪之卷，重新整比為乙集，續刻嗣出。（九卷本凡例）

（2）《藏書記》……至甲午（光緒二十年）夏六月經部錄畢，視舊稿有增有刪，而所補尤多，其例之不合者，使歸一律；說之重複者，去其繁重；新得之書，按部添入；或往日所遺，亦因類及之。《目錄學》已刻九卷，餘十一卷之未刻者重加整理，統併於此。凡二十餘年，四易稿矣。時居汾陽，記於寓所，十七日也。（《藏書記》卷二十經部小學類敘）

（3）余先纂《目錄學》二十卷，體例未甚純潔，因刪其雜柔太甚者而刻成九卷，其所刪之說棄之可惜，復割載消納於《藏書記》中，今《記》中有補痕及小小違誤未能畫一者即是。自創始至今已二十餘年，凡五易稿。今復以小字本改為大字，錄至史部之末。且卷卷有所增補，較之小字本多加一倍。而子、集之繁賾者尚未整理。成書之難如此。光緒二十一年十二月初一日耿文光記。（同上卷五十七史部金石類五附記）

據上可知，在光緒二十年七月刻完九卷本《目錄學》時，剩餘十一卷僅僅是「重新整比為乙集，續刻嗣出」，還沒有統併到《藏書記》的打算。但是之後便開始「消納」了，（2）條末題「十七日」當是七月以後的事情了。至光緒二十一年十二月時，《藏書記》錄到史部，按照常理來說，餘十一卷也應該「消納」到了史部。可惜的是，我們並不清楚《藏書記》最終定稿時間〔註6〕，故而也不確定到底什麼時候「消納」完畢的。但是可以明確的是，原二十卷本的《目錄學》最終有十一卷是與《藏書記》融為了一體。這裡需要注意的是，九卷本是從二十卷本中挑出若干書進行刊刻的，所以「餘十一卷」是應該四部書籍皆有的。

那麼，存世的二十卷本中所錄書籍到底哪些屬於這「餘十一卷」裡的呢？

這裡有一個前提需要說明，就是在二十卷本裡，除去九卷本已錄的，剩下

〔註6〕李俊清諸文根據《藏書記》集部類小序末題時間，認為最終定稿在「光緒二十六年之後」，也沒有一個確定的時間。

的應該就有可能是屬於這「餘十一卷」的內容。可巧的是，這兩種《目錄學》中居然沒有一部是重複的（二目中都有《法帖刊誤》《法帖釋文》二書，但所錄版本有異），這為我們的探討提供了很大的便利。

今觀此二十卷本，正文雖然塗改增刪甚多，但幸好殘存部分保留了一些分卷的信息，某些地方還題作「卷七史部」「卷十九集部」等，根據這些提示，我們大致可以知道其卷七至卷八、卷十一至卷十二屬於史部，卷九、卷十六、卷十九屬於集部，其首尾殘缺部分則比較混亂，可見是一個尚待整理的本子。粗略統計，大致收書180部（含不同版本），其中包括《續知不足齋叢書》《正宜齋叢書》《函海》《十種唐詩選》《惠莊叢刻》等5部叢書〔註7〕，也包括幾部僅有書名，沒有內容或內容簡略的書。這些書中，與《藏書記》相同的有151部，版本相同的有141部，我們據此探討二十卷本在《藏書記》中的「消納」情況。值得一提的是，由於二十卷本中有若干著作著錄太過簡略（有時僅有題名），所以即便其在《藏書記》中也被收錄，本文也不予探討。經過對二目的研究，我們可以歸納出其存在以下幾種情況：

第一，《藏書記》僅節錄二十卷本一部分內容，而不再進行增補。

如《元號略》四卷，二十卷本先摘抄梁玉繩自序，繼述編輯次第，而《藏書記》則僅節錄梁氏序中有關編纂緣起的一段。

再如《包孝肅公奏議》十卷，二十卷本摘抄了雷逹、胡儼、陳朝幹、張田等序和汪應辰之說，而《藏書記》則僅收錄雷逹、胡儼、陳朝幹三序，而將汪氏說歸入了此書的鑒湖亭本。

其他如《大事紀》、汲古閣本《班馬字類》《金石摘》《濟眾新編》等。

第二，《藏書記》吸納二十卷本全部內容，而略有所增刪改併。

如《翼元》十二卷，因內容較少，今錄於下：

二十卷本云：

> 宋張行成撰。《進書狀》曰：「始得邵氏書，既得司馬氏書，潛思力索，久乃貫通，考之於《易》，無所不合，因著《翼元》十二卷，以明揚雄之易。」又曰：「揚雄作《太元》，義本《連山》。」（所進七《易》之一）〔註8〕

〔註7〕按，這些叢書在《藏書記》中已經別拆子目，分歸各個類別了。其中，收錄有
　　　《續知不足齋叢書》本2部，《正宜齋叢書》5部，《函海》32部。
〔註8〕按，加括弧字原為雙行小字，下同。

　　函海本，從《永樂大典》錄出。朱竹垞《經義考》注云「未見」。
《藏書記》云：

　　　　宋張行成撰。

　　　　函海本。原本久佚，朱氏《經義考》曰「未見」。李氏從《永樂
　　大典》錄出，刻入《函海》，前有《進書狀》，《翼元》為所進七《易》
　　之一。

　　　　張氏《進書狀》曰：「始得邵氏書，既得司馬氏書，潛思力索，
　　久乃貫通，考之於《易》，無所不合，因著《翼元》十二卷，以明揚
　　雄之易。」又曰：「揚雄作《太元》，義本《連山》。」

　　　　焦氏曰：「《吳志》：陸凱好《太元》，論演其意，以筮輒驗，所
　　謂後世有好而知之者，非妄語也。凱所論著今不傳，王涯《太元》
　　（按，今有明本），常取以卜，自言所中多於《易》筮。」（錄於《藝
　　海》）

　　以上兩相對照，可見二十卷本《進書狀》及其他論述，《藏書記》皆已收
錄，只不過順序上有所調整，另外摘抄了一條論說而已。

　　再如《香祖筆記》十二卷，《藏書記》不僅全收二十卷本所錄的宋犖序，
而且還摘抄了其中的 20 條內容。其中第 1 條，二十卷本作「明文士如桑悅、
祝允明，皆肆口橫議，略無忌憚。……允明《罪知錄》」，下小注：「卷一」，但
《藏書記》抄錄時，卻誤作「允明有《罪知錄》一卷」。

　　其他如《湖海文傳》《湯子遺書》《陰符》《草堂詩餘》、留香閣本《歷代史
表》、廣雅堂本《歷代史表》《戰國策釋地》《吳越春秋》、函海本《華陽國志》、
明嘉靖本《華陽國志》《南唐書》《東西洋考》、北監本《史記》、《史記志疑》
《後漢書》《後漢書補表》《新五代史補注》《漢紀》《後漢紀》《集諸家注分類
東坡先生詩》《克齋集》《龍川文集》《淨德集》《施注蘇詩》《蘇詩合注》《蘇文
忠公詩編注集成》《九靈山房集》《集古錄》《集古錄目》《寶刻叢編》、明刻朱
字本《歷代鐘鼎彝器款識法帖》、小琅嬛仙館本《歷代鐘鼎彝器款識法帖》（觀
點略異）、《積古齋鐘鼎彝器款識》《粵東金石錄》《江寧金石記》《碑版文廣例》
《崇文總目》《郡齋讀書記》《經義考》《中藏經》《東醫寶鑒》《太元》《太元集
注》《珊瑚木難》《徐常侍集》《魏蘇公集》等。

　　此種情況下，《藏書記》已經完全抄錄二十卷本之內容，而僅有若干修訂。
這樣具有兩方面作用：所吸收的部分意味著耿文光在整理二目時思想上自始

至終是一致的，修訂的部分則有時可以看作《藏書記》對二十卷本的進一步補充，即二目具有互補關係。考二十卷本中《戰國策釋地》末云：「文光案，是書《東西周辨》較諸家為詳明，予已錄於《藏書記》，茲不復出。」再檢《藏書記》果然詳細抄錄了吳師道《東西周辨》，兩目一詳一略，相得益彰。

第三，《藏書記》吸納二十卷本部分內容，而重新編排或增補。

如《閻潛邱先生年譜》一卷，二十卷本抄錄了張穆序及全望祖論說，《藏書記》則僅節錄了張穆序的一部分，而另增《四庫提要》《阮氏筆訓》之說。

再如《通鑒外紀節要》四卷，二十卷本抄錄了明武宗御制序，《藏書記》則節錄了該序的一部分，而另增了江鎔序及《平津館鑒藏書籍記》之說。值得注意的是，二十卷本旁有墨筆批注，《藏書記》皆已錄入了本文。

再如《貞觀政要》十卷，二十卷本抄錄了吳競、戈直序，並摘抄《文定集》中汪應辰跋，《藏書記》則抄錄了吳澄題詞、戈直序，摘抄了《天祿琳琅書目》《郡齋讀書志》《直齋書錄解題》中論說。二者僅戈直序同，而《藏書記》較之更詳。

其他如《乾隆府廳州縣圖志》、《潛邱劄記》、《國語》、《戰國策校注》、武英殿本《史記》、《史記集解》、《史記索隱》、《續資治通鑑長編》、《雙溪集》、《蘇詩補注》、雅雨堂本《金石錄》、三長物齋本《金石錄》、《隸釋》、《隸續》、《嘯堂集古錄》（僅錄編次）、《金石例》、《墓銘舉例》、《中說》、《江邨銷夏錄》、《安陽集》、《彭城集》等。此種情況下，《藏書記》或節錄其中的序跋一部分，或編輯次序之一部分，所取用的這一部分往往會重加整理，或將原雙行小字改易大字，或原在某前而調整至末，或簡省（增加）一些字句。同時，還增補了其他內容，如序跋或論說等，體現了《藏書記》對二十卷本進行批判地吸收的態度。

第四，將二十卷本的內容進行拆分，歸屬於兩個版本。

如《臨證指南醫案》十卷，《續醫案》四卷，蘇門經鉏堂朱墨本

二十卷本雖然將兩書分列，但內容上卻有聯繫。其中，前書摘抄了李治運序、稽璜序、李國華序，後書摘抄了杜玉林序。再看《藏書記》，則收錄了兩個版本：一、原本，無《續醫案》一書。二、蘇門經鉏堂朱墨本，有《續醫案》。第一個版本摘抄內容同二十卷本中的第一部書，第二個版本同二十卷本的附刻書。

值得注意的是，這種情況下，分屬的兩個版本之間必須有聯繫。比如上面

的蘇門經鉏堂朱墨本是據原本翻刻的,並增補了一些內容,所以二本在內容上本身就有重合。其他如《絳帖平》六卷,等等。

以上我們從三個方面具體探討了二十卷本和《藏書記》的關係。歸納起來,主要有完全消納、消納而有增補、部分消納而重新整理等三個方面,其中第二點所收書最多,說明《藏書記》對二十卷本重在「消納」。具體說來,前兩點可以肯定是《藏書記》已經將二十卷本的內容吸收過來了,這從二者所錄內容中就可以看出。此外,十二卷本中一些批改的符號更可證明這一點,比如《後漢紀》一書,二十卷本中的邵氏序在「史家之雄也」句下墨筆加一「∟」,而《藏書記》恰好僅節錄至此。再如《大事記》中,凡是墨筆勾畫的地方,《藏書記》皆一一據改。此種例子尚有很多,難道這不可以說明這兩種書目的密切關係嗎?第三點情況比較複雜。既然是「部分消納」,那麼肯定還有一部分是有差異的,這很容易讓人想到前面九卷本和《藏書記》的那種相互補充的關係。但是,仔細看來,還是有區別的。因為所謂補充關係,一般是凡九卷本所摘抄的序跋或論說,《藏書記》皆不會重抄一遍,而是摘錄以外的內容,這是耿文光明確說過的。反觀二十卷本就不一樣了,而是其有的內容,《藏書記》同樣有,只不過節錄部分內容而已。所以前者是避免重複,後者是部分重複。既然是「部分重複」,可以推測,耿氏的初意肯定不是讓這兩本書目相互補充的,而仍然是盡量將二十卷本的內容有選擇地「消納」到《藏書記》中,只不過這樣做,客觀上反而使這兩目起到了相互補充的作用。這一點需要注意一下。

總之,無論是九卷本,還是二十卷本,其與《藏書記》的關係還是非常密切的。其中,前者重在與《藏書記》進行呼應,所以觀一書必須兩目參看;後者則重在內容的相融,即要將二十卷本的內容「消納」到《藏書記》中,所以讀一書當以後者為準。

按,本章曾以《論耿文光〈目錄學〉與〈萬卷精華樓藏書記〉的關係》為題發表於《圖書館研究》2018 年第 2 期。發表時略有刪節,今用原稿。

下編　九卷本《目錄學》的整理

整理凡例

1. 本次校點一律用新式標點，繁體錄入。但也有若干未加標點（或保留原段落格式）之段落，如卷五中耿氏參考諸本後校訂之石鼓文字等，乃是考慮到此為耿氏客觀記錄之文字，為一家之言而已。

2. 書內「易」「詩」，或為書名，或為易理／詩篇，最難辨析。本次標點，凡遇《周易》卦名，皆加書名號；出現爻名一律不加。《詩經》則確定為書名則加書名號，篇名亦同。凡齊魯韓毛四家詩、毛傳、鄭箋、孔疏等，僅在末一字加書名號。毛《詩》之大小序一般全加書名號，題作《大序》《小序》，但具體某篇之序則「序」字不加書名號。

3. 凡「四書」「五經」「三禮」「十三經」等總名皆不加書名號。

4. 一般遵循原刻本字形，如「錄」字等。訛字、避諱字等則直接回改，不作說明，如「已」，刻本常訛作「巳」；「淳」，因避同治皇帝諱，刻本常做「湻」，等等。衍文、倒文及疑難字等則以腳注形式說明。

5. 為方便閱讀和出版，原書若有一字多形之異體字，則一般改為通行字形（但涉及文字校勘、卦名以及固定詞彙如「統併」等則遵從原文）。所改異體字如下（前者為所改通行字，後者原書出現為異體字）：

（1）並——并、竝；（2）抄——鈔；（3）考證——考証、攷証

具體整理

目錄學敘

目錄學者（鄭氏有《三禮目錄》一卷，此目錄之名所由昉也），學讀書也。古人讀書最重目（王氏鳴盛曰：「目錄之學，學中第一緊要事，必從此問途，方能得其門而入，然此事非苦學精究，質之良師，未易明也。自宋之晁公武，下迄明之焦弱候一輩人，皆學識未高，未足剖斷古書之真偽是非，辨其本之佳惡，校其偽謬也。」），欲治羣書，先編目錄（有對書校勘之目，如劉向《七略》是已；有依目編次之目，如馬氏《通考・經籍志》是已；有採書之目，如所謂訪碑錄者、《崇文總目》是已；有檢書之目，如所謂典將簿者，《文淵閣書目》是已；有考書之目，朱氏之《經籍考》、畢氏之《史籍考》是已；有讀書之目，晁公武《讀書志》、陳直齋《書錄解題》是已。至於私家藏書，各編一目，或詳或略，舉不勝舉。最著者如《遂初堂》《天一閣》《絳雲樓》《傳是樓》等目，誇多鬥靡，實無益處。恭讀《欽定四庫全書總目》，學術之流別證明，門戶之偏私悉化，實講學談藝之津梁，非自昔著錄所能及。近有《拜經樓藏書題跋記》，求之數年，始得寓目。辨誤析疑，兼及行欵、印記、抄書歲月，實勝《讀書敏求記》。張金吾《藏書記》亦可看。），目錄成而學問未有不進者。余自幼嗜書，以書為師（《學海堂經解》為讀經之師，《史通》《十七史商榷》《廿二史考異》為讀史之師，《文心雕龍》為文師，諸家詩話為詩師。其餘按目求之，如醫學、算學、兵、農、名、法，皆有門徑可尋，明白易曉。漢學重師承，亦曰家法，又曰師法。《前漢書》多言師法，《後漢書》多言家法。不改師法，則能修家法。東京經術守家法益嚴。）。先收者多陋（有妄撰之陋，如李贄之《藏書》，屠隆之《鴻苞》；有妄編之陋，如《淵明集》編入《羣輔錄》，《河東集》編入《龍城錄》；有妄注之陋，如五臣注《文選》，高陽生注《脈訣》；有妄刻之陋，如《東垣十書》《眉公秘笈》；

有妄選妄評之陋，如林選古文，鍾評《左傳》。姑舉一二，以例其餘。），既乃精好（昔宋宣獻公得畢文簡、楊文莊家書而學益博，余得吾邑楊氏、王氏書而始盛。然較之汲古閣之儲藏，朱竹垞之聞見，可愧多矣。）。昔苦無書，今有書而不能讀（晁公武曰：「世之書多矣，非一人之力所能聚。設令篤好而能聚亦老將至，而耄且及，豈暇讀哉！」），同一太息。爰發所藏，定為日課，隨手抄錄，積久漸多，以此引導童子，俾早知書，無傷老大，誠讀書之門徑，下學之階梯也。

近世非無人才，半為俗學所誤。又始於俗刻陋本，或因坊射利，或出庸人手所為（楊升菴曰：「今士子自一經之外，罕所通貫。不究本原，從事末節。五經諸子則割取其碎語而誦之，謂之『蠡測』；歷代諸史則抄其碎事而綴之，謂之『策套』。其割取抄節之人已不通經涉史，而章句血脈皆失其真。有以漢人為唐人，唐事為宋事者；有以一人析為二人，二事合為一事者。予曾見考官程文引制氏論樂而以『制氏』謂『致仕』。又士子墨卷引《漢書·律曆志》『先其算命』作『先算其命』，近日書坊刊布其書士子珍為秘寶。噫，士習至此，卑陋極矣。」）。城市書堆之所積，村塾几案之所陳（不知其人視其友，不知其學視其書。），皆是也。實足以泊沒性靈，塗泥耳目。毒之所中，百方莫治（先入為主，從後喻之，則扞格不勝；眾以為是，一人非之，則更難見信；道高一尺，魔高一丈，則錮蔽逾深。董遹曰：「偽言先入，則信言不能受也；俗說為主，則正言不能奪也。前人已言之矣。吁，可畏也！」）。而皓首窮年，朝討夕究者皆不出此，其專門之授受不可得而攷也。文章不本於經術（盧學士《鍾山書院記》曰：「時文者，所以驗其所學，非以是為學也。」），學問悉失其師傳（古者，師弟授受，析其問難，反復再三，務盡其義，若所傳《鄭志》是也。今則先生高坐，朗誦講章，弟子執簡思睡，求其相長難矣。），幸獲一第，沾沾自喜，似乎聖人之學不過如是，深求其故，知為俗本所誤，而聰明穎異之士陷溺於中不可勝數，其能自振拔超乎流俗者固不乏人。迨乎，晚節悔焉已遲！歷觀古人著作，或師弟授受，或家學淵源。晚年之進境，實本於幼時之積累，少壯之精華，或勝於老成之剟落，則甚哉，時之不可失也。漢以八體試學童，十七以上諷籀書九千字以上乃得為吏（此條有考證，詳見《藏書記》），今者禮樂射御久已廢墜，天文算法知者亦鮮，六藝之文已除其五，而諧聲、假借都不究心。字且不識，安問《詩》《書》？余熟思至此，深知自愧，遂發憤購書，遍求古人讀書之法，著為目錄，以示學童。凡書之源流正變，史家之得失短長，諸子之精言奧語，文法之支分派別，悉於是覽焉。以之匡謬正俗，發蒙祛妄，有餘裕焉。若其囊括古今，經緯始終，去偏黨之私，成條貫之學，此固力有所未能而勉焉以求進者也。

凡例

是編先錄書名、卷數，次撰人名氏，次編輯序第，次板本，次序跋，次舉要，次諸家論說，末附案語。

一　目錄之學，首重卷數。《戰國策》劉向序曰：「臣所校《戰國策》，除複重，得三十三篇。古之篇，今之卷也。可知，自古校書，篇卷為重。是編於卷數有無、兩本互異者悉為著明，庶不至百衲《史記》問卷不知。」

一　作者姓氏仿《宋詩紀事》之例，各列小傳。其未詳者，歷考史傳、地志、說部、文集，庶無闕佚。論世知人，寔為讀書要著。

一　編輯次第，可以見古書之式，並可知作者之意。是編自首至尾，依次注明。見目如見書，此條是已。

一　甲校與乙校不同，古本與今本大異，必先指明某刻，然後知所說者為何本。某刻本、某抄本、某藏本向例旁注於書名之下，今以書成而後鏤板，故次於編輯之後，專記刻書年月並刻者姓名。某本出於某刻，某本為第幾刻，古本每葉幾行，每行幾字，板口有何欵識，書內有何印記，某本足據，某本不足據，悉為著明。刻者名氏有本書不載而見於他書者，亦為拈出。

一　朱氏《經義考》全錄序跋，《天一閣書目》節錄序跋。是編酌於二者之中，或全錄，或節錄，或摘錄數語，皆有關於著書刻書，其浮詞諛語，概從刪汰。

一　班馬二史，周秦諸子，有引經之文，可以證經（漢碑中所引經文多與古本相合）。碑板文字有姓名、里居、官階、事蹟可以證史，校勘家有考出之異文異字，子集部有僅存之古音古義，皆目錄中最要之事。以及詩話、文評、書品、帖考之類，皆讀書者所當究。又如各集之傳志，可以知人引用之書目，可以見書悉舉起要，以為考古之資，而遺聞軼事間亦附焉。採其精華，棄其糟粕，使書從目，使目從部，類聚以觀，別有見解，此所謂學也，而不同於抄胥。

一　論說有關於本書者，隨見隨錄，不分時代，必著出典，首冠以「某氏曰」，末著書名。

一　案語在末者，加名在注中，祇加「案」字。其有元案、元注者，以「元」字別之。案語考其同異，辨其差誤，或闕所疑，或述所知，不必各書俱備。凡案，最宜切實，如《崇文總目》錢氏案語，如《經義考》朱氏案語，皆可為法。《汲古閣》每書有跋，考究未精；《敏求記》誇耀板本，何關要義。

　　一　經史非參互考證，不能驟讀。是編於古書之不易讀者，仿《通鑑長編》之例，反覆抄輯，寧蔓毋簡，務使諸說畢聚一書，詳明而後已。用功之法，正宜如是。迨自一書既明，可刪正者多，若先務刪繁，是謂苟簡，大非入門之法。學者日抱俗本，專心誦讀，於分篇斷章之意，句梳字櫛之理，全未之識。所以明明在前，對觀莫見，終身讀書，不免門外，甚至功愈勤而效愈寡，書愈多而學愈薄。言之痛心，急宜回首。

　　一　奇書祕冊，搜訪不易。凡屬善本，紀之必詳。若習見之本，不妨從略。至於坊刻惡本，庸手著作，明山人之陋，習閩書林之偽造，雖有是書，概從刪削。書少則固陋無聞，書多則偽妄百出，讎校雖精，難免疏漏。近代之作，依託顯然。坊梓古刻，安能盡信？取緯書以說經，採小說以入史，大儒猶然，愈滋人惑，故精校之本宜多方購求，考證之功尤不容少懈。

　　一　書不校不可讀，校之不精亦不可讀。力求精校之本，閱其校法，最益神智。能自精心校勘，則讀一書不止一書。是編於精校之本，流連反覆，不忍釋手。雖多書數紙，終不厭煩。

　　一　是編為讀書而作，非藏書之目。別有《任靜堂書目》專記藏書，又著《紫玉函書目》，詳加考訂。而略於此者，為《藏書記》。

　　一　書無限斷，讀無窮期，是編擬分甲至癸十集，次第而舉，否則不能成書。

　　一　是編於著作之體，編校之法，藏書之地，嗜書之人，以及古簡尺寸之度，刊刻源流之次，靡不詳載，以便省覽。

　　一　目錄之書，統貫四部。其中門類甚多，宜分數十類學之。如學《易》即輯《易學書目》，學詩即輯《詩學書目》，以及天文、地理、金石、醫算之屬，皆可分門別孤，類聚以觀，條分縷析而源流自見，互相鉤稽而考證出焉。惟在按書編目，依目讀書，與抄輯類典者大異（是編策套類書一字不採）。若目錄成而束書不觀，亦無益也。

　　一　是編隨手抄錄，屢有增益，不免前後失次，自壞其例。藏之家塾，非敢問世。若卷滿十萬，稿易八九，寬以歲月，定以名手，庶幾可觀，斯猶有待。

　　此甲集也。原本二十卷，因無力發刊，去其十一而為九卷，開雕於光緒二十年二月十五日，至二十五日工畢。所刪之卷，重新整比為乙集，續刻嗣出。

目錄學卷一　靈石耿文光斗垣甫

經部

周易鄭注十二卷　（漢）鄭氏注，（宋）王應麟撰集，丁傑後定，張惠言訂正

首乾隆四十五年盧文弨序，次《上經傳》第一至第三、《下經傳》第四至第六（每卦先彖辭、次爻辭、次象傳、次象傳）、《繫辭上》第七、《繫辭下》第八、《文言》第九、《說卦》第十、《序卦》第十一、《雜卦》第十二，次《正誤》（正王氏之誤），次《易贊易論》（《世說》注作「序易」，末一行「以上遵武進張惠言訂正丁氏本」〔註1〕），次《敘錄》（臧鏞堂纂，敘《易》源流），次附錄（鄭注《詩》《禮》所引《易》義，皆用京氏學，與《易注》用費學不同，今附錄於後。王伯厚曰：「以互體說《易》，蓋亦本諸康成，今附卷末。」惠言：「謂《易》有互體，自田何以來傳之。《集解》所見京房、荀爽、宋衷、虞翻，皆有明文，非康成獨得之解。後齋以互體為康成之學，此厚齋鄭學之淺也。」）。

湖海樓本（嘉慶二十四年蕭山陳氏校刊）

鄭康成注《周易》九卷，《唐志》十卷，《崇文總目》僅有一卷，晁、陳兩家皆不著錄。南宋說《易》家所引已非全文，至於末年，四明王厚齋迺復為之蒐輯，以成此書。明胡孝轅附梓《李氏集解》後，故凡已見《集解》者不錄。姚叔祥更增補二十五則，皇朝惠定宇復加審正，蒐其闕遺，理其次第，益加詳焉。蓋說經之道，貴於擇善而從，不可以專家自囿。況易含萬象，隨所取資，莫不具足。鄭《易》多論互體，《繫辭傳》曰「雜物算德，辨是與非，則非其中爻不備」，又曰「物相雜故曰文」，此即互體之說所自出。王弼學孤行，遂置不講，而此書亦遂失傳。王氏蒐羣籍而緝綜之功蓋不細，其不能無誤，則以創始者難為功也。近者歸安丁小疋孝廉復因胡氏、惠氏兩本重加攷定，舉向來以鄭注《易·乾鑿度》之文羼入者為柔去之，以《漢書注》所云鄭氏乃即注《漢書》者，非指康成。又於〔註2〕字之傳譌者如《小畜》之「輿說輻」當作「輹」、《夬》之「壯於頄」當作「頯」一一正之。又王氏次序本多顛錯，胡氏、惠氏雖迭加更定而終有未盡，今皆案鄭《易》本文為之整比，復摭補其未備者若干，使北海之學大顯於世。……余於厚齋所輯，若《詩攷》，若鄭注《古文尚書》及《論語》，若《左氏》賈、服等義，皆為訂正，惟《詩

〔註1〕按，「末一行」三字前原衍「一」字，今刪之。
〔註2〕「於」字，原作「訡」。今據文意，疑即「於」字之異體。

攷》稍加詳。此書雖亦瞻涉，然精力不及丁君遠甚。……增明歸時，携以諗吾黨之有力者合梓之，為王氏經學五書，知必與有應者乎？至於字音，鄭氏時未有反語及直音，「某字為某字」者，後人增之，以便初學，根本於鄭，未可廢也。盧文弨序。

上經乾傳第一（臧在東次為九卷，分題如此。案，《隋書》《舊唐書》《鄭注周易》皆九卷，《釋文序錄》云十卷者，錄一卷也。朱子發《漢上叢說》云：「鄭、王本於費氏，康伯本於輔嗣，則費氏之後，《易經》上下釐為六卷，《繫辭》而下合為三卷矣。」臧依王弼九卷之次，是也。又，《釋文》引《七錄》云「十二卷」，十二卷之次，《正義》云：「先儒……以《彖》《象》附上下《經》為六卷，則上《繫》第七，下《繫》第八，《文言》第九，《說卦》第十，然則《序卦》第十一，《雜卦》第十二也。鄭原本蓋如此，以下各卷題並同。」）周易（《詩·毛詩·國風正義》云：「鄭注《周易》，大名在下。」）

文光案，此第一行所題並注，今人於書題著卷、分章斷節之處，全不加省，欲識古書之面目難矣。

鄭君自序云：遭黨錮之事逃難，注《禮》；黨錮事解，注《古文尚書》《毛詩》《論語》；為袁譚所逼，來至元城，乃注《周易》。（《唐會要》）

近世古書亡缺，鄭氏所注第九，總《文言》《說卦》《序卦》《雜卦》四篇，學者不能知其次，乃謂之鄭氏《文言》。（《玉海》）

邵氏晉涵曰：鄭君《易注》在北宋時猶存《文言》《說卦》，篇至南宋盡佚。王厚齋尚書撰集一卷，明胡孝轅刻附李氏《易解》之後，姚叔祥為補錄二十五則。國朝惠松涯復事補正，視厚齋初集之本較詳矣。歸安丁君升衢篤志好古，取胡氏、惠氏本，匡正其譌字，補所未備。積歲久，始克成書。綴脣辨析，用心至勤。持以諗余，余何以益升衢哉！鄭君訓釋經文，胥本雅馴，古文假借，舊書間有未盡晰者，《泰》初九「以其彙」，古文作「蕢」，鄭作「夤，勤也」。按，《爾雅》「箉，勤也」，箉、蕢音同，蕢、夤聲之轉，是鄭注本於《爾雅》也。又，《釋詁》云「疌，速」，鄭注引《詩》「不疌故也」是矣。《豫》九四「朋盍簪」，鄭云「簪，速也」，疌、簪同音，亦可與《爾雅》相證明。其見於《書》《詩》《禮》者，更僕未可畢數，略為升衢言之。

文光案，《周易鄭氏注》刻於《玉海》者止一卷，《雅雨堂叢書》有新本《周易鄭注》三卷，亦王氏所集、惠氏增補者，其末有圖。惠氏原書有《箋易注元室集》本（此本內所集漢《易》最多）。惠氏《易漢學》八卷，有經訓堂本。

周易本義十二卷　宋朱子撰

　　首原序缺，次吳革序，次九圖，次《上經》一、《下經》二、《彖上傳》一、《彖下傳》二、《象上傳》三、《象下傳》四、《繫辭上傳》五、《繫辭下傳》六、《文言傳》七、《說卦傳》八、《序卦傳》九、《雜卦傳》十，次《周易五贊》，題曰「朱熹系述」：《原象》《述旨》《明筮》《稽類》《警學》，《筮儀》終。

　　宋本（咸淳乙丑九江吳革刊，敷原劉炎校正）

　　程子以義理為之傳，朱子以象占本其義，革每合而讀之。昨刊《程傳》於章貢郡齋，今敬刊《本義》於朱子故里。（吳序）

　　自費直之《易》，至魏王弼為之注而韓康伯繼之，取《孔子傳》附於每卦之下，欲學者兩讀，以就其注，經、傳混淆泛襲，至隋、唐莫之能改也。有宋呂汲公、王原叔、晁以道、李巽岩、呂東萊諸公，皆以分經合傳非古，而吳仁傑、祝與權編《周易古經》則陋論王弼之失。至朱子斷然主經、傳，釐而晰之，於是古《周易》之次序曉然共白於後世。然易學者精微之旨，無過輔嗣、康伯，宋儒往往抹摋。（錢《記》）

　　《提要》曰：此本為咸淳乙丑九江吳革所刊，內府以宋槧摹雕者。前有革序，每卷之末題「敷原後學劉炎校正」，文字行欵及《象傳·履》《夬》二卦不載《程傳》，一一與炎武所言合。卷端惟列九圖，卷末繫以《易贊》五首、《筮儀》一篇，與今本升《筮儀》前而增列卦歌之類者亦迥乎不同。《象上傳》標題之下注「從王肅本」四字，今本刪之。又《雜卦傳》「咸速恒久也」下，今本惟注「咸速恒久」四字，讀者恒以為疑。考驗此本，乃是「咸速常久」，經後人傳刻而譌，實為善本，讀易家宜奉為彝訓。至成矩重刻之本，自明代以來，士子童而習之，歷年已久，驟令改易，煩擾難行，且其本雖因《大全》，實亦王、韓之舊本，唐用之以作《正義》者。內府所刊袖珍《五經》，亦復因仍。古來經師授受，不妨異同，秘府儲藏，兼存眾本，苟其微言大義本不相乖，則篇章分合未為大害於宏旨。

　　割裂《本義》以附《程傳》，自宋董楷亦然，不始於永樂。

　　古《易》上下《經》及十翼，本十二篇，自費直、鄭元以至王弼遞有移掇，孔穎達因弼本作《正義》，行於唐代，古《易》遂不復存。宋呂大防始考驗舊文，作《周易古經》二卷，晁說之作《錄古周易》八卷，薛季宣作《古文周易》十二卷，程迥作《古周易考》一卷，李燾作《周易古經》八篇，吳仁傑作《古周易》十二卷，大致互相出入。呂祖謙《古周易》一卷與仁傑書最晚出，而較

仁傑為有據，朱子嘗謂之跋，後作《本義》，即用此本。其書與呂大防書相同。（《古周易》）

朱子注《易》之書，為目有五：曰《易傳》十一卷，曰《易本義》十二卷，曰《易學啟蒙》三卷，曰《古易音訓》二卷，曰《蓍卦考誤》一卷，皆有成帙。其朋友論難與及門人之辨說，則散見《語錄》中。考朱子初作《易傳》，用王弼本，後作《易本義》，用呂祖謙本。《易傳》，《宋志》著錄，今已散佚。當理宗以後，朱子之學大行，膡語殘編，無不奉為球璧，不應手成巨帙，反至無傳，殆以未定之說自削其棄，故不復流布歟？（《朱文公易說》）

董楷合程子《傳》，朱子《本義》為一書，成於咸淳丙辰，以程子在前，遂割裂朱子之書，散附《程傳》之後。（《周易傳義附錄》）

陸游曰：易道廣大，非一人能盡。堅守一家之說，未為得也。元晦尊程氏至矣，然其為說亦已大異，讀者當知之（按，此說甚好，讀《易》宜廣集諸本，有數十家解不破者）。

陳振孫曰：晦菴初為《易傳》，用王弼本，復以呂氏《古易經》為《本義》，其大指略同而加詳焉。首列九圖，末著揲蓍法，大略兼義理占象而言啟蒙之目，曰：本圖書、原卦畫、明蓍筮、考變占，凡四篇（案，《宋志》「《朱子易傳》十一卷，《本義》十二卷，《啟蒙》三卷，《古易音訓》二卷，《蓍卦考誤》一卷」。《易傳》初稿已佚，《本義》為次稿。《詩集傳》亦有二稿，朱曰：「未見。」）。

魏了翁曰：朱文公《易傳》得於邵子為多，蓋不讀邵《易》則茫不知《啟蒙》《本義》之所以作（朱曰：「邵子《古周易》八卷，《宋志》無，見《周易會通因革》。」程子曰：「先生之學得之李挺之，挺之得之穆伯長，推其源流，遠有端緒。」張崏曰：「先生覃思於《易經》，夜不設寢，日不再食，三年而學以大成。」邵博曰：「《古易》卦爻一，彖二，象三，文言四，繫辭五，說卦六，序卦七，雜卦八，其次序不相雜也。予家藏大父手寫百源《易》，實《古易》也。百源在蘇門山下，康節讀書處。」魏了翁曰：「眾人以易觀易而滯於易，先生以易觀心而得於心，其《方圓圖》《皇極經世》諸書，消息陰陽之幾，貫融內外之分，蓋洙泗後絕學也。」黃震曰：「邵子無《易》解，不過《觀物》《經世》《先天圖》」，又曰：「邵《易》不藝之為算數，則殫其難知。」董真卿曰：「邵子《古周易》八卷，與晁氏說之本同。」王禕曰：「伏羲之圖，邵氏得之李挺之，挺之得之穆伯長，伯長得之陳希夷，所謂先天之學也。」王廷相曰：「《易》雖有數，聖人不論數而論理，邵子以數論，棄人為而尚定命，為害大矣。」楊慎曰：「《易圖·先天》始於希夷，《後天》續於康節，朱子所以不明言者，因其出於希夷而諱之，恐人疑其流於神仙也。」楊時喬曰：「希夷所傳諸圖，舊祇存圖而已。康節始以圓者為天，方者為地次序

為橫圖，乃皆還之於易。自此而《說卦》自『天尊地卑』至『天地定位』，諸書辭變象數之學，皆粲如指掌，不然孰從而知所謂位、所謂象數哉！《東都事略》：「華山陳搏以象學授種放，放授許堅，堅授范鄂昌。」晁說之曰：「諤昌授易於種徵君，以授彭城劉牧，而聾隅先生黃晞及陳純臣之徒，皆由范氏知名者也。其於康節之易，源委初同，而淺深不倫矣。」晁公武曰：「范易酷類郭京，自謂其學出於李處約、許堅，意者果有師承，故程、胡有所取焉。」王應麟曰：「范鄂昌證墜簡《震彖辭》脫『不喪七鬯』四字，程子取之；《漸·上六》疑『陸』字誤，胡安定取之。《宋志》『《大易源流圖》一卷，《易證墜簡》一卷。」胡一桂曰：「《源流圖》先定納甲之法，以見納音之數。諤昌建溪人，朱《考》『李之才《變卦發對圖》八篇，《六十四卦相生圖》一篇。」楊時喬曰：「楊甲《六經圖》謂『之才《卦圖》傳之邵子』。」）。

　　王應麟曰：淳熙四年，文公《易本義》成十二卷，又為諸圖冠首尾，《原象》《述旨》《明筮》《稽類》《警學》《五贊》及《筮儀》附於末，《音義》二卷。十三年《易學啟蒙》成四篇，以本圖書、原卦畫、明蓍策、考變占為次，又有《蓍卦考誤》《揲蓍之法》見於《大傳》。郭雍為《蓍卦辨疑》三卷，熹謂「疏家小失其指而辨之者又大失焉，說愈多而法愈亂」，因為《考誤》。

　　顧炎武曰：永樂中修《大全》，取朱子卷次割裂，附之《程傳》之後。其《凡例》曰：「《程傳》《本義》既已並行，而諸家定本又各不同，故今定從《程傳》元本而《本義》仍以類從是也。」於是朱子所定之古文仍復混亂（按，程子《易傳》依王輔嗣本，朱子《本義》用呂伯恭本）。

　　黃宗炎曰：《本義》卷首所載，蒙雜不倫。邵氏《先、後天圖》以外，又收「乾為天」等八段，是《京氏易傳》所謂「遊魂歸魂，子寅辰午申戌」也。後世火珠林因之，與揲蓍之法迥乎不同，又不明言其故，亦何所取義而贅之於此？其卦歌及三連、六斷之類，豈可錯諸學士簡編之內？況又綴以堆積無稽之《卦變圖》，誤矣！

　　朱彝尊曰：自克齋董氏移朱子本以就程子之書，明初兼用之取士，其後學者多置《程傳》，專主朱義。於是姑蘇成矩叔度為奉化教諭，削去《程傳》，乃不更正，以從朱子之舊。當新鋟時，楊文懿守成序之，云：「是編異朱子元本，亦以便士也，好事者何容喙哉！」文懿蓋心非之而不能奪也。今用之二百年，習《易》者茫然不知《本義》元本，若矩者，豈非朱子之罪人與？

　　王懋竑曰：《本義》九圖非朱子之作，後人以《啟蒙》依倣為之，又雜以己意而失其本指者也。……朱子《文集》《語類》……未有一語及之。九圖之不合於《本義》《啟蒙》者多矣，門人何以不疑？《本義》不敢參邵子之說，

《啟蒙》則一本邵子。邵子止有《先天圖》（即《六十四卦方圓圖》也），其《八卦圖》，後來所推六橫圖，朱子所作，而以為皆出邵氏，是誣邵氏矣。《卦變圖》自十二辟卦而來。以《本義》考之，惟《訟》《晉》為合，餘十七卦皆不合，謬妄顯然，必非朱子之舊，數百年來未有覺其誤者。自朱子既歿，諸儒多以其意改易《本義》，流傳既久，亦不復辨。《通考》載陳氏說《本義》前列九圖，後著揲法。後之言《本義》者，莫不據此，而九圖、《筮儀》遂為朱子不刊之書矣。今詳《筮儀》不類朱子語，注云：「筮者北面，見《儀禮》。」按《儀禮》筮者皆西面，惟《士喪禮》筮宅以不在廟，筮者北面，朱子豈疏謬若是耶？朱子著《本義》啟蒙，門人轉相傳述，其書亦不盡見。徐氏《經解》有六本：曰《傳義附錄》，曰《周易會通》，曰《本義集成》，曰《本義附錄纂注》，曰《本義通釋》，曰《啟蒙通釋》，尚可參考，而所載各有不同，注亦小異。雲峰不載九圖，亦不言不載之故。以九圖為朱子所自作，經無所據。天台董氏、玉齋胡氏去朱子幾百年，而梅邊熊氏、鄱陽董氏又遠在其後，流傳既久，莫可識別。至《大全》出（《大全》九圖小注往往有雙湖語），諸本異同不復可見。朱子復古《周易》，而門人蔡節齋為訓解已大變其例（謹解不傳其更改次序，見鄱陽董氏所述中），以《易》為卜筮作，而門人杯正卿以為設教（見勉齋答書），蓋不待七十子喪而大義已乖矣。向得經解考之，乃知九圖非朱子之作，而猶以未盡見勉齋北溪諸集以決斯疑也。

　　文光案，《北溪大全集》有《易本義》大旨，其《原畫篇》曰：「偏於象占而不該天義理，則孔子之意泯；一於理義而不及乎象占，則羲、文、周、孔之心亦幾乎息矣。此朱文公《本義》之書作，所以必表伏羲圖像，冠諸篇端，以明作《易》根原之所自來云。」則《易本義》原本固有圖像，然但云「伏羲圖像」，九圖究未明也。王氏不引此條，恐其與己說相背，非未見《北溪集》也（《白田雜著》屢引北溪之說，豈得云未見）。

　　彭元瑞曰：曩讀朱子《本義》，於《雜卦傳》「咸速也恒久也」之下注：「咸，速；恒，久。」直抄本文，不得所以注之意。及得宋本觀之，乃「感，速；常，久」，了然明白，廼知傳刻之訛耳。宋本無《八卦取象歌》，分宮、卦、象，次序上下經卦名，次序歌上下經，《卦變歌》不知何時屬入。並《象上傳·履卦》《象下傳·夬卦》《文言傳·坤卦》三處所引《程傳》，亦宋本所無，蓋後人所付益多矣（《知聖道齋讀書跋尾》）。（文光案，九江本《履》無《程傳》，《夬》有「《程傳》備矣」四字，以下不錄，《坤》有「《程傳》曰：主下當有利字」九字。又案，《文言·坤卦》所引

《程傳》只二處，「三」字恐誤。凡古人所摘出者，再檢一番，更為精密，且不為古人所誤，如此方是讀書，否同抄胥。據彭氏所云「今本與宋本異者當不止此」，又檢得「履」有「《程傳》備矣」四字）。宋本九圖，首行上題「易圖」二字，下題「朱某集錄」，「河圖」二字，正書在上半之中今本橫書上格，圖在下半之中（今本圖在上，說在下）。洛書亦然，圖皆在前，說皆在後，說上各加「右」字（今本惟《卦變圖》後有「右」字，餘說皆移於下方，故去「右」字。），板心刻「易圖」二字。（文光案，萬季野謂《本義》不當以九圖冠卷首，胡朏明謂《周易》古經及注疏，末有列圖書於前者，有之，自《本義》始。王予中謂九圖非朱子之作，考辨甚精。邵氏止有《先天》一圖，謂伏羲四圖出於邵氏，是誣邵氏；又謂傳自希夷，是誣希夷。北溪有「伏羲圖象，冠諸篇端」之說，是《本義》原有此圖，或當日止有圖象。其圖右之說，為門人所增，亦未可知。惜乎，其不能考也）。

　　咸淳乙丑，九江吳革所刻《正義》大字本極精密。《雜卦》「遘遇也」不作「姤」，與唐石經同。案，《說文》無「姤」字，徐鉉新附乃有之。古《易》卦名本作「遘」，王輔嗣始改為「姤」，後儒皆遵王本。唯《雜卦傳》以無王注，偶未及改，宋本猶存此古字。撰《大全》者盡改為「姤」，自後坊本相承，皆用《大全》本，村夫子不復知有文公元本矣。《大有‧象傳》「明辨晢也」，亦與石經同。

　　《賁‧彖傳》《本義》云：「先儒說『天文』上當有『剛柔交錯』四字。」不云先儒何人。案，王輔嗣注「剛柔交錯以成天文也」，《釋文》《正義》俱不言經有脫文，唯李衡《義海撮要》載徐氏說「天文也」上脫「剛柔交錯」四字，所稱先儒即其人也，名字未詳（或云：郭京《周易舉正》先有此說，然《舉正》係宋人託名，自言曾見王輔嗣、韓康伯手寫真本，其誕妄可知）。《既濟》「亨小」當為「小亨」，此胡瑗說也；「能研諸侯之慮」，「侯之」二字衍，此朱震說也（朱引王弼《略例》「能研諸慮」句為證），皆見《義海撮要》（《養心錄》卷一）。《說文》「相」字下引《易》「地可觀於木」，今《易》無此語，此殆釋《觀》卦名義巽上坤下、木在地上之象。其卦為《觀》，於文，木旁目為相，相亦觀也（仝上）。

　　陳鱣曰：向從吳中顧氏得宋板《周易本義》十二卷，精美無比。又從吳中袁氏得幡宋刻《周易本義》，其卷帙次序悉同。宋板惟字樣較大，每葉十二行，行十五字。其經文，如：《比》初六「終來有它吉」不作「有他」，《否》九五「繫于苞桑」不作「包桑」，《井》九五「并冽寒泉食」不作「并列」，《坤‧象傳》「應地無疆」不作「無彊」，《頤‧象傳》「自求口實」不作「口食」。《繫辭傳》「失得之象也」不作「得失其受命也」，「如響」不作「如嚮」，「何以守位

曰人」不作「曰仁」,「男女構精」不作「搆精」,「兼三材而兩之故六」不作「三才」,下句同。《序卦傳》「傷於外者必反於家」不作「其家」,「決必有遇」「有」下無「所」字。《雜卦傳》「豐多故」,下無「也」字。是本為度宗元年所刊,宋有三吳革:一字義夫,華州華陽人,見《宋史·忠義傳》;一紹興初江西運制,見《繫年錄》;一江州人,見《咸淳·臨安志》。革於淳祐中為錢唐令,尋通判臨安府,見《嘉靖浙江通志》。或謂即宣和殉難之吳革,大非。是本雖係幡雕,而字畫工緻,紙墨精良。曹寅刻於揚州者,即此本而改其行欵,縮為小字,相較懸殊。

文光案,《姤》之九五曰:「以杞包瓜,含章,有隕自天。」諸說紛紛,未得其解。惟古《周易訂詁》所解,似乎近之,亦未詳盡。余為之解曰:杞,五陽也;瓜,一陰也。五陽居於一陰之上,是謂「以杞包瓜」;一陰含於五陽之內,故曰「含章」(《坤》為文章。《姤》之一陰,即《坤》之初爻,《坤》之六三曰:「含章可貞。」);隕者何?自上而下也。凡卦以上爻為天,中爻為人,下爻為地。反《夬》為《姤》,故曰「有隕自天」,言一陰自上而下也。瓜隕自天則陰生(凡瓜,延蔓於上,子隕於地,陰始生矣),碩果不食則陽生,其義一也。陽能生陰,陰不能自生,賴陽以生。聖人言「陽之生曰剛反」,反者何?復其道也,復其道而一陽生矣。言「陰之生曰姤遇」,遇者何?柔遇剛也,柔遇剛而一陰生矣。陽之復不必言遇,此天之道也;陰之生不得言復,此地之道也。地道無成而代有終也,故著其象於九五曰「以杞包瓜,含章,有隕自天」,以見陽能生陰之義(此說已見於《釋地》,因其未詳,又記之)。

《易》中難解處甚多,諸家各說其心,得之易,未必合於四聖之易也。然識大識小,莫不有易道焉。

玉函山房輯易七十六卷　馬國翰輯

玉函山房輯佚書(經十六類,史三類,子十四類),凡五百八十餘種,為卷六百有奇。此其《經編》之第一類,凡《易》六十三家,每家皆冠以序,書內各著出典,或集諸說,或有附錄。

濟南皇華館局本(同治十年補刊)

匡源序曰:竹吾先生憫今世學者不見古籍,乃編校唐以前書,廣徵博引,自彙經注疏音義,旁及史傳類書,片詞隻字,罔弗搜輯。惟經編為稍全,史編所得僅八卷,子編自儒家、農家外,皆無目,顛倒舛錯,漫無條理,蓋當時隨編隨刊,書未成而先生卒,故其體例未能畫一也。余得其書,乃參校漢、隋、

唐《志》補為目錄如次。先生家貧好學，自為秀才時，每見異書，手自抄錄。及成進士，為縣令，廉俸所入，悉以購書，所積至五万七千餘卷。晚歸林下，纂輯無虛日。先生沒後，板歸章邱李氏，已有散失。丁中丞稚璜、文中丞質夫先後為補刊其殘缺若干篇，而有目無書者尚少四十餘種。其散見各序中、已有著錄者凡九種，亦皆不存。為仍其目，以俟博學君子蒐補焉。先生自著書，有《目耕帖》三十一卷，皆編輯經訓時所札記，起《周易》至《周禮》，以附是書之後（案，《目耕帖》前後無序跋）。

《連山》八萬言，後漢時尚存。以韻為爻，與《易林》頗似。縱非古經，要與《三墳》所載「《山墳》為《連山》」出於毛漸手序者迥不侔矣。茲輯諸書所引，並眾家論說為一卷。

《歸藏》殘闕，晉《中經簿》始有之。諸家以後出疑其偽，然韻語奇古，與《三墳書》所謂「《氣墳歸藏》」者互校，真贗立辨矣。

《周易・子夏傳》，《漢志》不著錄。《中經簿》四卷，或云丁寬所作。張璠云：「或馯臂子弓所作。」張弧輩所撰十卷，用王弼本，乃偽書，非二卷，殘闕之本也。張太史澍輯此篇，刻入《張氏叢書》。今据校錄，分為二卷，仍隋、唐《志》之舊目也。

《周易薛氏記》，薛虞撰。虞無考，其書諸志不著錄，似附《子夏傳》內，《釋文》引之。今別為一家，次《子夏傳》後。胡一桂《啟蒙翼傳》謂：「虞薛《周易音注》，見《釋文》。」遍檢無其人，蓋陸氏引服虔、薛虞兩家之說，隔行相比，胡氏未審，遂以虞薛為一人，而朱《考》据胡說，列虞薛一家，不可不亟正之。

《蔡氏易說》，（漢）蔡景君撰。朱震《漢上易叢說》推廣其卦變之說，一家法度猶存，据輯以質世之治漢學者。

《丁氏易傳》，（漢）丁寬撰。其《傳》本子夏而成，師承淵源可以考見。按，《家語》載子夏論《易》陰陽一篇，文理精微，《大戴禮》取之，稱《易》本命一家之學附錄於後（高相治《易》，說陰陽災異，出於丁將軍。）。

《周易韓氏傳》，（漢）韓嬰撰。卜《易》之贊於丁、韓，猶卜《詩》之闡於毛、鄭，史稱韓氏《易》深，惜莫可徵見。第從《韓詩外傳》得其說《易》六節，足補殘缺，茲並掇輯，釐為二卷。

《周易古五子傳》，撰人名氏缺。劉向《別錄》云：「所校讎中《古五子書》，除複重，定著十八篇。」《漢志》同。其書以陰陽推崴以定水旱之災，如淳注

積算甲子甚詳。蓋《古五子傳》之佚文，漢、魏及見而引述之，猶可補綴而得其大要云。

《周易淮南九師遺訓》，（漢）劉安撰。《漢志》：「淮南王安聘明《易》者九人，號九師法。」九師不詳何人，陳《錄》以荀九家當之，誤矣。茲据《淮南》書中引《易》語輯之，聊存道訓之遺。

《周易施氏章句》，（漢）施讐撰。《漢志》施、孟、梁邱三家《章句》，施《易》已亡。考蔡邕書石經，《易》用三家經文，並據採輯。

《周易孟氏章句》，（漢）孟喜撰。其說精微奧衍，於陰陽消息，獨見發揮。雖斷簡殘編，而田何一殘之傳，藉以不墜矣（附《六十四卦用配七十二候圖》，《漢志》有《孟氏京房六十六篇》，圖以卦氣配節候，殆孟京之遺法乎？）。

《周易梁邱氏章句》，（漢）梁邱賀撰。班《志》於經十二篇，統云「施、孟、梁邱三家」，明其文之不易；於《章句》云「各二篇」，見其義之不盡同也。其《易》盛於後漢，《范升傳》所引，正其本萬事理，與太史公引《易》同，此真《古易》之語而王輔嗣佚之者。太史公學本楊何、梁邱，行京法，亦淵源於楊氏。

《周易京氏章句》，（漢）京房撰。房本姓李吹律，自定為京氏。《漢紀》云：「京房受於梁人焦延壽，獨得隱士之說，託之孟氏。」劉校《易說》云：「不與孟氏同。」葉夢得云：「其言龐雜，專主卜筮。」《漢志》不言章句，《隋志》「五行家」又有京《易占》《候》十種，《唐志》存其五，今尚有《京氏易傳》三卷。又別有《積算雜占條例》一卷，或共題「易傳四卷」，別為補輯，以類從焉。

《周易費氏注》，（漢）費直撰。漢《易》皆祖田何，費及高相未立學。自劉向以中古文《易》校三家，惟費氏《經》與古文合。東漢之世，其學獨盛，王弼用費《經》注疏，然《隋志》稱費《易》皆古字，號曰「古文易」，今諸本所引佚義，字多異同，故《釋文》亟引古文以甄覈之。直別有《周易分野》《易林》言占驗事，依《隋志》輯入「五行家」（按，此本《費氏易》後有《費氏易林》一卷，《周易分野》一卷）。

《周易馬氏傳》，（後漢）馬融撰。其《易》治費氏。《漢紀》云「頗生異說」，然鉅儒如盧植、鄭元皆出其門，此為鄭氏先河云。

《周易劉氏章句》，（後漢）劉表撰。表於《尚書》《詩》《禮》《春秋》並有撰述，以故名高人及，為海內所稱。今悉湮淪，良為可惜。

《周易宋氏注》，（後漢）宋衷撰。其學大抵與鄭康成相似，其注發揮旁通之妙，洵可刊輔嗣之野文，輔康成之逸象。

《周易荀氏注》，（後漢）荀爽撰。《唐志》「十卷」，今佚。惠氏《易漢學》列荀慈明一家，而佚文不具。張氏輯九家佚文具載，而雜入九家中。今特別出荀傳、費學，參用孟氏。

《周易陸氏述》，（吳）陸績撰。《鹽邑志林》載一卷，朱《考》謂抄撮《釋文》為之，又謂「藏書家有三卷，無從訪求。」顏延之謂馬、陸得其象數，朱漢上謂陸績之學，始論動爻。其注不主一家，擇善而存，故稱為「述」。

《周易王氏注》，（魏）王肅撰。《蘭陵景候傳》言「肅善賈、馬之學而不好鄭氏，採會同異，為《尚書》、《詩》、《論語》、三《禮》、《左傳》，及撰定父朗所作《易傳》，皆列于學官。」李延壽云：「鄭元《易》大行於河北，王肅《易》亦間行焉。」王注文字解說雖於康成殊異，要皆有據。朱子《本義》每稱王肅本，蓋深有所取也（附《王氏音》。《釋文》云：「為《易》音者三人：王肅、李耽、徐邈。」《釋文》既敘其注，又敘其音。陸氏所見，定為兩本。）。

《周易何氏解》，（魏）何晏撰。其《易》不傳，書題卷數並未詳。《冊府》有何晏《周易私記》二十卷，《周易講疏》十三卷。《唐志》題「何妥《周易講疏》十三卷」，晏為妥字之訛。《隋志》傳寫偶誤，尚習不覺。管輅譏其說《易》生義，美而多偽，又謂其為少功之才。伏曼容亦以了不學輕之。蓋其人習於浮華，辭常勝理。茲錄四節，以備魏《易》一家之數，且以著漢學之變自王弼者，晏實為之倡也。

《周易董氏章句》，（魏）董遇撰。《魏志·無遇傳》僅載「明帝時，大司農宏農董遇歷注經傳，頗傳於世」數語。《唐志》「十卷」。

《周易姚氏注》，（吳）姚信撰。其說《易》與荀、虞相似。

《周易翟氏義》，翟元撰。未知何代人，其學宗荀氏。

《周易向氏義》，（晉）向秀撰。其注大義可觀，而與漢世諸儒有彼此。所注《莊子》，郭象竊為已有。今世傳郭象《莊子注》，是秀之本書，而《易》則罕傳。

《周易統略》，（晉）鄒湛撰。鄒宗王弼，專門費學。

《周易卦序論》，（晉）楊乂撰。乂無傳，《隋》《唐志》「一卷」。

《周易張氏義》，（晉）張軌撰。《隋》《唐志》不著。《釋文》引其說「得其齊斧」，惟王弼本作「資斧」，《子夏傳》及諸家皆作「齊斧」。

《周易張氏集解》，（晉）張璠撰。依向秀為本，《七錄》云：「集二十八家。」古來集諸家之《易》為一家，荀爽《九家集解》。李鼎祚《集解》及此書，號為大作（案，書前有序，列二十二家。）。

《周易干氏注》，（晉）干寶撰。《晉書》作「于寶」，《隋志》同《萬姓統譜》，干、于二字並收《項皋謨跋》云：「令升，新蔡人，徙居吳郡海鹽。」又云：「干裔有居海鹽，有居嘉善，以博埴為業，干窯鎮由是得名。」是「干」非「于」得一佐証矣。其注盡用京氏。

《周易王氏注》，（晉）王廙撰。廙字世將，羲之之叔父，貴族大家，以書畫擅名，窮經根柢，非荀、虞、馬、鄭之比。然清詞靃靃，亦足賞玩也。

《周易蜀才注》，范長生撰。陸云：「姓范名長生，一名賢，自號蜀才。」李雄以為丞相善天文，有術數，民奉之如神。其說易明，上下升降，蓋本荀氏學。張太史澍輯一卷，載入《蜀典》。今據校錄，偶有遺漏，悉為補之。

《周易黃氏注》，（晉）黃穎撰。惟《釋文》引其說，其義新而有本。

《周易徐氏音》，（晉）徐邈撰。諸經皆有音，顏之推稱之。

《周易李氏音》，（晉）李軌撰。《一切經音義》引「李洪範」，「洪」又作「宏」，未知孰是。其《音》唐時已佚，不及徐《音》十之一。

《周象妙於見形論》，（晉）孫盛撰。命書之意，已涉清談。

《周易繫辭桓氏注》，（晉）桓元撰。其所本可資考訂。

《周易繫辭荀氏注》，（宋）荀柔之撰。其注惟《釋文》載之「義之而後動」作「儀之」，與鄭、姚同理，實深長有味。

《周易繫辭明氏注》，（齊）明僧紹撰。其注第考文字之異。

《周氏沈氏要略》，（南齊）沈驎士撰。「潛龍」一節，義精辭粹。

《周氏劉氏義疏》，（南齊）劉瓛撰。《隋志》：「《乾坤義》」，亦稱義疏。

《周易大義》，梁武帝撰。陸氏所引，蓋大義佚文也。

《周易伏氏集解》，（梁）伏曼容撰。《集解》《釋文》各一條。

《周易褚氏講疏》，（梁）褚仲都撰。《唐志》「十六卷」，《正義》引之。

《周易周氏義疏》，（陳）周宏正撰。褚《周易義》皆知名者。

《周易張氏講疏》，（陳）張譏撰。陸元朗之師。《釋文》稱師說。

《周易何氏講疏》，（隋）何妥撰。《隋志》偶誤「妥」為「晏」，《冊府》遂云：「何晏撰《周易私記》二十卷，《周易講疏》十三卷。」朱氏信之，載入《經義考》，失而愈遠。《玉海》「何襄城為《六象論》」云云，襄城，妥在周時

所封男爵也。朱《考》於何妥《講疏》外，別出《正義》之何氏（《正義》稱何氏即何妥），又出何氏《六象論》，云「失名」，一人凡三見，皆失考。

《周易姚氏注》，姚規撰。當是齊梁間人，治鄭、虞學者。

《周易崔氏注》，崔覲撰。不詳何人，《北史》有崔瑾。

《周易傅氏注》，撰人名氏缺，音訓與今《易》異。

《周易盧氏注》，《唐志》「十卷」，不載其名。考《後魏書·盧景裕傳》：「所注《易》大行於世」，審為景裕矣。《七錄》詳南而略北，《隋志》本《七錄》，《唐志》因之，故多缺亡耳，今仍題「盧氏」，闕疑也。其說《易》，交用升降，與蜀才略相似，大抵宗荀氏之學者。

《周易王氏注》，王凱仲撰。不詳何人，循文解說，頗有理致，蓋宗輔嗣學而衍暢其義者。

《周易王氏義》，王嗣宗撰。徧考史志，無嗣宗《易》注之目。張璠《集解》二十二家，有王宏，字正宗，弼之兄。嗣宗，或正宗之別字，然無顯證。

《周易朱氏義集解》，引朱仰之，疑即其人。

《周易莊氏義》，不知何人。意見小異，《正義》引之。

《周易侯氏注》，侯果撰。無考。《唐書·褚無量傳》有侯行果。唐人多以字名，姑闕其疑。大旨論升降旁通。

《周易探元》，（唐）崔憬撰。《集解》於憬論有所駁斥，而採取獨多，蓋其人不墨守輔嗣之注，故求遺象者援據為言。

《周易元義》，（唐）李淳風撰。此用積算明《易》，京房之遺法。

《周易新論傳疏》，（唐）陰宏道撰。「宏」一作「洪」，其體例與《釋文》略似。其引《倉頡篇》《字林》《古今字詁》《埤倉》，皆漢、晉人小學高品而今人所罕見者。殘膏賸馥，亦足資人沾丐。

《周易新義》，（唐）徐郢撰。字、里俱佚，其書與郭京舉正相似。宋儒好改經文，源實啟於郭、京及徐氏。

《易纂》，（唐）僧一行撰。姓張氏，先名遂，所集自《子夏傳》而出。

文光案，輯《易》者數家（予所藏有《二十一家易注》及《讀易別錄》），惟馬氏所輯為最富。其序，先考撰人（或附本傳，或引傳文，無傳者再徵他書），次考卷第（據漢、隋、唐《志》及諸家書目），次明書之大旨，於漢學之流別，考之最審。然以《釋文》校之，其無從徵引者尚多，古書之亡佚可勝言哉！予欲以竹吾所輯，按李氏《集解》本排次之，為六十三家《易》說，而列撰人姓名於前，似更便於誦

讀。而古義藉以不墜,當亦馬氏之意也。

漢儒五經之學,惟《易》先變。至於盡變,人幾不知有《古易》矣。我朝頒行注疏,人始專功漢學。而《古易》復顯於世,豈非聖世作人之效哉?

詩序二卷

《簡明目錄》曰:是書作自何人,眾說不一。今參考諸書,定首句為毛公以前經師所傳,其下申言為毛公以後經師所加,並以朱子辨駁,各附條下。著五百年以來說《詩》者門戶之爭,自此書始也。

前有朱子辨說序,首《大序》一篇,次《小序》。

殿本

《後漢書》:衛宏作《毛詩序》,善得《風》《雅》之旨,今傳於世。(案,范書所傳,不能無據,故葉夢得以為宏誦師說為之:有專取諸書之文為之者,有雜取諸書所說而重複互見者,有委曲宛轉附經而成其書者。曹粹中謂「毛《傳》初行之時,猶未有《序》意。毛公既託之子夏,其後門人互相傳授,各記其師說,至宏而遂著之,後人又復增加,殆非成於一人之手」,斯言得之矣。張子曰:「後人添入者極淺近自可辨。」)沈重曰:按,《鄭詩譜》:「《大序》,子夏作;《小序》,毛公合作。」(《隋志》:「先儒相承,謂《毛詩序》子夏所創,毛公及衛敬仲又加潤益。」韓子曰:「子夏不序《詩》。」程子曰:「《大序》,仲尼所作。」)

成伯瑜曰:學者以《詩·大、小序》皆子夏所作,未能無感。如《關雎》之序,首尾相結,冠束二《南》。故昭明太子亦云:「《大序》是子夏全制,編入文什,其餘眾篇之小序,子夏惟裁初句耳,至「也」字而止。《葛覃》『后妃之本也』,《鴻雁》『美宣王也』,如此之類是也。其下皆是大毛公自以詩中之意而繫其辭也。後人見序下有注,又曰東海衛宏所作,事雖兩存,未為允當。當是鄭元於毛公傳下即得稱箋,於毛公序末略而為注耳。」(案,此以《小序》有鄭注,亦是意度之詞。)

程大昌曰:謂《詩序》為子夏者,毛公、鄭元、蕭統輩也;謂子夏有不序《詩》之道,三疑其為漢儒附託者,韓愈是也;《范蔚宗傳》:「衛宏作《毛詩序》而鄭元作《毛詩箋》也。」其敘著傳授,明審如此,則今傳之《序》為宏所作何疑哉!然《詩》之古《序》非宏也,古《序》之與宏《序》今混併無別,然有可考者,凡《詩》發序兩語如「《關雎》,后妃之德也」,世人之謂《小序》者,古《序》也;兩語以外,續而申之,世謂《大序》者,宏語也。鄭元之釋《南陔》曰:「子夏序《詩》,篇義合編。遭戰國至秦而《南陔》六詩亡,毛公

作傳，各引其序，冠之篇首，故詩雖亡而義猶在也。」元謂序出子夏，失其傳矣。至謂六詩發序兩語，古嘗合編，至毛公分冠者，元之在漢，蓋親見也。今六序兩語之下，明言有義亡辭，知其為秦火之後見序而不見詩者所為也。毛公於《詩》，第為之傳不為之序，則其中釋先序時義，非宏而孰為之也。以鄭元親見而證先秦故有之序，以六序綴語而例三百五篇序語，則古《序》、宏《序》昭昭然黑白分矣。

范處義曰：《詩》有《小序》、有《大序》，《小序》一言國史記作詩者之本也，《小序》之下皆《大序》也，亦國史之所述，間有聖人之遺言（案，范氏謂「《小序》一言為國史所記」，甚為有理，豈太史採詩之後即有此序，夫子刪詩，猶及見之）。

葉適曰：《詩序》隨文發明，或紀本事，或釋詩意，皆在秦、漢之前。雖淺深不能盡當，讀《詩》者以時考之，以義斷之，惟是之從可也。若盡去本序，自為之說，失詩意愈遠矣。

楊慎曰：去序言《詩》，自朱文公始。文公因呂成公太尊《小序》，遂盡變其說。蓋矯枉過正，非平心折衷之論也。

朱氏彝尊曰：《詩》之有序，不特毛《傳》為然，說韓《詩》、魯《詩》者亦莫不有序，如「《關雎》，刺時也。」「《芣苢》，傷夫有惡疾也。」「《漢廣》，悅人也。」「《汝墳》，辭家也。」「《蝃蝀》，刺奔女也。」「《黍離》，伯封作也。」「《雞鳴》，讒（一作「悅」）人也。」「《雨無正》，大夫刺幽王也。」「《賓之初筵》，衛武公悔過也。」此韓《詩》之序也。楚元王受《詩》於浮邱伯。劉向，元王之孫，實為魯《詩》。其所撰《新序》，以《二子乘舟》為伋之傅母作，《黍離》為壽閔其兄作。《列女傳》以《芣苢》為蔡人妻作，《汝墳》為周南大夫妻作，《行露》為申人女作，《邶‧柏舟》為衛宣夫人作，《燕燕》為定姜送婦作，《式微》為黎莊公夫人及其傅母作，《大車》為息夫人作，此皆本於魯《詩》之序也。齊《詩》雖亡，度當日經師亦必有序。惟毛《詩》之序本乎子夏，子夏習《詩》而明其義，又能推原國史明乎得失之故。試稽之《尚書》《儀禮》《左氏內、外傳》《孟子》，其說無不合。毛《詩》出，學者舍齊、魯、韓三家而從之，以其有子夏之序，不同乎三家也。惟其序作於子夏，子夏授《詩》於高行子，此《絲衣序》有高子之言；又子夏授曾申，申授李克，克授孟仲子，此《維天之命》注有孟仲子之言，皆以補師說之所未及，毛公因而存之不廢。若夫《南陔》六詩有其義而亡其辭，則出自毛公足成之。所謂「有其義」者，據子夏之序也，而論者多謂序作於衛宏。夫毛《詩》雖後出，亦在漢武時，《詩》必有

序而後可授受。韓、魯皆有序，毛《詩》豈獨無序？直至東漢之世，俟宏之序以為序乎？又按，蔡邕書石經，悉本魯《詩》。今《獨斷》所載《周頌》三十一章，其序與毛《詩》雖繁簡微有不同而其義則一意者，魯《詩》、毛《詩》，《風》之序有別而《頌》則同耶？

錢氏大昕曰：王氏《困學紀聞》引葉氏云：漢世文章未有引《詩序》者，魏黃初四年詔云：「曹詩刺遠君子近小人」，蓋《小序》至此始行（案，此葉夢得之語。前文言「宏雜取諸書而成」，非謂宏自撰《小序》也，其言「黃初始行」者，謂宏書始行，非謂始有《詩序》也）。近儒陳啟源始非之，云：司馬相如《難蜀父老》云「王事未有不始於憂勤而終逸樂」，此《魚麗序》也；班固《東京賦》「德廣所及」，此《漢廣序》也。一當武帝時，一當明帝時，可謂非漢世耶？吾友惠定宇亦云：「《左傳》襄廿九年『此之謂夏聲』，服虔《解誼》云：『秦仲始有車馬禮樂之好，侍御之臣，戎車、四牡、田狩之事，與諸夏同風，故曰夏聲。』」又，蔡邕《獨斷》載《周頌》卅一章，盡錄《詩序》（案，此非衛宏，非採之《詩序》），自《清廟》至《般》一字不異，何得云至黃初始行於世耶？愚謂宋儒以《詩序》為衛宏作，故葉石林有是言（案，石林以為宏所集），然司馬相如、班固皆在宏之前，則《序》不出於宏已無疑義（案，衛宏傳其師說，編為此本，或有所附益，如《玉篇》之增加。故范史傳宏作《詩序》，宋儒以為衛作，非無因也）。愚又攷孟子說《北山》之詩云：「勞於王事而不得養父母」，即《小序》說也。唯《小序》在孟子之前，故孟子得引之。漢儒謂子夏所作，殆非誣矣。說《詩》者不以文害辭，不以辭害志。詩人之志見乎《序》，舍《序》以言《詩》，孟子所不取，後儒去古益遠，欲以一人之私意窺測古人，亦見其惑已（案，此言去《序》之非，自朱子《集傳》出。當時議《序》不可去者已有數家，而馬端臨之說最詳。錢氏或未見，故又論及之贅矣）。

文光案，孟子所說之《詩序》（在秦火前）與班、馬所引之《詩序》（在焚書後）及衛宏所編之《詩序》（拾殘補缺），絕非一本，未可混同。《唐志》所著之《詩序》與朱子所刪之《詩序》（朱子雖去《詩序》，其真有傳授者，採入《傳》中。復併為一篇，附之《傳》末，以還其舊。因以論其得失，是刪而實存也。今本竟去此二卷，人不知有《小序》矣），或即衛宏編定之本。雖語有淺深，不出一手，然皆漢以上經師之說，非後人所能依託，此則無可疑者也。初讀《養新錄》，疑錢氏之言尚有未盡，因集諸家之說互相考證，覺陳、惠兩家多所未見，而錢氏亦不深究，如陳氏《稽古》（陳氏撰《毛詩稽古編》）不及《鄭箋》（鄭氏見古本有序），惠氏引《左傳》服虔之解而不言「高克好利而不顧其君，文公惡而欲遠之不能。使高克將兵而禦狄於

境，陳其師旅，翱翔於上。久而不召，眾散而歸，高克奔陳」，其文全出於《左傳》。錢氏言《小序》在孟子之前，不知前人已有其說（歐陽永叔曰：「孟子最善言《詩》，推其所說《詩》義，與序文意多同」）。更有進焉者，語「周有大賚，善人是富」，《賚》之序也，是《小序》又在孔子之前矣。范氏謂《詩序》為國史所記，其褒貶往往與《春秋》相合，故聖人取之，其說甚長。或又謂衛宏取《尚書》《春秋內、外傳》諸書委曲成之，說亦近似。故鄭樵詆之，朱子辨之（考詩序最詳），然不能謂古無《詩序》也。

予與童子講《詩經》，以呂氏《讀詩記》、嚴氏《詩緝》為主，參以許氏《名物抄》、馮氏《六家詩名物疏》、陳氏《名物集覽》、何氏《世本古義》而《詩經》可讀矣。

《詩集傳》二十卷　（宋）朱子撰

前有《詩圖》《詩傳綱領》《詩序辨說》。朱子《集傳》二十卷，與毛《傳》同。明監本併為八卷，遂相沿襲，幾不知有二十卷之舊。此本尚是明神宗以前舊刻，是可寶也（原本有《詩序》，今本皆無）。

明正統內府刊本

陳振孫曰：以《大、小序》自為一篇而辨其是非。其序呂氏《讀詩記》，自謂少年淺陋之說，久而知其有所未安，或不免有所更定。今江西所刻晚年本得於南康，胡泳伯量校之建安本，更定幾什一云。

郝經曰：自序自孔、孟及宋諸公格言具載之，毛、鄭以下不論其旨微矣。是書行於江漢之間久矣，而北方之學者未之聞也。大行臺尚書田侯得善本，命工板行以傳。

朱升曰：朱子之於《詩》也，本歐陽氏之旨而去序文，明吳才老之說而叶音韻。以《周禮》之大義，三經而三緯之，賦、比、興各得其所，可謂無憾也已（文光案，以去序本歐陽，非是。今本叶音亦非其舊）。

王禕曰：朱子《集傳》，其訓詁多用毛、鄭，而叶韻則本吳才老之說。其釋諸經，自謂於《詩》獨無遺憾。當時東萊呂氏有《讀詩記》，最為精密，朱子實兼取之。

桂萼曰：《詩集傳》最詳，然其間制度、名物，不讀注疏，無由而知。當時朱子傳經，一本注疏之訓釋，但以諸儒解經太詳，不免穿鑿而失其本意，於是取而傳焉，以求作者之志。不謂後之學者遂廢注疏而不觀，試舉一二。如：「三事就緒」，朱《傳》取鄭司農「三農之事」訓之，後人不考，遂以孟子所

謂上、中、下農之說別處下方,不知本《周禮》「三農,生九穀」注中所謂高原、下隰、平陽之農爾。又如《閟宮》注中「碧密」之說,讀《詩》者或以結構之密當之,豈不可笑?

吳之瑗曰:宋本《詩集傳》,吾鄉向有二本:一為陳徵君簡莊所藏,一為族祖兔牀先生所藏,凡二十卷,缺頁相符。經文如「何彼襛矣」作「穠」,「終焉允臧」作「終然」,《衛風》「遠父母兄弟」作「兄弟父母」,「牛羊下括」作「羊牛」,「不能晨夜」作「辰夜」,《魏風》「不知我者」俱作「不我知者」(《小雅‧鴻鴈》三章注引同),「實大且篤」作「碩大」,「亦可畏也」作「不可」,「胡為厲矣」作「胡然」,「朔日辛卯」作「朔月」,「彼徂矣岐」作「彼岨」,「既右饗之」作「右享」,「屢豐年」作「婁豐年」,「其旂茷茷」作「茷茷」,「來假祁祁」作「祁祁」。注文與臧玉林《經義雜記》,錢竹汀《養新錄》《潛研堂文集》所記者皆合。惟「家伯維宰」作「為宰」,「降予卿士」作「降于」。又《周頌‧臣工》篇注「畬二歲田也」,「二」當為「三」。案,《采芑》注:「田一歲曰菑,二歲曰新田,三歲曰畬。」一人手定之書,不當有異說。《噫嘻〔註3〕》篇注「內方三十二里有奇」,「二」亦當作「三」。案,《疏》引《周禮》,「萬夫有川,與『十千』之數相當。計萬夫之地,一夫百畝、方百步,積萬夫方之,是廣、長各百夫。夫有百步,三夫為一里,則百夫應三十三里。」故鄭《箋》云:「方三十三里少半里」(今注疏本作「二十三里」更誤),而《集傳》曰:「內方三十三里有奇也。」考元番陽朱公遷《詩經疏義》二十卷初刻於正統間,重刻於嘉靖二年。《拜經樓藏書題跋記》云:「是書雖刻於明之中葉,猶為元儒手筆,悉仍文公之舊,惟『家伯維宰』作『為宰』。」據此,則是本為宋刻而元時翻雕者。倘得重為刊布,嘉惠後學,更復不淺。(陸《志》「宋本。每半葉七行,每行十五字,注文雙行。板心有字數及刻工姓名。」)

錢氏大昕曰:寶山朱寄園家藏元儒雙湖胡氏《詩傳附錄纂疏》二十卷,泰定丁卯建安劉君佐翠巖精舍刊本,有旴江揭祐民序。其書前有《綱領》,後有《詩序辨說》,一遵朱文公元本。如《定之方中》「終然允臧」,《竹竿》「遠兄弟父母」,《君子于役》「羊牛下括」,《皇矣》「以篤于周祐」,皆與唐石經同,與今通行本異。蓋今本沿明板之譌,即經文亦有改竄,非考亭之舊矣。「家伯維宰」作「為宰」,此以音相近而譌,今本作「冢宰」,必非考亭意也。《小雅》「爰其適歸」「爰」下注:《家語》作『奚』。」《周頌》「假以溢我」「假」下

─────────────────

〔註3〕「噫嘻」,原訛作「嘻嘻」,今正。

注：「《春秋傳》作『何』。」「溢」下注：「《春秋傳》作『恤』。」文公雖採它書而用其義，然未敢輕改經文。今本刪去「《家語》作『奚』」句，直改為「奚」，大非文公說經謹慎之意。「假以溢我」句刪去「《春秋傳》」云云，則注中「假」之為「何」，「溢」之為「恤」云云，令人不解何謂矣。讀是書知元儒尚守家法，不似明人之鹵莽妄作。朱氏《經義考》雖載此書，誤作八卷，注云「未見」，是誠世間難得之本矣。

文光案，經文譌異，錢、吳兩說之外，馮氏所校正者，「半羊下括」「括」誤「栝」，「求爾新特」「爾」誤「我」，「胡然厲矣」「然」誤「為」，「如彼泉流」誤「流泉」（《小雅》《大雅》皆誤），「天降滔德」「滔」誤「慆」，「降予卿士」「予」誤「于」。陳氏所校正者，「無使尨也吠」「尨」誤「厖」，「言歸斯復」「斯」誤「思」，「昊天大撫」「大」誤「泰」，「以享以祀」「享」誤「饗」，「福祿膍之」誤「媲」，「畏不能趨」「趨」誤「趍」，「不皇朝矣」「皇」誤「遑」，「淠彼涇舟」「淠」誤「淳」。傳文譌異，陳氏所校正者，《召南·騶虞》篇「豝，牝豕也」「牝」誤「牡」，《終南》篇「黻之狀亞象兩弓相背」「亞」誤「亜」、「弓」誤「已」，《南有嘉魚》篇「鯉質鱒鱗」「鱗」誤「鄉」、又衍「肌」字，《甫田》篇「或耘或耔」引《漢書》「苗生葉以上」脫「生」字，「隤其土」誤「壇其上」，《頍弁》篇「賦而比也」誤增「興又」二字，《小宛》篇「俗呼青雀」「雀」誤「觜」，《文王有聲》篇「減成溝也」「成」譌「城」，《召旻》篇「池之竭矣」章，「比也」誤作「賦」，《閔予小子》篇引《大招》「三公穆穆」誤「三公揖讓」，《賚》篇「此頌文王之功」「王」誤「武」，《駉》篇「此言魯侯牧馬之盛」「魯侯」誤「僖公」，凡十一條。史氏所校正者，《衛風·伯兮》篇「《傳》曰：『女為悅己者容』」，「已」下脫「者」字，《王風·采葛》篇「蕭，萩也」「萩」誤「荻」，《唐風·葛生》篇「域，營域也」「營」誤「塋」，《秦風·蒹葭》篇「小渚曰沚」「小」誤「水」，《小雅·四牡》篇「今鵻鳩也」「鵻」誤「鶉」，《蓼蕭》篇「在衡曰鸞」「衡」誤「鑣」，《采芑》篇「即今苦蕒菜」「蕒」誤「藚」，《正月》篇「申包胥曰人定則勝天」「定」誤「眾」，《小弁》篇「江東呼為鸊鳥」「鸊」誤「鴨」，《巧言》篇「君子不能聖讒」「聖」誤「堲」，凡十條。蓋宋本久已殘缺，諸家各據所見證之，故此有而彼無，今並錄之，可以互考。若得宋本全文，可以正俗者應不止此。朱鑑云「《詩集傳》，豫章、長沙、後山皆有本，而後山校讎最精」，見《詩傳遺說序》。今後山本不知尚在人間否。《易本義》《詩集傳》不知原本面目者甚多，因詳著之。鄭樵作《詩辨妄》（凡六卷，朱《考》

曰:「未見」)專詆小序（並毛、鄭之妄），朱子從其說，故《集傳》不用《小序》（周孚又著《非鄭樵詩辨妄》一卷），附《辨說》於後。

詩古微二卷　魏源撰

首李兆洛序，次目：曰正始篇，曰詩樂篇，曰三家發凡，曰毛詩明義，曰三家發微，曰齊魯詩發微合篇，曰魯詩發微，曰韓詩發微，曰三家通義，曰三家同義，曰三家異義，曰集傳初義，皆援據經傳，得其統宗，無一端之不順。

邵陽魏氏吉堂本

《正始篇》曰：四始之說未有求通者，蓋嘗深思其故，而知其皆三篇連奏（古者樂章每奏一詩為一終，而樂必三終，從無專篇獨用之例，故《儀禮》歌《關雎》則必連《葛覃》《卷耳》而歌之，《左傳》《國語》歌《鹿鳴》之三、歌《文王》之三，《禮記》言升歌《清廟》，他若金奏《肆夏》之三，工歌《蓼蕭》之三，《鵲巢》之三，笙奏《南陔》之三，《由庚》之三，凡《正》風、《正》雅列在樂章者，罔非此例），皆上下通用之詩（《關雎》之三本后妃房中之歌，而鄉樂之亂必及之；《鹿鳴》之三本燕勞臣下之樂，而鄉飲酒禮及大學釋菜亦歌之，則政自閨門，行乎朝廷，而達乎鄉黨邦國矣。《文王》之三所言皆王天下之事，而兩君相見亦歌之。《清廟》之三乃宗祀配帝之樂，而《記》言「升歌《清廟》下管《象》」者，一見於《祭統》之言大嘗禘，再見於《文王世子》之言養老，三見於《文王世子》之言大饗，四見於《明堂位》之祀周公廟，則政又本乎君親，而洽乎上下，通乎幽明矣），皆周公述文王之德（《關雎》為周公作，徵諸世說；《鹿鳴》之三，鄭《譜》以為文王詩；《大雅·文王》篇之為周公作，見於《呂覽》；周公詠文王之德，作《清廟》，見《尚書大傳》），皆夫子所特定（夫子正樂之時，取周公述文德者各三篇，冠於四部之首），義至深道至大也。魯《詩》四始之說，以樂章通之，知《論語》凡稱《關雎》者，皆合樂章三篇而言之。《關雎》《葛覃》樂而不淫，《卷耳》哀而不傷，故夫子言先樂後哀，正與《詩》之次第并然也。樂亡而詩存，說者執一詩求之，並《詩》與《論語》皆不可通矣（朱子以二章分哀樂次第不合，程大昌謂一詩兼哀樂之聲，未解三終）。不獨魯《詩》四始為然也（四始之說出於《史記》，史公習魯《詩》，其義甚古），即如齊《詩》四始五際之說，出於《詩緯》，其以《詩》配律，三篇一始，亦樂章之古法，與魯《詩》一例。徒執一詩求之，遂茫然不曉為何說矣。毛以四部正詩為四始，鄭、孔不知而強為之說。惟成伯璵《毛詩指說》曰：「《詩》有四始，始者，正詩也，謂之正始。周、召二《南》，《國風》之正始；《鹿鳴》至《菁莪》，《小雅》之正始；《文王》至《卷阿》，《大雅》之正始；《清廟》至《般》，《頌》之正始」，直發毛公微指。正始一言，固據元公樂章為斷，而變者從此出也。然則四始之義，毛因魯說而推廣

之，而齊《詩》則旁義。不知詩、樂之相通，則不明四始之例矣。

《詩樂篇》曰：鄭樵、程大昌、馬端臨諸人，徒爭詩之入樂、不入樂，而不知詩有為樂作（如《關雎》《鵲巢》之類）、不為樂作（如《汝墳》《行露》之類，采風陳詩與樂章迥殊）之分。且同入樂，而有正歌、散歌之別也，散歌、散樂用於賓祭無算樂（見《儀禮》。「無算」云者，或間、或合，盡歡而止），用於矇瞍常樂，用於國子絃歌，樂以人聲為主而律和之，《爾雅》「徒吹謂之和，徒歌謂之謠」，鄭「背文曰諷，以聲節之曰誦」（《周禮》），班固云「不歌而誦謂之賦」，是則人聲之通於律者莫如歌，而賦詩則與樂絕不相入（武子賦《魚麗》之卒章，公賦《南山有臺》，與歌不相蒙）。諸儒據列國賦詩以證入樂者，誠荒說矣。東漢曹氏時，樂工所肄者，惟《鹿鳴》《騶虞》《伐檀》《文王》四篇。至魏太和中，又惟《鹿鳴》一篇，後並亡之，則今日之詩謂之徒詩（程大昌謂二《南》、《雅》、《頌》為樂詩，諸國為徒詩，言詩不入樂也）也亦宜。　荀子言「《詩》三百篇，中聲之所止」，蓋宮成其宮，羽成其羽，是謂中聲；巨不過宮，細不過羽，是謂中聲，所止非皆中正和平之謂也。《史記》謂「《三百篇》，孔子皆絃歌之，以合於韶武之音」，為說荒矣。　二《雅》小、大之別，或主於政，或主於理，或主於聲，或主於詞。　《風》《雅》《頌》非夫子所定，孔《疏》作者本意，自定為何體，太師聽聲而得之，是也。　諸侯可用《大雅》，大夫有時可用《小雅》，若大夫用《大雅》則為僭，故寧武子不拜《文王》之三；大夫用《頌》為尤僭，故譏三家「以《雍》徹」。而大夫用《肆夏》也，由趙文子始也。惟舞《詩》則上下通用，十三舞《勺》，成童舞《象》是也。正歌正樂奏必三終，惟因事取義則單用，若「趨以采齊」「王射，以《騶虞》為節」及「率學士而歌徹」之類是也。禮崩樂亡可考者，如斯而已。　《周頌》《大武》樂章之次：《武》一、《賚》三、《桓》六。《勺》（古酌、勺、汋通）為《大武》樂章，當次於《武》。《賚》為《大武》之三成，則《般》為四成。獨五成，於《頌》無之。何楷漫以《時邁》與其備數，曷若闕疑。　《豳雅》《豳頌》，紛紛未定。鄭《箋》以《大田》《甫田》為《豳雅》，何楷以《豐年》《載芟》《良耜》為《豳頌》，是為得之。今《詩》序次倒亂，信其信，闕其疑，毋概殉而概違，毋主一而擯百，庶乎可（《豐年》詩報賽八蜡，《載芟》詩臘先祖五祀，《良耜》詩蜡祭報社）。

《三家詩發凡》曰：三家亡而毛存數千年不決者，凡三大端：十五《國風》之次第也，六笙詩之有無也，《詩》三百篇之刪不刪也。笙詩，《毛序》謂有義無詞，朱子謂有聲無詞，後人聚訟，不出二說。按，《史》《漢》《論衡》《詩緯》

諸書所引皆三百，五篇皆不數。笙詩之明證，夫子一則曰「《詩三百》」，再則曰「誦《詩三百》」，其全數如此。後於宋國得《商頌》五篇，因附其後，以為餘數，故曰「三百五篇」。毛公按《儀禮》樂章節次排於各篇之間，又各望文生義，以為之序。然尚列什外，未以為夫子之原目。迄後人列入什中，並數為三百十一篇，遂若夫子本有之而亡於秦火者。姜氏炳璋謂「夫子刪《詩》，三百之外，尚有二千餘篇皆列在經，亡於秦火」，更不可究詰矣。　十五國次第不下十餘說，故朱子存而不論。毛《詩》篇次與樂章不符，與時世不符，孔《疏》言之，增笙詩逸篇於《小雅》，厠《采薇》《出車》宣王詩於《大雅》，予各有專證發之。夫子所更太師之舊第，惟挈《王》於前，挈《豳》於後，及以《秦》後《晉》三者而已。　刪《詩》之說，自周秦諸子，齊、魯、韓、毛四家，以及董、劉、楊、班之著述，皆無片言及之。唯史遷因夫子刪《書》而並創為刪《詩》之說，孔穎達疑之，說「固之言曰：『孔子全取周詩，上取殷，下取魯，凡三百五篇。』曰『全取』者，明無所去取於其間也。」吾故曰：夫子有正樂之功，而無刪《詩》之事（伏虔、鄭康成皆習三家《詩》者，其注《禮》、注《漢書》皆以《驪駒》《貍首》為逸詩）。

　　《毛詩明義》曰：甚哉，美、刺。固毛《詩》一家之說，而說者又多失其旨也。夫《詩》有作詩者之心而又有采詩、編詩者之心焉，有說詩者之心而又有賦詩、引詩者之心焉。至於以文害詞而不逆其志，以今臆古而不論其世，遂使美、刺之說千年而不明，何怪比、興之義日遠而日微乎？　《詩序》之說不見於《史記》《漢書》，《毛傳》亦無「序」字。今《序》首句與笙詩一例者，毛公師授之義（如《關雎》，后妃之德也）；其下推衍附益者（如后妃求賢自助之類），衛宏所作之序（《後漢書》稱衛宏作《毛詩序》，善得風人之旨）。其失毛義者十之五六，後人概信而概訾之，遂為經之布障，毛之贅瘤而不可去。至於鄭《箋》，惟從衛《序》，故鄭訓詁異毛者不下數百，而釋詩異於衛《序》者無之。欲明毛《詩》之本旨，必先分《傳》與《箋》之實而後可。《凱風》之詩，毛《序》但云「美孝子也」，《毛傳》亦無幾微不安其室之意。自衛宏續《序》，附會衛詩，而為淫風流行之說。鄭《箋》因之，遂使衛母受無端之惡，蒙千載之誣。《孟子》趙注以「母心不悅」釋「過小」，於「不可磯」之意最切。若不安其室，婦人之過孰大於斯？說者謂衛母辱止一身，故小；幽王禍關天下，故大。若然，則婦人終古無大過也。東漢《衛方碑》「感背人之《凱風》，悼《蓼儀》（背、邶，儀、莪古通）之勤劬」以頌人母德矣，奈何誣毛《詩》並誣衛母也？故《國風》

之失，說毛者失之，失其意也。千載以來，未有能掃《序》《箋》之陋者。至於《雅》《頌》，《續序》之失靡關經義，特失之愚而已，然皆予攻毛者以口實，其為先師之累，不已多乎（此篇駁《續序》凡十五條，《凱風》其一）？《關雎》為樂章首篇，故以琴瑟、鐘鼓明其為房中之樂，猶《鹿鳴》以吹笙、承筐明其為燕享之樂，皆總敘大意而未可遽執其人其事以實之。所以為冒天下之道，惟程子之說得之（朱《傳》本齊《詩》，猶滯）。

《三家發微》曰：漢興，齊、魯、韓《詩》盛行，毛又後出。鄭箋用毛，毛遂孤行於世。齊《詩》魏代即亡，魯《詩》亡於西晉，韓雖存，無傳之者，亦亡於北宋。毛《詩》所謂《古序》傳自子夏，諸書所引韓《序》，與毛一例。《新序》《列女傳》所述魯《說》，尤不苟。程大昌乃謂三家不見《古序》，惟毛有《古序》，果何謂也？至《七月》之詩，歐陽氏謂三家皆無之。考《漢書》《說文》《初學記》《御覽》所引《七月》詩，多魯、韓異文，歐說殊不可曉。姜炳璋據以為三家之罪，又何也？至若正《風》《雅》皆刺（魯《詩》、韓《詩》皆謂《關雎》為刺詩，見於《史》《漢》諸書者甚多），乃其旁義。人主不正歌以感之，不云作以刺之也。經師各有例，明其例而後說可通；例有所泥，破其例而後經可明（如毛《詩》宜破者，美刺之例、世次之例）。

《齊魯詩發微合篇》曰：毛《詩》篇次、世次，莫亂於《小雅》，莫甚於宣王南仲之詩，而世次莫確於魯，篇次莫詳於齊。○緯書起於西漢，所見尚是三家原本。其義雖無足稱古詩，篇第固未有確於此者（此篇有《考定齊詩篇次圖》）。

《魯詩發微》曰：《新序》《列女傳》，魯義多賴以傳，然自湮微以來，受誣於耳食目論者不少矣。《黍離》之詩，魯以為衛壽所作，韓以為伯奇所作，魯《詩》近是。毛《序》「大夫憫周」，殊不然。《小弁》之詩，伯奇所作，與《凱風》一例。七子之母，以無罪怒其子，故云「怨則不可磯」；若伯奇之母，則欲以無罪殺其子，故云「不■〔註4〕怨則愈疏」，正與舜之號泣昊天相類，故孟子以舜事證之。若平王弒父之罪，上通於天，何由與舜並論？《十月之交》，三家詩咸無，毛《序》謂刺幽王，與厲無涉。《漢書》左雄《疏》曰：「襃閻用權」，谷永《疏》曰「閻妻驕扇」，古閻、艷字通用，閻妻即襃姒，或以為二人，非是（諸家不知何本，則以為出魯《詩》）。夫說經如訟，自古而然。往往青天白日忽豐其部，自非平讞，實其不以嫌疑殺人者幾希矣。

《韓詩發微》曰：《詩》之出也，魯最早，而其亡也，韓最後，故漢初諸

〔註4〕此書原版有字，刊刻時以墨釘抹去。

人所說莫多於魯《詩》，唐後諸書稱引莫多於韓《詩》，而韓《詩》又多同。王世貞謂「《外傳》引《詩》以明事，非引事以證《詩》」，蓋其裨於經義者十不二三矣，乃後人摘其支文旁說以為蔑古之口實，而其微義可取者又棄之若遺。夫《外傳》有可證魯、韓之同者，有義優於毛者，有可以別存一解者，篇中所述七十子微言多在焉。又引《荀子》凡數十條，可見其學出於荀子。而於《十二子》篇獨去孟子、子思，則又能匡其師之失。名世之通儒，經師之宏識已。姜炳璋謂「《風》《雅》掃地，夏蟲不可語冰」，豈其然乎？

《三家通義》曰：三家之於毛，猶左氏、公羊之於穀梁，或毛所未備而三家補之，或小異而大同，或各義不妨兩存，在善讀者之引申而已。同出西漢之初，又俱傳自荀子，豈真燕、越哉？自私者各以已意主奴之，好新薄近，則三家片語必勝二毛；附勝擠衰，則謂三家之亡尚恨其不早（若姜炳章《詩序補義》），知其人從善服義之公心必大異於古人也。○范家相《三家拾遺》片語皆勝於二毛。

三家同義者五十二事，旁通曲證，皆毛《詩》之益友。三家本經既亡，可見者惟諸子傳說所稱引，或偏而不全，駁而失實。其所異之義，有沿說而失其真與夫疑義當缺錯謬而難信者，有支文旁義雖出魯、韓而實不如毛者，所宜辨也。朱子著《集傳》，又為《詩序辨說》，自是與毛為兩學，而不知朱子之說固有初年、中年、晚年之不同也。呂氏《讀書記》載朱子初年之說，與《小序》合者二十三條。

韓詩外傳八卷　漢韓嬰撰

首乾隆五十五年盧文弨序，次趙懷玉校刻序，次舊序（至正十五年曲江錢惟善序，濟南陳明序），次序說，末無後序跋語。

亦有生齋校正本（舊有毛本、林本、通津草堂本，近有周氏校注本，《經解》《彙函》本，周、趙合刊本）

齊、魯、韓三家《詩》雖皆失傳，而唐人經義及類書所援引，唯韓獨多。其《內傳》亦僅見一二，若《外傳》固未忘也。《漢志》本六篇，《隋志》則析而為十，非有所坿益也。其得傳流至今者，豈非以文辭贍逸，為人所愛玩故哉？吾友武進趙舍人懷孫既取數本校之（傳本多譌脫，往往相似），又取其與諸書相出入者參互考證，擇其是者從之，其義得兩通則仍而不革，慮其損真也。又諸書所引，亦尚有出於此書之外者，復為之博綜，以繫於後。蓋自有雕本以來至今日，而譌者、正脫者、補闕者咸稱快焉，因亟慫恿付梓。（盧序）

　　《漢志》:「《韓詩內傳》四卷,《外傳》六卷,《故》三十六卷,《說》四十一卷。」《隋志》僅有《內、外傳》,《內傳》益以《薛氏章句》為二十二卷,《外傳》析為十卷。今《內傳》已佚,閒散引於諸書。嘗欲仿朱子之意寫為一書,卒卒苦未能就。若《外傳》篇目合之,《隋志》則固居然足本也。自明以來,屢有鈔本,惟虞山毛氏較善而譌脫亦復不免。既取數本參校,其別見諸子與此相出入者亦疏證於下,譌者、正脫者、補義得兩通者並列焉。蕪學罕漏,無以自信,未敢示人也。歲戊申,餘姚盧弓父先生來主吾郡,講席洽聞,舉遺日以表章周、秦、兩漢之書為事。丹黃讎勘,一字弗苟。過從之暇,偶及是書,先生出手定本見示,嚴核博綜,略無遺憾,乃取向所參校者改竄而坿益之。於是未敢自信者,藉可質之於世矣。閒嘗思之,當漢之盛,燕、趙間好《詩》、言《詩》者實由韓生、毛公,趙人其原未必不由韓氏,鄭康成亦先通韓《詩》,故注《周禮》《禮記》與箋《詩》頗異。然則毛、鄭固皆出於韓《詩》,人乃退韓而尊毛、鄭。隋、唐之際,韓《詩》尚存,已無能傳之者。厭故喜新,數典忘祖,蓋非一朝夕之故矣。或曰:是為《內傳》言之,至《外傳》則多雜說,且不合經義,子何好之深也?夫為詩,首忌固哉告往,貴知來者。《三百》之陳,初無達詁,一隅之舉,可以便餘徒案迹而議性情,是猶閉睫而欲觀天地之大也。班書言嬰「推詩人之意,作《內、外傳》數萬言」,後人顧訾其不合詩意,何哉?特是《外》之云者,與《內》固殊。大醇小疵,所在而有。雖大理之號偶誤漢官,阿谷之辭或出後世,要之,觸類引伸,不謬乎主文譎諫。讀者苟知決擇,以歸勸懲,謂之引詩證事可也,即謂之引事明詩,亦可也。乾隆五十五年歲在庚戌夏五月。(趙序)

　　始余年少,讀《韓詩外傳》,疑其為先秦時文字。及授《詩》為專門學問,有韓、魯、齊三家之《詩》,遂求得之,因考其說。韓《詩》,燕韓嬰所作,故號「韓詩」;魯《詩》,浮邱伯傳之魯申培公,故號「魯詩」;齊《詩》,齊轅固所傳,故號「齊詩」。或以國稱,或以氏傳。齊《詩》魏代已亡,魯《詩》亡於西晉,而韓之傳又與齊、魯閒殊,然歸一也。《漢·藝文志》:「《韓詩》三十六卷,《內傳》四卷,《外傳》六卷,《說》四十一卷」,《隋·經籍志》「《韓詩》二十二卷,薛氏章句」,《唐·藝文志》「《韓詩》,卜商序、韓嬰注,二十二卷。又《外傳》十卷」,《韓詩》序而無傳者,至唐猶在,今存《外傳》十篇,非韓嬰傳《詩》之詳者。遺說時見於他,與毛說絕異,茲固不暇論也,然觀《外傳》雖非其解經之詳,斷章取義,要有合於孔門商、賜言《詩》之旨,況文辭清婉,

有先秦風,學者安得不宗尚之?海岱劉侯貞來守嘉禾,聽政之暇,因以其先君子節齋先生手抄所藏諸書悉刊置郡庠,期與四方之士共之。余既獲重閱一過,故著其說如此。(錢序)

韓嬰處漢文之世,遭秦火絕學之余,廼能衍《詩》作《傳》,上推天人之理,下及萬物之情,以盡其意。文則嚴整簡古,屬世範俗,皆順於道,宛然聖門家法。亦嘗以《易》作《傳》授人,今已不傳,而其《詩》亦亡。嗟乎,韓生不見於經傳,故世鮮聞,今薛子汝修篤學嗜《詩》,廼於先曾大父黃門公笥中得此書,愛其文古而鋟諸梓,以傳於世。(陳序)

歐陽修曰:韓嬰之書,至唐猶在,今其存者十篇而已(《晁志》:「隋止存《外傳》,析十篇,其及於經蓋寡。」)。《漢志》嬰書五十篇(洪邁曰:「《漢‧藝文志》有韓家《詩經》《韓故》《內傳》《外傳》《韓說》五書。」),今但存其《外傳》(洪曰:慶曆中,將作監主簿李用章序之,命工刊刻於杭。陳錄《外傳》卷多於舊,蓋多記雜說,不專解《詩》,不知果當時本書否也。薛應旂曰:「《外傳》雖未盡能以意逆志,而變動不居,猶有古之遺焉。」),非嬰傳《詩》之詳者。而其遺詩,時見於他書,與毛之義絕異(晁曰:「如『逶迤』『郁夷』之類,其義與毛《詩》不同。」),而人亦不信。去聖既遠,誦習各殊,至於考《風》《雅》之正變以知王政之興衰,其善惡美刺,不可不察焉(王世貞曰:「《外傳》雜記夫子之緒言與諸春秋、戰國之說。大抵引《詩》以證事,而非引事以明《詩》,故多浮泛不切、牽合可笑之語,蓋馳騁勝而說《詩》之旨微矣。」)。

王應麟曰:荀卿《非十二子》,《韓詩外傳》引之,止云十子而無子思、孟子。愚謂荀卿非子思、孟子,蓋其門人。如韓非、李斯之流,託其師以毀聖賢。當以韓《詩》為正。

董斯張曰:世所傳《韓詩外傳》亦非全書,《文選》李善注引《外傳》文云:「孔子升泰山,觀易姓而王,可得而數者七十餘人,不得而數者萬數也。」又「鄭交甫將南適楚,遵彼漢泉臺下,乃遇二女,佩兩珠,大如荊雞之卵。」《藝文類聚》引《外傳》文云:「凡草本花多五出,雪花獨六出者,陰極之數。雪花曰霙,雪雲曰同雲。」又曰:「自上而下曰雨雪。」又曰:「溱與洧,謂鄭國之俗,三月上巳,於雨水之上招魂、續魄,拂不祥也。」《太平御覽》引《外傳》文云:「精氣歸於天,肉歸於土,膏歸於露,髮歸於草。」佛典引《外傳》文云:「老筐為崔,老蒲為葦。」今本皆無之(臧曰:「其書少次序,又雜見於諸書,容或有後人分,並且以他書廁入者。」)。

臧琳曰:本傳稱「孝文時為博士,武帝時嘗與董仲舒論於上前。其人精悍,

處事分明，仲舒不能難也。」今讀其《傳》，有曰：「『子曰：不知命，無以為君子』，言天之所生，皆有仁、義、禮、智、順善之心，不知天之所以命生，則無仁、義、禮、智、順善之心。無仁、義、禮、智、順善之心謂之小人，故曰『不知命，無以為君子』。《小雅》曰『天保定爾，亦孔之固』，言天之所以仁、義、禮、智保定人之甚固也。《大雅》曰『天生蒸民，有物有則。民之秉彝，好是懿德』，言民之秉德以則天也。不知所以則天，又焉得為君子乎？」斯言也，即孟子性善之說也。秦、漢以來，如毛公、董生，可為見道之醇儒矣，而性善之說則俱未能言也。愚謂孟子之後，程、朱以前，知性善者，韓君一人而已，故特為表出之，以就正于有道焉。

（是書見於《呂覽》、《淮南》、《管》、《荀》、《大戴記》、《說苑》、《新序》、《列女傳》、皇侃《論語疏》、《文選注》、《御覽》、《初學記》、《周書》、《尸子》、《韓非子》。）

邵氏晉涵曰：昔年抄錄韓《詩》，心好薛君《章句》，能得《大傳》之意。為章句者，自宋、元諸儒皆以為千乘太守薛漢也。讀《唐書·宰相世系表》知為薛夫子所撰，而子漢傳其書。《後漢書·馮衍傳》注亦引薛夫子《章句》，當得其實。曾舉以告友人，或曰世孫多傅會之言。薛漢字公子，安知《馮衍傳》注非「公子」之譌乎？繼取《後漢·儒林傳》考之始，知《薛漢傳》中有缺文，當云「父夫子，以章句著名，漢少傳父業」，刻本脫一「夫」字，遂至文義不明耳。薛君長於詁訓，學士所宗，而姓名若泯若沒，雖好其書者莫克知其人，能不為長歎哉！（《南江文抄》）

文光案，《外傳》卷六「衛靈公晝寢」條內云：「禮，諸侯相見，不宜相臨以庶。」《廣博物志》((明)董斯張撰)作「以勢」，「勢」字義較長。而趙氏於「庶」字下無校注，是未嘗引及《廣志》。然趙本篇首明引董斯張之言，似當翻閱《廣志》，或此條偶未及檢歟？趙校最精，所引書不免遺漏，擬於暇日取《廣志》覆審一過，此其見端也。

讀書以讀經為要，讀經以漢學為要，謂其說解了當，一字一句不敢輕忽。今讀書家多含糊，朱子所謂鹵莽滅裂之學是也。孟子曰：「博學而詳說之」，今人說之不詳，所以記之不確（今人苦無記性，由於不詳，未有詳而不記者。然不博，亦無由詳也），亟宜以漢學正之（如春、夏、秋、冬、甲、乙、丙、丁之類，人所共知，而索解誠難，此即是含糊之故，若漢學則字字解清矣。又如桓谁，人名也，「谁」作何解？時師無傳，《說文》曰：「谁，神獸也。」《爾雅·釋獸》曰：「谁如小熊，竊毛而黃。」「竊毛」又不解，則為之說曰「竊，淺也」，漢學如此。偶因子孫問此字，遂舉以例，餘此類甚多）。幼讀程氏

《分年日程》內有抄經之法，如其說（以合於朱子者為宗），則必《通志堂經解》而後可（宋元經術多朱子一家之事），遂自首至尾全錄其目，並佐以朱氏《經義考》所列之說，將以按目而誦習。久之，覺數家所說只一事，得解處甚少，反不如漢學書一家有數十百事也。又收得《學海堂經解》一部（尚是初印本，今必有勞氏補刊序者，多非足本），亦全錄其目，佐以沈氏所著《經解提要》（有未審處），並《經解淵源錄》（所考多不確），及江氏《漢學師承記》。又以學海堂所刻多刪節（如《潛邱劄記》《日知錄》《養新錄》等書，皆非全部，或止採其說經之文，而《四書考異》亦只半部），復訪得各家原書（如《禹貢錐指》、《毛詩稽古篇》、《焦氏叢書》、惠氏《易說》《禮說》、張氏《箋易注元室集》，校刊皆佳〔註5〕），實勝學海所刻。且所收有多於學海所刻以外者，而目錄所著漢學尤詳。今冬復事整比，紛紜叢雜，體例不能畫一，遂刪其十之七。自《易》至《禮》分為二卷，而經部之書更無多矣。所謂漢學者幾如晨星，即通志堂本亦所存無幾。其所刪有甚可惜者，如陸氏《釋文敘錄》，其中人有可考與書有見於古書所引者，皆旁注之；有從來所無之說而諸家證之極精者，如武氏《授堂集記》「圭之有穿」（與《古玉圖》《六經圖》所繪之圭異），程氏《通藝錄》以「磬折」解磬之古義，江氏《隸經文》以《夏小正》之「小」為分別之義。瞥有所見，皆錄於目（此類甚多，非確當者不採）。又如《史》、《漢》、古子及漢碑引經之文，錄於本經之目者，今皆無存，凡此皆讀經之資，其稿具在，以俟續編（《精華樓藏書記》《十三經注疏》俱備，所刪之稿有存於中者，猶可見其大略）。又《玉函山房輯佚書》經部之目俱已錄過，今僅存《輯易》一種，其他皆無暇整比。予欲輯漢學書目，恐生門戶之見，不可為也。戊子仲冬，耿文光記。

目錄學卷二

經部

駁五經異義一卷，補遺一卷　漢許氏撰，鄭氏駁

前有孫氏序，內題「偃師武億校秀水王復輯」。每條先列異義，後段冠以「駁曰」，有原注，有案語。

後知不足齋本（光緒甲申仲秋常熟鮑氏刊行）

《五經異義》並《駁義》一卷，《補遺》一卷，《箴膏肓》《起廢疾》《發墨守》各一卷，《鄭志》三卷，《補遺》一卷。曩在史館，校中祕書所抄存，不知何時人集錄。吾友王大令復及武故令億互加考校，注明所採原書，又加增補，雕板行世。已而王、武兩君相繼徂謝，板存予所，乃為敘其梗概。漢儒經學授受有本，其傳出於七十子，即孔子微言大義之所存，故其說可信，非好古之過也。此本尚有遺漏，不妨隨時增補。嘉慶五年閏四月孫星衍序。

重栞宋本十三經注疏，附校勘記　太子少保江西巡撫兼提督揚州阮元審定，武寧縣貢生虜宣旬校

首周易正義提要，次周易注疏校勘記序，次重刊宋本十三經注疏跋（朱華臨撰），次總目（目後有記），次勵江胡稷後記。

江西南昌府學本（嘉慶二十年用文選樓本校定開雕，道光六年重校，有朱華臨重校跋）

宮保阮制軍前撫江右時，出所藏宋十行本以嘉惠士林。嘉慶丙子仲春開雕，閱十有九月，至丁丑仲秋板成，為卷四百一十又六，為葉一萬一千八百有奇。董其事者，盧君來庵也。板甫就，急思印本局中，末及細校，覽者憾之。來庵遊幕湘南，以板移置府學明倫堂時，余司其事，心知有舛誤處，未敢輕改。今夏制軍以倪君模所校本（計九十三條）寄示（時宮保陞兩廣制軍），適余君成教亦以所校本（計三十八條）寄省，予因合二本詳加勘對，督工逐條更正，是書益增美備。道光丙戌南昌府學教授旴江朱華臨謹識。

右《注疏》共四百十六卷。謹案，《五代會要》：「後唐長興三年，始依石經文字刻九經印板」，經書之刻本板實始於此。逮兩宋刻本浸多，有宋十行本注疏者，即南宋岳珂《九經三傳沿革例》所載「建本附釋音注疏」也。其書刻於宋南渡之後，由元入明遞有修補，至明正德中，其板猶存，是以十行本為諸本最古之冊。此後有閩板，乃明嘉靖中用十行本重刻者；有明監板，乃明萬曆中用閩本重刻者；有汲古閣毛氏板，乃明崇禎中用明監本重刻者，輾轉翻刻，

訛謬百出。明監板已燬，今各省書坊通行者，唯有汲古閣毛本。此本漫漶不可識讀（光案，余所見數本未有漫滅者），近人修補更多訛舛。元家所藏十行宋本有十一經，雖無《儀禮》《爾雅》，但有蘇州北宋所刻之單疏板本，為賈公彥、邢昺之原書，此二經更在十行本之前。元舊作《十二經校勘記》，雖不專主十行本單疏本，而大端實在此二本。嘉慶二十年，元至江西，武寧盧氏宣旬讀余《校勘記》而有慕於宋本，南昌給事中黃氏中傑亦苦毛板之朽，因以元所藏十一經至南昌學堂重刻之，且借校蘇州黃氏丕烈所藏單疏二經重刻之。近鹽巡道胡氏稷亦從吳中購得十一經，其中有可補元藏本中所殘缺者，於是宋本注疏可以復行於世，豈獨江西學中所私哉？刻書者最患以臆見改古書，今重刊宋板，凡有明知宋板之誤字亦不使輕改（光案，黃氏士禮居重刊宋本，一字不改，鮑刻《御覽》亦然），但加圈於誤字之旁（光案，此法最善），而別據《校勘記》，擇其說附載於每卷之末（光案，《校勘記》有原刻本，有《學海堂經解》本，注疏後所附非全文），俾後之學者不疑於古籍之不可據，慎之至也。其經文、注文有與明本不同，恐後人習讀明本而反臆疑宋本之誤，故盧氏亦引《校勘記》載於卷後，慎之至也。阮元記。（記在目後）

文光案，《十三經注疏》近以阮本為善，文選樓本未見。南昌本初出之時，阮太傅亦不以為善，有毛本是而此本反訛者，朱序所云「未及細校，覽者憾之」是也。此本為重校之本，更正百十餘處（但見有朱序即是生校之本），誤字之旁加圈具在，最便於檢閱。其坊間重刊汲古閣毛氏本訛謬更甚，近復漫漶不可讀也。

古微書三十六卷　（明）孫瑴編

首范景文序，次自序（題曰：「南郡賣居子孫瑴雙甫氏識」），次凡例：一曰刪微（刪後之書）、一曰線微（漢晉疏箋）、一曰闕微（上古之書。是集皆遠古漆書、竹簡之遺，非唐、宋所盛傳者。即歷史經籍、藝文諸志，及內府、天下書目，亦僅存其名而亡其書。茲所錄著，多得之《十三經注疏》《廿一史書・志》及《太平御覽》《玉海》《通典》《通考》《通志略》諸大部所援引。中興坊肆翻刻古書，如《古今逸史》《漢魏叢書》《古書十九種》《秘冊彙函》等書絕不雷同，至如《百川學海》《百家名書》《古今說海》《歷代小史》《稗海小說》等皆唐、宋以後耳目近事，亦此中所不贅。卷首有小引，為之論次難曉者，以數語疏釋），次說緯（述其編書次第），次敘略（敘《刪微》。孫書四種，見於序例。伯之所刪，即此書也，其三書不傳），次目次（《尚書緯》五卷，《春秋緯》八卷，《易緯》三卷，《禮緯》三卷，《樂緯》三卷，《詩緯》二卷，《論語緯》二卷，《孝經緯》五卷，《河圖緯》三卷，《洛書》二卷，四庫本與此本不同）。

凡《尚書》十二種（《提要》作十一種），《春秋》十五種（《提要》十六），《易》七種（《提要》八），《禮》《樂》《詩》各三種（《提要》同），《論語》五種（《提要》四種），《孝經》七種（《提要》九種），《河圖》十種，《洛書》五種（《提要》同，恐《提要》所著是原本）。

對山問月樓本（嘉慶丙子陳氏重刊。勝原本）

右《古微書》三十六卷，係明南郡孫子雙先生所纂述也。《說緯》一篇，《例言》四則。其自述網羅散佚，累月窮年，洵無愧淹雅君子矣。考緯之興，熾於東漢，郎中郗萌集圖、緯、讖、占為五十篇。緯與經原並行不悖，惟雜以終張之言、新莽之說，故舛譌往往間出。隋煬帝時惡天下家藏讖緯諸書，上效祖龍，付之一炬。經存緯亡，實始於此。由是指纖讖為非聖人作者紛紛矣。又考注緯文諸家，鄭元、宋衷見之《隋志》，宋均見之《新唐書》，李淳風見之《中興館閣書目》。而《宋兩朝藝文志》云：「今之緯書存者惟《易》。」是緯亡不盡亡於隋也。望幼聞魏宋均有《春秋災異》三十卷，尚屬古緯，全文惜其不傳於後。已巳秋，於金陵書肆見有抄本孫子緯書，名曰《古微》，繙閱數過，見其紕繆處甚夥，因重價携歸，悉取家藏書剖判贗真。其誣傳為經者則正之，其烏焉為馬者則改之，其殘闕零落者則補之，其顛倒字句、晦塞不可讀者則陶汰之，總計四千餘言。辛未春，購得坊本，其紕繆一如金陵之抄本者。諸同人以望此書讎校有年，請付諸梓。嘉慶壬申禹航陳世望跋（著書有四：傳注家、類志家、夷堅家、辨博家，見於范序。又《古微書》四部，周季為刪，秦先為焚，兩漢為線，上古為闕）。

朱氏彝尊曰：讖緯之書（桓譚曰：「纖出《河圖》《洛書》，但有朕兆而不可知，後人妄復加增依託，稱自孔子誤之，甚也。」尹敏曰：「讖書非聖人所作，其中多近鄙別字，頗類世俗之辭，恐疑誤後生。」王充曰：「神怪之言皆在讖記，所表皆效圖書。」孟達曰：「夫不經之言而有驗應者，號曰『世讖』也。」范曰：「河、洛之文，龜、龍之圖，箕子之術，師曠之書，緯候之部，鈐決之符，皆所以探抽冥賾，參驗人區，時有可聞者焉。」胡寅曰：「讖書原於《易》之推往以知來，周家卜世得三十、卜年得八百，此知來之的也。易道既隱，卜筮者溺於考察，必欲奇中，故分流別狐，其說寖廣。要之，各有以也。」洪邁曰：「圖讖星緯之學，豈不或中？然要為誤人，聖賢所不道也。」葉適曰：「河出圖，洛出書，孔子之前已有此論，其後隨有纖緯之說，起於畏天而成於誣天矣。」陳善曰：「五經正義多引讖緯，反害正經，皆可刪。」魏了翁曰：「凡緯書皆三字名，如《乾鑿度》《參同契》等皆然，鄭康成俱有注，是經書、緯書盡讀也。」譚浚曰：「天象定者為經，動者為緯。」文心曰：「經顯，聖訓

也；緯隱，神教也。讖緯乃書之曲說，桓譚、尹敏、張衡、荀悅論之詳矣。」項德棻曰：「秦火六經，隋火七緯。」顧炎武曰：「自漢以後，凡世人所傳帝王易姓受命之說，一切附之孔子，如沙邱之亡、卯金之興，皆謂夫子前知而預為之讖，其書蓋不一矣。魏高祖太和九年詔：『自今圖讖祕緯及名為《孔子閉房記》者，一皆焚之，留者以大辟論。』《舊唐書・王世充傳》：『世充將謀篡位，有道士桓法嗣者，自言解圖讖，乃上《孔子閉房記》，畫作丈夫持一竿以驅羊，釋云：隋，楊姓也。干一者，王字也。王居羊後，明相國代隋為帝也。世充大悅。』詳此，乃似今人所云《推背圖》者，今則託之李淳淳風而不言孔子。），相傳始於西漢哀、平之際，而《小黃門譙碑》稱其先故國師譙贛深明典奧，讖錄圖緯，能精微天意，傳道與京君明，則是緯讖遠本於譙氏、京氏也。徵之於史，如「亡秦者胡」「明年祖龍死」「楚雖三戶、亡秦必楚」，已為緯讖兆其端矣。迨新莽之篡，丹書白石，金匱銅符，海內四出，於是劉京、謝囂、臧洪、哀章、甄尋、西門君惠爭言符命，遂遣五威將軍王奇等乘乾文車，駕坤六馬，將軍持節，稱天一之使，帥持幢，稱五帝之使，頌符命四十二篇於天下，不過藉以愚一時之耳目爾。廼光武篤信不疑，至讀之廡下。終東漢之世，以通七緯者為內學（《易》《書》《詩》《禮》《樂》《孝經》《春秋》各有緯書，是為「七緯」），通五經者為外學。蓋自桓譚、張衡而外，鮮不為惑焉（桓曰：「欺惑貪邪，詿誤人主。」張曰：「欺世罔俗，以昧藝位。」）。其見於范史者，無論謝承。《後漢書》稱姚浚「尤明圖緯祕奧」，又稱姜肱「博通五經，兼明星緯載稽之碑碣」，於有道先生郭泰則云「考覽六經，探綜圖緯」，於太傅胡廣則云：「探孔子之房奧」，於琅邪王傳蔡朗則云「包洞典籍，刊摘沉秘」，於郎中周勰則云「總六經之要，括河洛之機」，於太尉楊震則云「明河洛緯度，窮神知變」，至於頌孔子之聖，稱其「鉤河摘雒」。蓋當時之論，咸以內學為重（范曰：「桓譚以不善讖流亡，鄭興以遜辭僅免。賈逵能附會文致，最差貴顯。是世祖以此論學，悲矣哉。」）。及昭烈即位，羣臣勸進，廣引《洛書》《孝經緯》文，蕭綺所云「讖辭煩於漢末」，不誣也（胡應麟曰：「凡讖，皆託古聖賢以名其書，與緯體制迴別，其說尤誕妄，世所少知，附目於此：《孔老讖》十二卷，《老子河洛讖》一卷，《尹公讖》四卷，《劉向讖》一卷，《雜讖書》二十九卷，《堯戒舜禹》一卷，《孔子王明鏡》一卷，《郭文金雄記》一卷，《王子年歌》一卷，《嵩山道士歌》一卷。」王應麟曰：「鄭康成引圖讖，皆謂之說，《易緯》曰『易說』，《書緯》曰『書說』，嫌引秘書也。」）。然鄭康成注《周官》，目《孝經緯》為說，賈公彥疏以漢時禁緯，則又未始不禁之矣。自晉以降，其學浸微。然釋皎然作《高僧傳》，稱「法護博覽六經，游心七籍」。沈約作《宋書》於「天文」「五行」「符瑞」

亦備引緯候之說，蕭子顯《南齊書志》亦然。而周續之兼通五經五緯，號為十經。直至隋焚禁之後，流傳漸罕。乃孔氏、賈氏、徐氏猶援以釋經，杜氏、歐陽氏、虞氏、徐氏編輯類書，間亦引證。今則樊英傳注所載，隋、唐《經籍志》所錄，《太平御覽》所採，學士、大夫能舉其名者寡矣。(《經義考‧說緯》)

顧起元曰：「唐李淳風輩專明讖學，是時《唐志》所存緯書尚有九部四十八卷，至宋歐陽公、魏鶴山輩刪而正之，而緯學始息。」

黃秉石曰：「漢好讖緯，極為不經。公孫卿補黃帝鼎書，其作補者也。」又曰：「圍繞成經，其義纖微。」

文光案，馬氏《玉函山房‧緯》五十一卷(《中候》三卷，《元命苞》一卷，《援神契》二卷，《論語讖》八卷，其餘各一卷)，《書》六：曰《尚書中候》(鄭氏注。梁有八卷，《隋志》五卷，今輯十八篇，無考者入雜篇，多言河洛符應)，曰《璇璣鈐》(當是歷象之奧秘術，無傳)，曰《考靈曜》(漢儒窮緯，故談天至精)，曰《刑德放》(「放」一作「攷」)，曰《帝命驗》(望氣知瑞)，曰《運期授》(各冠「尚書緯」三字，《詩緯》《禮緯》同。《書緯》皆鄭注。《御覽》《玉海》引《帝驗期》疑皆《帝命驗》《運期授》之文，引者誤題也)；《詩》三：曰《推度災》(魏宋均注，下同。漢儒窮經，多主災異，故《尚書》有《五行傳》)，曰《氾歷樞》(歷生於律，律生於聲，聲生於詩)，曰《含神霧》(濛濛漠漠而倚於神)；《禮》三：曰《含文嘉》(禮質法天，文法地)，曰《稽命徵》(禮者，命之元)，曰《斗威儀》(斗中者，孝弟之精)；樂三：曰《動聲儀》(能動物者莫如樂，其翼在威儀)，曰《稽耀嘉》(不必專述樂事)，曰《叶圖徵》(論樂之諧，傳者成篇)；《春秋》十四：曰《文耀鉤》(闡星曜而幽曲言之，故曰鉤)，曰《運斗樞》(《生剌篇》，《古微書》所引多脫誤，未知何據)，曰《感精符》(言災祥皆精神之感)，曰《合誠圖》(主赤龍，圖立名，明天人之合，皆有誠通，而其象先著於圖)，曰《考異郵》(專談物應。「郵」與「尤」通)，曰《保乾圖》(「保」或作「寶」)，曰《漢含孳》(孔子之後，知有漢)，曰《佐助期》(漢佐命豫讖其錄，故蕭何之狀，現於圖文)，曰《握誠圖》(多言星應)，曰《潛潭巴》(潛潭者，水之深。巴又水之曲，撰名弔詭之甚，多言日蝕)，曰《說題辭》(統諸緯之義而繹其文也)，曰《演孔圖》(得麟之後，魯端門有血書。子夏明日視之血書，飛為赤鳥，化為白書，署曰『演孔圖』)，曰《元命苞》(萬象千名，靡不括以『春秋』立元，故其名然)，曰《春秋命歷序》(《春秋緯》十三篇，無《命歷序》，此後人所列名)，曰《春秋內事》(《春秋》《孝經》各有內事，雖非纖續，篇目俱有，宋均注)；《孝經》九：曰《援神契》(言孝道之至，行陰陽，通鬼神，上下古今，若執符契也)，曰《鉤命訣》(緯書言命、言鉤，此則直示以訣)，

曰《孝經中契》（自此以下，各冠「孝經」二字，無「緯」字），曰《左契》，曰《右契》（諸家引三《契》，多收入《援神契》），曰《內事圖》（古人圖居左，書居右，書為經，圖為緯），曰《章句》（大指言五星及列宿佔驗事，至《古秘》為馬氏所採，無宋均注），曰《雌雄圖》（《隋志》三卷。古人每以雌雄代陰陽字），曰《古秘》（附錄《孝經》《河圖》《孝經讖》），終為《論語讖》（宋均注。《七錄》八卷，《隋志》注云「亡」。《古微書》僅有《比考》《撰考》《摘輔象》《摘衰聖》《陰嬉》五讖，馬氏從《選》注採得《素王受命》《糾滑》《崇爵》三讖，而八篇之目可考），凡四十種。所採《開元古經》（孫氏不及此書，或未見）最多，餘如經注、《史》《漢》注、《選》注及《御覽》等書，各著出典並卷數，時加案語，較孫書為詳密。孫書有舛錯遺漏之處，復詳加補訂，予因錄於《古微書》之後，使讀者互考焉。

大學章句一卷，論語集注十卷，孟子集注十四卷，中庸章句一卷　宋朱子撰

大學序，後有跋云：「四書家藏人誦而板行者類多細字，不無訛舛。今得燕山嘉氏所刻宣城舊本於京師，經注字等實便觀讀。於是補其殘闕，置諸泳澤書院，嘉與學者共之。淳祐丙午秋八月識」（凡五行。「京師」空一格，蓋指臨安。泳澤書院，未詳何地）。論語序，後有《讀論語孟子法》一篇。此本繕寫精良，字大悅目，誠善本也。得諸吾鄉曹氏，不知何人所繙刻者。

重刊宋淳祐本（每葉十六行，行十五字，注作大字降一格）

陳氏《經籍跋文》曰：以今本校之，《大學》「其命維新」作「惟新」。《中庸》「必有妖孽」作「妖孼」，「黿鼉蛟龍」作「鮫龍」，「考諸三王而不謬」作「不繆」。《論語》「惟仁者」作「唯仁」，「女得人焉耳乎」作「爾乎」，「惟我與爾有是夫」作「唯我」，「沒階趨進翼如也」無「進」字，「廄焚」作「廏焚」，「斯為之仁矣乎」作「已乎」，「毋自辱焉」作「無自」，「冉子退朝」作「冉有」，「唯上知」作「惟上」，「鐘鼓云乎哉」作「鍾鼓」。《孟子》「將以釁鐘」並下「鐘鼓」俱作「鍾」，「其如是孰龍御之」作「若是」，「王曰吾惛」作「吾憒」；「行者有裹糧也」作「裹囊」，與《鹽鐵論》「行者有囊」合；「古公亶父」作「亶甫」，「凶年饑歲」作「飢歲」，「思以一毫」作「一豪」，「則塞乎天地之間」作「塞于」，「泰山之於邱垤」作「太山」；「矢人惟恐不傷人」作「唯恐」，下同；「吾聞之也君子不以天下儉其親」，無「也」字。又，「從而為之辭」無「而」字，「古之為市者」作「市也」，「予三宿而出晝」作「而後出晝」，「其命維新」作「惟新」，「井地不均」作「不鈞」，「有小人之事」作「小民」；「有攸不為臣」

作「惟臣」，注同。按，趙注「無不惟念臣子之節」本作「惟也」；「此率獸而食人也」，「獸」上有「禽」字；「事在易而求諸難」作「之難」；「瞽瞍底豫」作「底豫」，注有「底之而反」四字；「好勇鬥狠」作「很」，「則其小者不能奪也」作「弗能」，「必至于穀」作「必志」，「見且猶不得亟」作「由不」，「無不知愛其親也」作「親者」，「可以無饑矣」作「足以無飢矣」，「亦不隕厥問」作「不殞」，「來者不拒」作「不距」，「穿窬」作「穿踰」，俱與唐、宋石經及《七經孟子考文補遺》合。其注之與今本異者，《大學》「古之欲明明德」注「欲其必自慊」作「欲其一於善」；「先慎乎德」注作「先謹」，避諱。《中庸》「天命之謂性」注「蓋人知已之有性」云云作「蓋人之所以為人，道之所以為道，聖人之所以為教，原其所自，無一不本於天而備於我。學者知之，則其於學知所用力而自不能已矣，故子思於此首發明之，讀者所宜深體而默識也」。「道也者」注「則豈率性之謂哉」作「則為外物而非道矣」。「天下國家可均也」注「至難也」下作「然不必其合乎中庸，則質之近是者皆能以力為之。若中庸，則雖不必皆如三者，然非義精」云云，此三條皆依未改原本，前二條與《四朝聞見錄》合。「德輶如」毛注作「德輕」，「上天之載」注作「之事」。《論語》「道千乘之國」注「道治也」，有「馬氏云八百家出車一乘」十字；「為政以德」注「行道而有得於心也」作「得於心而不失之謂也」；「慎終追遠」注「慎終者」作「謹終者」，「殷禮吾能言之」注「宋殷之後」作「商之後」，「揖讓而升」注作「揖遜」，「能以禮讓為國乎」注「讓者」作「遜者」，皆避諱；「據於德」注「德則行道而有得於心也」作「德者得也得其道於心而不失之謂也」；「得見有恒者」注「有恒」作「有常」，「君子篤於親」注「慎終」作「謹終」，皆避諱；「莫春者」注「莫春和煦之時」，無此六字；「禮云禮云」注「兩椅」作「兩倚」；「夫子之得邦家者」注「聖而進於」，無「進於」二字；「雖有周親不如仁人」注「多仁人」作「少仁人」，與《泰誓傳》合（文光案，「少仁人」下當有「也」字）。《孟子》「無恒產而有恒心者」注作「常產」「常心」；「夫子當路於齊」章注「一匡天下」作「一正」，避諱；「二老者」注「其意暗與此合」，無「其意」二字；「帝使其子」注「又言」作「史記言」；「主司城貞子」注作「正子」，避諱；「富歲子弟多賴」注「故其所賴藉」作「顧藉」，「山徑之蹊間」注「山路也」作「小路」；「動容周旋中禮者」注「細微曲折」，無「曲折」二字，凡此皆勝於今本。其注之尤為切要者，《大學》「此以沒世不忘也」注「詠歎淫泆」作「淫液」（《困學紀聞》云：「刊本誤作『淫泆』。」）。《論語》「子問公叔文」注「衛大夫公孫枝也」

「枝」作「抶」(《紀聞》云:「『枝』蓋傳寫之誤,毛大可改錯,妄加指斥,不知本不誤也」)。
《孟子》「紂之去武丁未久也」注「凡七世」作「九世」,百詩《釋地》言其誤,
不知宋本不誤;「抱關擊柝」注「柝夜行所擊木也」作「行夜」,義門云:「『行
夜』用趙注,今皆訛為『夜行』,監本亦然」,百詩云:「『行夜』『夜行』,何啻
霄壤」,假使兩家見此本,當亦爽然。向藏明內府,所刻四書大字本,已與時
刻不同。然經、注字不相等,且不免舛謬,注語間有刪削,自後坊板漸失其初。
此淳祐本未有語及者,一旦得之,不尤足珍重耶?

文光案,「四書」二字為後人所題,朱子注為《大學》《論語》《孟子》《中
庸》,故《簡明目錄》分別著之。惟《孟子集注》依趙氏為十四卷,此本如舊。
《簡明目錄》作七卷,偶誤。朱注《中庸》在《孟子》後,《簡明目錄》所著
甚明。後人合《大學》《中庸》為一本,非朱子原第,而仲魚不知也。刊書跋
不知何人所作,燕山嘉氏亦不知為何人,其宣城舊本亦不知視此本為何如。
朱注最先刻者為臨安本,其注為大字,為雙行小字,亦不能知。據《天命》
章注,猶是朱子未改之本,其定本又不知何如。按,《困學紀聞》宋本已有誤
處,仲魚所校正文四十四處,注文三十三處,其異同尚有未盡,應於暇日覆
校一過。

孟子雜記四卷　明陳士元撰

首隆慶辛未自序,次目錄:曰系源(孟氏出魯桓公子慶父之後),曰邑里,曰
名字,曰孟母,曰嗣胄,曰受業,曰七篇,曰生卒,曰補《傳》(元輯七篇中所
載出處以補《史記》並《人物考》之闕,馬、薛二《傳》仍附其後),曰稽《書》(引《書》
二十九),曰準《詩》(引《詩》三十五。元案,所引《詩》《書》,趙本與今本數同。文光
案,異文悉為標出),曰揆《禮》(《孟子》語有見於《禮記》者,悉為標出,更多異文),
曰徵事,曰逸文(三十一條),曰校引(諸書多引《孟子》,校其異者記之),曰引誤,
曰方言,曰辨名(名字有異者),曰字同(如「由反手也」,與猶同」「是罔民也」,與網同」
之類),曰字脫,曰斷句,曰注異,曰評詞(自揚子雲至王伯厚,凡二十七家),共
二十三門。

胡海樓本(蕭山陳春校刊)

孟子本邾人,徙鄒。「鄒」亦作「騶」,本邾國也。「邾」「鄒」「騶」古文
通用。

孟子名軻,字子車,一作子輿,一作子輿,又作子輿,或作子居,蓋車、
居音同,輿、輿字訛也。趙岐曰:「字未聞。」

仉氏出梁四公子之後，見《姓苑》。元延祐三年，封孟母為邾國夫人，謚宣獻。

孟仲子名睪，孟子之子也。孟子四十五代孫寧嘗見一書於嶧山道人，其書題曰《公孫子》，內有《仲子問》一篇，乃知仲子實孟子之子，嘗從學於公孫丑者，孟氏《譜》云。

孟子受業於子思之門人，或云「人」字衍，實無所考。子思、孟子生卒一無所據。

趙氏謂「七篇二百六十一章」，今七篇二百六十章。趙又謂「三萬四千六百八十五字」，今實有三萬五千四百一十字，較趙說多七百二十五字。詳考趙注《孟子》文，與今本不差，趙誤算。

《鄒志》：「宋孔道輔修孟母林，得孟子石小像於墓前土中」，傳稱孟子自肖其像於墓，歲久而湮，其出固有神也，今祀於孟母祠側。晉國，天下莫強指曲沃之晉；世為盟主，非三分之晉也；齊人伐燕勝之，孟子稱齊宣王，而《史記》稱湣王，先儒紛有論辨。

《史記》：「梁惠王欲攻趙，孟子稱大王去邠。」《爾雅注》：「孟子曰：『行，或尼之』，學齋佔畢。子思於《大學》末章合仁、義言之，《孟子》言仁、義，繼《大學》末章之旨。」誤以曾子為子思。晁氏《客語》：「孟子曰：『仁者，人也。親親為大。』」誤以中庸為孟子。蘇軾上書：「孟子曰：『始作俑者，其無後乎？』」按，此引孔子之言。杜牧《書處州孔廟碑陰》：「孟子曰：『生民以來，未有如夫子者也。』」按，此《孟子》引子貢之言。《史記索隱》：「孟子有萬章、公明高，並軻之門人。」按，公明高非門人。《異聞集》引李吉甫銘：「孟子去齊而澆淅。」徐幹《中論》：「齊桓公招致賢人，孟軻之徒皆遊於齊。」

「觳觫」，或齊之方言，古文觳、穀、斛通用。　「鄒與魯鬨」，趙注：「鬨，鬬聲也。」朱注：「從之鬬聲，何所取義？疑齊東方言，呼『鬬』為『鬨』。」孫奭云：「鄒與魯鬨，言鄒國與魯國相鬬也。」　「芒芒然」亦似方言，古文芒、茫、恾、忙通用。《詩》云「宅商土芒芒」，《左傳》「芒芒禹迹」，《荀子》「芒芒大道」，《心箴》「茫茫堪輿」，皆取廣遠之義。《淮南子》「芒芒昧昧」，《揚子》「神怪茫茫」，皆取冥晦之義。趙注「罷倦貌」無訓，故朱注不取。「敦匠事」，朱注「董治作棺之事」，「敦」字十二音，並無「董治」之義，疑朱注以方言解。「紾兄之臂」，朱注：「紾，戾也」，「戾」當作「捩」，即拗之

義，或是方言。他書取義，與此不同。　迤、迱、施、施古字通用，均取誇張之義。　「鈰」，《方言注》：「鈰音忝，謂挑取物也」，其字從金。　「散宜生」，朱注「散，姓宜生，名蓋」，從趙注。《姓譜》有「散宜，複姓，堯娶散宜氏。」　「龍子」，朱注：「古賢人」，《左傳》有龍子名穆，一曰龍叔，與公叔文子之子戌相友善，或云即孟子所引龍子。　孟施舍、宮之奇、庾公之斯、尹公之他，按，「施」、「之」皆語助辭也。古人以「之」字助語者，如《論語》孟之反，《禮記》公罔之裘，《左傳》舟之僑、燭之武、石之紛如、文之無畏、文之鍇、文之儀、南之威是也。又如《莊子》厲之人、驪之姬，《呂覽》董之繁、菁丹之姬，皆以「之」字發聲，而「施」字少見。　易牙即雍巫也。饔人名巫，字易牙。一云姓易，字牙。《賈子》作「子牙」。「癰疽」當作「雍睢」，雍姓，睢名，一名渠，衛靈公之嬖閹也，事見《說苑》。蘇子由嘗考正之，朱注從趙注。　王良一云郵良，一云郵無郵，字伯樂。《左傳》杜注：「郵無郵即期」，是良有兩名兩字。　《告子》趙注：「告，姓也，名不害。」《正義》「浩生不害」，即告子，趙注是二人。

「一介」之「介」，當作「芥」。「且比化者」「化」當作「死」，張師曹云：「字之訛缺也，吾儒未嘗以死為化羽、化坐、化佛老之說也。」「鑽穴」「隙穴」即空也。「至大、至剛、以直」句，明道云：「不言至直者，此是文勢，如『治世之音，安以樂』之類。」又云：「須是見至大、至剛、以直之三德，方始見浩然之氣。」

「不日成之」詩，舊注：「不限期日，自來成之。」　「折枝」，陸筠云「磬折腰肢」，揖也，古文肢、枝通用。　「夫志，至焉，氣次焉」，一說志念到，此氣即到，此次乃次舍之次。志壹則動氣，氣壹則動志。陸善經云：「志氣閉而為壹，志閉塞則氣不行，氣閉塞則志不通。」　「公行子有子之喪」，朱注無解，一說公行子喪子，一說公行子喪父，有人子之喪。荀子云：「公行子之之燕，遇曾元於塗」，注云：「公行子有子之喪。公行子，齊大夫，子之蓋其先也。竊疑公行子之即燕相子之。」按，《史記》蘇代為齊使燕，以事激燕王讓國於子之。齊伐燕，燕王噲死，子之亡，史不言亡歸何國。或者子之本齊人，自燕逃歸齊，至此時死耳。蓋子之嘗為燕君五年，其死也，齊王以國君之禮待之，故孟子有朝廷之說。若然，則《年表》謂「君噲、子之皆死」，《汲冢紀年》謂「齊人禽子之而醢其身」，皆妄也。

文光案，朱氏《經義考》所採《孟子》音注凡一百五十餘家，始於揚雄、韓愈、李翱、熙時子四注（旨意淺近，出於依託），終於黃宗羲《師說》，又列《年譜》《事蹟圖譜》《編年略》《生卒考》《冢記》《弟子列傳》凡六家，此皆讀《孟子》者所宜知也。陳氏《雜記》缺「音注」一門，因記於此。

不肖杜戶讀書，每展《孟子》七篇，輒歎孟子出而困於齊、梁，退而著書。後世或不尊信，見非於荀況，見刺於王充，見訾於李覯、馮休、晁以道，見疑於蘇軾、司馬光，而吠聲拾唾者纏纏然未已也。卒賴三五大儒極力表章，俾與《魯論》《學》《庸》並行於世，非天之未喪斯文，何以臻此哉！嘗聞唐之彭城劉軻，慕孟子而命名者也，乃著《翼孟》三卷，太原白居易特記其事。宋之臨川陸筠，夢寐孟子者也，亦著《翼孟》九十一條，盧陵周必大序而傳焉。不肖矗覽羣書，義陟七篇者不尠，妄圖撰述，以竊比於劉、陸二君之末第。恨舊畜多忘，僅據今所憶存者，援毫彙輯，分為四卷，題曰「孟子雜記」，聊寓景仰之私云。陳士元序。

文光案，陸善經《孟子注》，《唐志》十卷，朱氏《經義考》曰「佚」，《崇文目》曰：「刪去趙岐章指與其注之繁重者，復為七篇。」今《雜記》所引，見孫宣公音義。《經義攷》曰：「劉御史軻上京師，白樂天以書介紹於所知，謂其所著《翼孟》三卷，於聖人之指，作者之風，往往而得。惜乎，所著書散佚無存也。」（此條為朱氏所引，不知何人之說。）陸筠（《江西通志》：「筠字嘉材，一字元禮，金谿人，平生好《孟子》」）《翼孟音解》，朱曰：「佚周序」（略曰：「諸儒用今字為注解，因今韻立音訓，道隨說隱義，逐時晦，臨川陸嘉材深思互考，遂成此書，此古今學者所未及也。」），見《經義考》。

予與學童講四書，如《四書釋地》《四書考異》，皆其所三復者也。《孟子》如焦氏之《正義》、陳氏之《雜記》，亦不釋手，時下講章，不寓目焉。

爾雅注疏十一卷　（晉）郭璞撰，（唐）陸德明〔註6〕音義，（宋）邢昺疏

首目錄，次爾雅注解傳述人（此即陸氏《釋文敘錄》，殿本分列於十三經之前），次爾雅（下闕）。

爾雅新義二十卷　（宋）陸佃撰

嚴氏元照曰：陸氏佃《爾雅新義》，自來藏書家絕不著錄。《經義攷》云「未見」，陳《錄》極口詆諆。丁小疋有之，遂從借閱，乃從宋本舊抄共二十卷，

〔註6〕「陸德明」，原作「陸明」，闕一字，今補。

殆即陳氏所云「其曾孫子遹刻於嚴州者」也。家君以其罕見，手錄一本，命予校勘。卷首有元符二年自序，文極詭誕。全書之穿鑿荒鄙，難以言喻。其注「履帝武敏」引《武》未盡善，注「大者謂之拱」引「大舜有大焉」，何不經若是！覺陳氏所譏「玩物喪志」，未足蔽辜也。其注多引荊公《字說》，疑誤學者，然此書乃北宋本，經文多可是正俗本（毛刻注疏多譌），今悉疏之於左。《釋詁》：「底、底、尼、定、曷、遏，止也」，與《釋文》、石經合，《釋文》：「底，丁禮反」「底，之視反」，後人妄疑是重文，輒改「底」字為「廢」。《釋言》：「椹，柱也」，《說文》《玉篇》皆在木部，近本誤從手；「華，皇也」，近本作「皇，華也」，誤。《釋訓》：「恀恀、惕惕，愛也」，近本誤從氏，《說文》無「恀」字，《玉篇》有之，音義別；「鑊，煮之也」近本誤連上「濩」字，亦從水。《釋天》：「四氣和謂之玉燭」，後來誤作「四時」，不知下有「四時和之」正文。《釋地》：「珣玗琪」，「玗」從于；「枳首蛇」，枳從木，近本誤作「玕」、作「軹」。《釋丘》：「當途梧丘」，近本誤作「堂途」。《釋水》：「河水清且瀾漪」，近本誤「瀾」。《釋艸》：「孟，狼尾」，與石經同，近本「孟」譌「盂」；「澤，烏蕵」，郭注云：「即上『蘧』也」，近本竟作「蘧」，則重文矣，《玉篇》《廣韻》「蕵」字注「烏蘧草」；「莘，蓷母」，《說文》作「芋」同，近本誤從孚；「蒙，王女」，石經同，近本「王」譌「玉」。《釋木》：「樕樸心」，「樕」，《釋文》、石經皆從手，近本譌從木，又譌作「檴」；「狄臧，槔」，近本「臧」譌「藏」；「杬，魚毒」，近本譌作「杌」；「味，梣棗」，近本「梣」誤從手；「蔽者翳」，近本「蔽」譌「檗」；「祝州木」，近本「祝」誤從木。《釋鳥》：「鶴鸏鴗」，近本「鸏」譌「靡」；「鸒白鷢」，近本誤分兩字，作「楊鳥白鷢」，凡此皆宜據以正俗本之譌。其他與今本異而亦有所本者，當備參考是書，庸可廢乎？嘉慶元年芳椒堂主人嚴元照書。

張氏金吾曰：是書自出新裁，類多創解，其釋「爾雅」二字，以爾為爾汝之爾，古人從無此解。取名「新義」，職此之由。其中穿鑿者固多，而精確者亦不少，如「林之為君」，取庇之之義；「蓆之為大」，取安之之義；饑取義乎猶有可幾，饉取名於僅可以食；光耀布上告〔註7〕，故祭星曰布；眾多如雲，故雲孫曰雲，皆足補郭注所未及。至若「祖者，且也」，本之《檀弓》；「子，者孜也」，本之《廣雅》。擇善而從，不止荊公《字說》也。

〔註 7〕按，《愛日精盧藏書記》卷七於此句下無「告」字。

爾雅釋地四篇注　錢坫注

首乾隆四十六年自序，孫星衍後序，洪亮吉後序（未附孫說）。

擁萬堂本（錢氏四種之一）

星衍既與錢君同客陝西撫院，時又同為地理之學。其讀一書有所知，必相告，亦多如其意所欲出。一日，錢君讀張守節所稱《晉地道記》「飛狐炭」之說，告星衍曰：「予始知《爾雅·釋山》之皆山名，『小山炭大山，峘』之即飛狐炭與恒山也。」於是注《釋地》以下四篇，閱三月成，屬星衍為之敘。敘曰：《釋地》以下四篇皆禹所名，周公之所述也。張揖《上廣雅表》言「周公著《爾雅》一篇，今俗所傳三篇《爾雅》，或言仲尼所增」云云，揖意蓋言古本《爾雅》合《釋詁》以下為一篇，後儒附以傳注，廣為三篇，云三篇者，即《藝文志》之三卷，是今十九篇皆有周公之說也。《釋詁》等十九篇之名，蓋後儒所分。陸德明乃以《釋詁》篇為周公所作，《釋言》以下為仲尼等所增，疑其誤會張揖一篇之義。古者聖人不虛作，黃帝正名百物，禹與伯益主命山川，《尚書》亦言「奠高山大川」，孔、鄭訓奠為定，定言定名，其名存諸《尚書》《山海經》，其義存諸《釋地》諸篇也。古人之書特多，經傳相亂，今自《釋地》以下四篇考其文義，《釋地》「九州」當是經，「十藪」當是傳（錢君以《周禮》九藪，此云十藪，又陽華屬秦，疑是後人所益。星衍亦案，文云「鄭有圃田」，圃田在今開封府中牟縣，此新鄭也。宗周之滅鄭，遷於溱洧，圃田屬鄭，亦春秋時語矣），八陵、九府、五方野、四極當是經；《釋邱》「三成為敦邱」以下當是經；《釋山》「河南華」以下當是經，「泰山為東嶽」以下當是傳（《釋山》脫「『陳有宛邱』以下當是傳」一句）；《釋水》有云「正出，涌出也」「縣出，下出也」「穴出，仄出也」「河水清且瀾漪」以下十八字，「濟有深涉」以下三十九字，「汎汎楊舟」以下三十三字，云「四瀆者，發原注海者也」，云「從《釋地》已下」至「九河皆禹所名也」，皆當是傳。且案《釋詁》之文，亦有「黃髮齯齒」「謔浪笑敖」之類，直釋《詩》辭，何得盡云周公所作也？是知《釋詁》一篇，非無孔、卜所增，《釋言》以下，皆有周公之說矣。《釋地》諸篇之義既古，其所釋皆是《夏書》《山海經》之山，而郭、李舍人僅隨義解釋，不箸所在。郭璞注「山大而高，崧」云：「今中嶽嵩高山」，蓋依此為名，亦未知其即釋嵩山也，可不謂惑與？錢君既知炭之為飛狐炭，峘之為恒山，旁通其類以說「河南華」以下諸山，信非古人之所及已。又諸經之文，惟《爾雅》最多俗字，陸德明言「豈必飛禽即須安鳥，水族便應著魚，蟲屬要作虫旁，草類皆從兩中」，若此之類，實繁有徒，是以不合於篆

文，不登於許氏。星衍嘗校其謬誤，去其十五，今以錢君之例證之，「山大而高，崧」即嵩山，知崧當為崇也（《國語》崇山即嵩山）；「銳而高，嶠」即橋山，知嶠當為橋也；「小而眾，巋」即歸山，知巋當為歸也。又以加陸為即柯陵，祝票為即涿鹿，深通古人假音之義。星衍嘗病「山左右有岸厗」，「厗」字不合六書，而唐石經、《五經文字》皆有其形，據《廣韻》二十七合有「𡼖」字，云「山左右有岸」，乃知是「𡼖」字之寫為「𡼖」，又偽為「厗」也。又疑「磝礐」即《春秋傳》「敖鄗」之類，君皆有取焉。君注解質核，有賈逵、高誘之風，漢以下無以擬也。今世注《爾雅》者，有君家詹事君、邵編修二雲、江布衣叔澐，星衍亦嘗為《爾雅正俗字考》，又注《釋詁》以下諸篇，依叔言及舍人之例，字以本義為釋，然君所獨到，不能掩也。

星衍序《釋地四篇》，以為《釋詁》以下皆有周公之說獻之、羼之，然自唐以來無有信是論者矣，無有舍陸德明之言而深求張揖之說者矣。星衍有所見，亦附獻之書以著焉。《爾雅》所紀，則皆周官之事也（以下引證數十條，如「《釋親》則小宗伯掌三族之別，以辨親疏」，「《釋宮》亦小宗伯掌辨宮室之禁也」云云，茲不具錄）。昔魯哀公欲學小辨以觀於政，孔子告之《爾雅》，其意在是。是周公著《爾雅》在《周禮》前，《周禮》之名物，宜以《爾雅》辨之。其諸儒所廣，亦自可考。按，《釋詁》文有「舒、業、順，敘也」下云：「舒、業、順、敘，緒也」，明是解上四字；又「粵、于、爰，曰也」下云「爰、粵，于也」，郭璞說轉相訓；又「治、肆、古，故也」下云「肆、故，今也」，璞說此義相反而兼通者，星衍謂郭說非也，此類即後儒所增矣。其《釋訓》有「如切如磋，道學也」云云，按，《禮記》云是孔子之言，其直引《詩》辭，當是子夏之言，子夏實治《詩》也。又《釋親》篇「元孫之子為來孫」云云，當是叔通等所增。

音學五書三十八卷　　顧炎武撰

首崇禎癸未曹學佺序，次自序三篇，次答李子德書，次目：《音論》三卷、《詩本音》十卷、《易音》三卷、《唐韻正》二十卷、《古音表》二卷，次參訂姓氏（徐乾學、張弨）。《五書》有總序，無分序。

符山堂本

三百五篇上自《商頌》，下逮陳、靈，以十五國之遠、千數百年之久而其音未嘗有異，帝舜之歌、皐陶之賡、箕子之陳、文王、周公之繫，無弗同者，故三百五篇，古人之音書也。魏、晉以下，去古日遠，辭、賦日繁，而後名之曰韻。秦、漢之文，其音已戾於古，至東京益甚。而休文作《譜》，乃不能

上據《雅》《南》，旁撫《騷》、子，以成不刊之典，而僅按班、張以下諸人之賦，曹、劉以下諸人之詩所用之音，撰為定本，於是今音行而古音亡，為音學之一變。下及唐時，以詩賦取士，其書一以陸法言《切韻》為準，雖有獨用、同用之注，而其分部未嘗改也。至宋景祐之際，微有更定。理宗末年，平水劉淵始併二百六韻為一百七，元黃公紹作《韻會》因之，以迄於今，於是宋韻行而唐韻亡，為音學之再變。世日遠而傳日訛，此道之亡，蓋二千有餘歲矣。炎武潛心有年，既得《廣韻》之書，乃始發寤於中而旁通其說。於是據唐人以正宋人之失，據古經以正沈氏、唐人之失，而三代以上之音，部分秩如，至賾而不可亂。乃列古今音之變，而究其所以不同，為《音論》三卷，考正三代以上之音，注三百五篇為《詩本音》十卷，注《易》為《易音》三卷，辨沈氏分部之誤而一一以古音定之，為《唐韻正》二十卷，綜古音為十部，為《古音表》二卷。自是而六經之文乃可讀，其他諸子之書，離合有之而不甚遠也。（自序）

　　予輯此書幾三十年，無日不以自隨，凡五易稿而手書者三矣，遂以付梓。已登板而刊改者數四，又得張君弨為之攷《說文》、參羣書、增辨正、酌時宜而手書之。二子叶增、叶箕分書小字，鳩工淮上。不遠數千里，累書往復，必歸於是，其著書之難而成之之不易如此。然此書為《三百篇》而作也，先之以《音論》，何也？曰：審音學之源流也。《易》文不具，何也？曰：不宜音也。《唐韻正》之攷音詳矣，而不附於經，何也？曰：文繁也。已正其音而猶遵元第，何也？曰：述也。《古音表》之別為書，何也？曰：自作也。蓋嘗四顧躊躇，幾欲分之，幾欲合之。久之，然後臚而為五矣。若乃觀其會通，究其條理，無輕變改其書，則在乎後之君子。李郡因篤每與予言《詩》，有獨得者，今頗採之，以答書附末（後序）。近日鋟本盛行，凡先秦以下之書，率臆徑改，不復言其舊為某（舊本多注「舊為某」，今改為「某」），則古人之音亡而文亦亡，尤可歎也。《洪範》「無偏無頗」，唐明皇改「頗」為「陂」（此改經之始），蓋不知古人讀「義」為「我」，而「頗」之未嘗誤也。《雜卦傳》「晉，晝也；明夷，誅也」，孫亦改「誅」為「昧」，而不知古人讀「晝」為「注」，正與「誅」為韻也。《楚辭·招魂》「不可以久些」，五臣本作「不可以久止」，不知古人讀「久」為「几」，正與「止」為韻也（案，此以止、里、久為韻，三「些」字皆不入韻。五臣既失其音訓，又失其句法，其妄如此）。《老子》「是謂盜夸」，楊慎改為「盜竽」，謂本之《韓非子》，而不知古人讀「夸」為「刳」，正與「除」為韻也（上句「朝甚除，田甚蕪」）。凡若

此者，邅數之不能終也。其為古人之本音而非叶韻，則陳第已辨之矣。若夫近日之鋟本，又有甚焉。阮瑀《七哀詩》：「冥冥九泉室，漫漫長夜臺。身盡氣力索，精神靡所能。」今本改「能」為「迥」，不知《廣韻》十六咍部元有「能」字。姚寬證之以《後漢書·黃琬傳》「欲得不能，光祿茂才」，以為不必是，鼈矣。張說《郭知運碑銘》：「河曲廻兵，臨洮舊防。手握金節，魂沈玉帳。千里送喪，三軍悽愴。」《唐文粹》本改「防」為「阯」，以叶上文喜、祉諸字，不知《廣韻四》十一漾部元有「防」字，而「峻岨塍垮長城，豁險吞若巨防」已見於《蜀都賦》矣（原注：盧照鄰詩「峻岨垮長城，高標吞巨防」，正用《蜀都賦》語，今本盧詩改「防」為「舫」）。李白詩：「素心自此得，真趣非外借。」今本改「借」為「惜」，不知《廣韻》二十二昔部元有「借」字，而「傷美物之遂化，怨浮齡之如借」已見於謝靈運之《山居賦》矣。凡若此者，亦邅數之不能終也（原注：「其詳並見《唐韻正》本字下」）。今人之音不同乎古，而改古人之音以就之，可不謂之大惑乎？唐改石經為今文，而古文之傳遂泯，此經之一變也。漢人之於經，如先、後鄭之釋三《禮》，或改其音而未嘗變其字，「子貢問樂」一章，錯簡明白，而仍其本文，不敢移也，注之於下而已。所以然者，述古而不自專，古人之師傳，固若是也。及朱子正《大學》繫辭，徑以其所自定者為本文，而以錯簡之說注於其下，已大破拘攣之習，後人效之，《周禮》五官互相更易，彼此紛紜，《召南》《小雅》且欲移其篇第，此經之又一變也。聞之先人，自嘉靖以前，書之鋟本雖不精工，而其所不能通之處注之曰「疑」，今之鋟本加精，而疑者不復注，且徑改之矣。以甚精之刻而行其徑改之文，無怪乎舊本之日微而新說之愈鑿也。故愚以為讀九經自考文始，考文自知音始，以至諸子百家之書亦莫不然。僭為《唐韻正》一書，而《詩本音》《易音》以其經也，故列於前。而學者讀之，則必先《唐韻正》而次及《詩》《易》二書，明乎其所以變，而後三百五篇與卦、爻、彖、象之文可讀也。其書之條理，最為精密。今使學者睹是書而曰自齊、梁以來，周、沈諸人相傳之韻，固如是也，則俗韻不攻而自絀。吾書一循《廣韻》之次第，使下學者易得其門，非託之足下，其誰傳之（書）？古曰音，今曰韻。韻字起於唐、宋以下，或謂《唐韻》非《廣韻》，或謂《廣韻》即《唐韻》，宋人著書多引《廣韻》，陸游云「《廣韻》最古」，蓋唐人所承沈約之譜也。前此魏有李登、晉有呂靜、齊有周容，皆有韻書行於時。隋、唐《志》亦載《聲類》等凡十餘家，知約之前已有此書，約特總而譜之，或小有更定耳。而謂自約創始者，亦流俗之之見也（猶今之律文，其初本於魏李悝

之《法經》六篇。蕭何定漢律，益九篇，後增至六十篇。歷代更修，以至於今而李悝之經不可得見矣。原注）。

　　一東、二冬、三鍾者，乃隋、唐以前相傳之譜，本於沈氏之作，而小字注云「同用」「獨用」，則唐人之功令也（唐人謂之「官韻」）。書凡五卷，平聲以字多分上、下二卷。魏了翁曰：「《唐韻》於二十八刪、二十九山之後，繼以三十先、三十一仙為下平之首，不知『先』字蓋自『真』字而來。」（《雲烟過眼錄》云：「吳彩鸞書《切韻》一本，其書以一先、二仙為二十三先、二十四仙」）據此，似唐人無上、下平之分，或雖分上、下而不別起一、二之序，然皆不可知矣（《韻會》注云：「丁翰林與司馬文正公諸儒作韻，始以平聲上、平聲下為卷目。」今考《廣韻》已分上平、下平，不始於丁翰林也）。其分上平、下平，不過以卷帙繁重而分之。昔人以上平為宮，下平為商，竊恐未然（《玉海》引徐景安《樂書》，凡宮為上平，商為下平，角為入，徵為上，羽為去）。至以上平始東終山，取日生於東，沒於山，下平始先終凡，取先輩傳與後輩者，尤穿鑿可笑（《五音集韻》又分自真至麻為中平）。《廣韻》三鍾部中「恭」字下注曰：「陸以恭、蚣、樅等入冬韻，非也。」蓋謂陸法言《切韻》若此，則孫之與陸，頗有不同，而冬之與鍾，又必不可以相雜，乃今人則全不知之矣（二冬、三鍾在平聲為二韻，在上聲則併為一韻，以字少故也。《廣韻》二腫部「湩」字下注曰：「此是冬字上聲」）。

　　《禮部韻略》始自宋景祐四年，今所傳者，毛晃增注，與《廣韻》頗有不同（唐詩韻窄，多旁借，即宋人改併之權輿也。《禮韻》「魂」改為「霓」，以「魂」為第二字；「仙」改為「僊」，以「仙」為第二字；「号」改為「號」，削去「号」字，此類甚多。同用、獨用字亦有不同，韻中字亦間有移易，如謀、矛等字，元在十八尤，今改入十九侯，未知何故）。此書止為科舉之用，其曰「略」者，不備之稱也。以此而廢前人之全書，豈不謬乎（《桯史》載胡給事新貢院歲庚子大比，賦題出「舜聞若決江河」而以「聞善而行沛然莫禦」為韻。哺後，忽有老儒摘《禮部韻》示諸生，謂「沛」字惟十四泰有之，一為顛沛，一為沛邑，注無沛決之義。惟「霈」字從雨，為可疑，閧然扣簾請。今《廣韻》十四泰部「霈」下即有「沛」字，注曰：「流兒，亦滂沛，又水名。」可見，《禮部韻略》為不備之書也）？又按，宋時有《集韻》，李燾曰：「《切韻》《廣韻》皆莫如《集韻》詳（文光案，《集韻》惟字多，注則略），故司馬光因之以修《類篇》（文光案，《類篇》成於眾手，非溫公所修）。」是則宋時韻學元有詳、略二書，而後人所祖述者，皆本之《韻略》耳。

　　《廣韻》之中，或一字而各韻至三收、四收、五收，又或一字而本韻中至

兩收、三收，或各義，或同義。蓋古人之音，必有所本。如《漢書》則服虔一音，應劭一音，如淳一音，孟康一音，晉灼一音；《莊子》則簡文一音，司馬彪一音，李軌一音，徐邈一音。作韻之人並收而存之，書不惟以給作詩之用，蓋所以綜異聞、備多識而不專於一師之學也。於今千載之下，得以推明秦、漢以上之音者，不為無助。《禮韻》刪而併之，如「牝」字刪五旨併十六軫，而《老子》《淮南》《家語》《太元》皆不可讀矣；「等」字刪十五海併四十三等，而管、韓、賈誼之書皆不可讀矣（並詳《唐韻正》本字下）。昔人並收之，苦心沒而不見，故宋韻出而古音乃全亡矣。欲審古音，必從《唐韻》始，愚所以列唐、宋異同之辨於書之音卷歟。

　　《韻會》依平水劉淵壬子（宋理宗淳祐十二年）《新刊韻略》並通用之韻為一百七部，自元至今，詞人相承用之。按，《唐韻》分部雖二百有六，然多注同用。宋景祐又稍廣之，未敢擅改。劉氏師心變古，一切改併，其以證、嶝併入徑韻，則又景祐之所未許，毛居正之所不議，而考之於古，無一合焉者也。夫學唐詩而用宋韻，又劉氏一人之韻，豈不甚謬？而三四百年無能辨其失者，又可與言三代秦漢之文乎？　一東韻以「公」字為首，依三十六字母次序始於吳棫《韻補》，此書從之，凡舊文一切更置（《音論上》，《廣韻》《韻略》《韻會》皆備列其目）。

　　《讀詩拙言》曰：一郡之內，聲有不同，繫乎地者也；百年之中，語有遞轉，繫乎時者也。況有文字而後有音讀，由大、小篆而八分，由八分而隸，凡幾變矣，音能不變乎？所貴誦詩讀書，尚論其當世之音而已矣。《三百篇》，詩之祖，亦韻之祖也，作韻書者宜權輿於此。遡源沿流，部提其字，曰古音某，今音某，則今音行而古音庶幾不泯矣。自周至後漢，音已轉移，其未變者實多。愚考《說文》之中多與毛《詩》合者，乃徐鉉修《說文》，概依孫愐之《切韻》，是以唐音而反律古矣。厥後諸韻書引古詩如晨星，而於唐、宋名家之辭，每數數焉，無亦譜子孫而忘祖宗乎？又曰：余編旁證，採《易》獨詳，以〔註8〕世近而聲音同也，如「天」、如〔註9〕「行」、如「慶」、如「明」，凡五十餘字，悉載之首矣。此實周代之音，非叶也。歷數《彖》《象》，「行」凡四十有四，「明」凡一十有七，「慶」凡一十有二〔註10〕，無不同音者。又如「當」字，

〔註 8〕按，「以」字下原有墨釘。
〔註 9〕按，「如」字下原有墨釘。
〔註10〕「有二」，原殘缺，今據《讀詩拙言》補。

《詩》無所附，六十四卦「位當」「不當」凡二十有七，皆讀平聲「決」，其為古音無疑也。沈括云：「慶」，古人叶韻音「羌」。諸儒據以為然，故注《詩》者一則曰叶，再則曰叶。近有《易》本於「當」字注云：「本去叶平」，亦襲沈括之說也。夫後世如淮西之碑、聖德之頌，說者謂間用叶音，以慕古耳。孔子何慕乎？乃其贊《易》，字無正音，而一取諸叶，胡為者也？且叶，或一、二用，三、四用，多矣，五、六用，至多矣，蔓衍數十，更無一不叶，又胡為者也？注者宜云：「慶，古本讀羌，而今讀如磬。當，古本讀瑭，而今讀如嘗」，庶得之矣。胡為以今之讀為正，而以古之正為叶也？是以楷書為正字，篆、隸為摹楷而作矣。顛倒古今，反覆倫類，莫此甚也。倡自一人，天下羣而和之；誤自一世，後世躆而從之。智者不敢生疑，賢者不敢致詰，若安之為固然、遵之為謨訓者，九原可作，不啞然而笑乎？　《屈宋古音義序》曰：考之屈、宋，其音往往與《詩》《易》合。其《詩》《易》所無者，又往往與周、秦、漢、魏之歌、謠、詩、賦合，其為上世之音何疑？自顏師古、太子賢注兩漢書，於諸賦音有與時乖者，直以合韻、叶音當之。後儒相緣，凡古昔有韻之篇，悉委於叶之一字矣，余深慨之。竊念少好《楚詞》，《楚詞》之中，尤好屈、宋，一一以古音讀之，聲韻頗諧，故復集此一篇。　已上皆季立之論，其辨古音非叶，極為精當。然愚以古詩中間有一二與正音不合者，如《大明》七章與林、心為韻，《洪範》以平與偏為韻，《屯》《比》《恒》以「禽」與窮、中、終、容、凶、功為韻，或出於方音之不同，讀者不得不改其本音而合之。雖謂之叶亦可，然特百中之一二耳（上以古詩無叶音，多陳第之論）。今考江左之文，自梁天監以前，多以去、入二聲同用，以後則若有界限，絕不相通，是知四聲之論，起於永明而定於梁、陳之間也。柏梁體以去和入，則其時未用四聲，可知約所自作，讀化為平，讀緇為去，讀傅為上，是約雖譜定四聲，猶存古意，不若後人之昧而拘也。　四聲之譜，誠不可無。然古人之字有定，作一聲者有不定。作一聲者既以四聲分部，則於古人之所已用，不得不兩收、三收、四收，而其所闕漏者遂為大古之音，後人疑不敢用。又江左諸公，本從辭賦入門，未通古訓。於是聲音一而文字愈繁，作賦巧而研經彌拙，且使今人、古人如異域之不相曉而叶音之說作（唐元和元年，鄉貢進士李行修言「近學無專門，經無師授，以音定字，以疏釋經，是能使生徒由之中科，不能使天下由之致理。」是則唐以前猶未以音定字可知也）。四聲之論，雖起於江左，然古人之詩已自有遲疾輕重之分，故平多韻平，仄多韻仄。亦有不盡然者，而上或轉為平、去，或轉為平、上，入或轉為平、上、去，則在歌

者之抑揚高下而已，故四聲可以並用。今之學者必曰此字元有三音、有兩音，故可通用（吳才老寔始此說），不知古人何嘗屑屑於此哉！一字之中，自有平、上、去、入，今一一取而注之，字愈多，音愈雜，而學者愈迷。陳氏之書蓋多此病，其曰：「四聲之辨，古人未有。《中原音韻》，此類實多。舊說必以平叶平、仄叶仄也，無亦以今而泥古乎？」斯言切中肯綮（全書瑣碎）。五方之音，有遲疾輕重之不同。《切韻序》曰：「吳、楚則時傷輕淺，燕、趙則多傷重濁，秦、隴則去聲為入，梁、益則平聲似去。」約而言之，即一人之身，而出辭吐氣先後之間已有不能齊者。其重、其疾則為入、為去、為上，其輕、其遲則為平，遲之又遲則一字而為二字。茨為蒺藜，椎為終葵是也。故注家多有疾言、徐言之解。而《文心雕龍》謂「疾呼中宮，徐呼中徵」，夫一字而可以疾呼、徐呼，此一字兩音、三音之所由昉已。　平、上、去、入之名，漢時未有。然《公羊》何休注有長言、短言（莊二十八年），長言則今之平、上、去，短言則入聲也。平、上、去三聲固多通貫，惟入聲似覺差殊。然而祝之為州，見於《穀梁》；蒲之為毫，見於《公羊》；趨之為促，見於《周禮》；提之為折，見於《檀弓》，若此之類，不可悉數。六朝韻分已密，唐人功令猶許通用。後之陋儒乃謂四聲之設，本諸五行四序，如東西之易向，晝夜之異位而不相合也，豈不謬哉！且夫古之為詩，主乎音者也；江左諸公之為詩，主乎文者也。文者，一定而難移；音者，無方而易轉。夫不過喉舌之間，疾徐之頃而已。諧於音，順於耳矣。故或平、或仄，時措之宜，而無所窒礙。《角弓》之反上，《賓筵》之反平；《桃夭》之室入，《東山》之室去，惟其時也。《大東》一篇兩言「來」，而前韻疚，後韻服；《離騷》一篇兩言「索」，而前韻姤，後韻迫，惟其當也。有定之四聲以同天下之文，無定之四聲以協天下之律。聖人之所以和順於道德而理於義，非達天德者，其孰能知之？　夫一字而可以三聲、四聲，若《易》爻之上下無常而唯變所適也。然上如其平，去如其上，入如其去，而又還如其平，此聲音、文字相生、相貫自然之理也。　平音最長，上、去次之，入則訕然而止，無餘音矣。凡歌者，貴其有餘音也。以無餘從有餘，樂之倫也（四聲間用，則歌者以上為平，不以平為上，以入為去，不以去為入。歌之為言也，長言之也）。平聲音長，入聲音短；平聲字多，入聲字少；長者多，短者少，此天地自然之理也。《三百篇》亦用入聲之字，其入與入為韻者十之七，入與平、上、去為韻者十之三。以其十之七而知古人未嘗無入聲，以其十之三而知入聲可轉為三聲，故入聲，聲之閏也。　歌、弋、麻三韻舊無入聲，美惡、愛惡（可去可入）之別，不過發言輕

重之間，而非有此疆爾界之分也。凡書中兩聲之字，此類寔多。自訓詁出而經學衰，韻書行而古詩廢。小辯愈滋，大道日隱。噫，先聖之微言，汩於蒙師之口耳者多矣，知類通達，吾以望之後之君子（唐人律詩，如「翰」字、「看」字、「望」字、「忘」字皆或平或去，「醒」字或平或上，皆隨其遲疾、輕重而用之）。反切之語，自漢以上即已有之。沈括謂「古語已有二聲合為一字者，如不可為叵，何不為盍，如是為爾，而已為耳，之乎為諸。」愚嘗考之經傳，如《詩·牆有茨》：「茨，蒺藜也」，「蒺藜」正切「茨」字；「八月斷壺」，今人謂之胡盧，《北史》作瓠蘆，「瓠蘆」正切「壺」字；《左傳》：「有山鞠窮」，是「芎窮」「鞠窮」正切「芎」字；「著於丁寧」，「丁寧，鉦也」，「丁寧」正切「鉦」字；《公羊傳》：「邾婁後名鄒」，「邾婁」正切「鄒」字；《檀弓》：「銘，明旌也」，「明旌」正切「銘」字；《玉藻》：「終葵，椎也」，《方言》：「齊人謂椎為終葵」，「終葵」正切「椎」字；《爾雅》：「禘，大祭也」，「大祭」正切「禘」字；「不律謂之筆」，「不律」正切「筆」字；《方言》「揚謂之倩」，注：「今俗呼女壻為卒便」，「卒便」正切「倩」字；《說文》：「鈴，令丁也」，「令丁」正切「鈴」字。以字推之，反語不始終漢末矣。　南北朝人作反語多是雙反，韻家謂之正紐、到紐。史之所載，如晉孝武帝作清暑殿，有識者以清暑反為楚聲，楚聲為清、聲楚為暑也。陳後主名叔寶，反語為少福，少福為叔、福少為寶也；唐高宗改元通乾，以反語不善，詔停之，通乾反為天窮，通乾為天、乾通為窮也。又有三字反者，吳孫亮初，童謠曰：「於何相求，常子閣。」常子閣者，反語石子堈，常閣為石、閣常為堈也。又有自反者，如矢引為矧，女良為娘，舍予為舒，目亡為盲，目少為眇，欠金為欽，足亦為跡之類，皆自反也。　唐時諱反字，反謂之切。子、史中反或作返，而《水經》《說文》「汳」字亦改作「汴」，「飯」字亦或作「飰」，《五經文字》不諱反，凡此之類必起於大曆以後矣。　趙宦光《說文長箋·凡例》曰：「許氏但有讀若，若者，猶言相似而已，可口授而不可筆傳也。」又曰：「本文讀若與徐氏切韻不合者，漢、唐音；聲稍變，欲求古今異讀，以漢正唐，以唐正今，全賴其異。不然，後此者轉復移易，各就方言，而不知底極矣。」　反切之法，亦有韻窄而不可通者。《廣韻》「拯」字下云：「無韻切，音蒸上聲」。以平音之外，止有丑拯、其拯、色庱三切，而互用則終於莫曉，故變反切而以平聲之字音之，亦讀若之意也。

文光案，《音論》上卷三篇：一、古曰音、今曰韻；二、韻書之始（戴氏《聲韻攷》亦有此目，可互觀。潛邱云：「韻學興於漢建安中」）；三、唐、宋韻譜異同。中卷

六篇：一、古人韻緩，不須改字（引陳振孫說）；二、古詩無叶音；三、四聲之始（可與《聲韻攷》互觀）；四、古人四聲一貫（此篇最精。戴曰：「古人用韻，未有平、上、去、入之限，四聲通為一音，如其本音讀之，自成歌樂」）；五、入為閏聲；六、近代入聲之誤（此論未確）。下卷六篇：一、六書轉注之解（轉注之說，最為紛雜，寧人亦無定論，當從曹攷）；二、先儒兩聲各義之說不盡然；三、反切之始（未有韻書，先有反切。此書言其始，戴《攷》則詳於字母）；四、南北朝反語；五、反切之名（《禮部韻略》曰：「音韻展轉相協謂之反，亦作翻。兩字相摩以成聲韻謂之切，其實一也。」）；六、讀若（「若」下當有「某」字，而本書無之），共十五篇。自陳氏發古音之論（明陳第有《毛詩古音考》《屈宋古音義》），繼其後者，首推顧氏《五書》，雖各自為書，實相聯貫，故《自序》皆總言《五書》，而《音論》則《五書》之綱領也。當寧人著書之時，音學久廢，書多未出，《自序》云「《釋文》已亡」，《音論》云「《集韻》不存」，韓道昭《五音集韻》未之引及，《重修廣韻》亦未之見。今則音韻之學愈精愈密，所云亡者，一一具在（《釋文》有抱經堂本、通志堂本，《集韻》有棟亭五種本、咫進齋本）。然其用功甚深，持論甚確。凡所立言，皆道其所心得，與毛氏之東拾西綴，取辦一時務以勝人者大異（西河有《古今通韻》，意在駁倒寧人而已）。又恐人之割裂其書（如《釋文》分散九經之下），藏之名山，以待知者，亦甚矜貴也。至《唐韻》與《廣韻》原有不同，顧氏則未之詳攷（紀竹厓有《唐韻攷》五卷，於《唐韻》分合之例與宋韻改併之迹，可得其大凡。《廣韻》部分如《唐韻》，但所收之字不同，有《唐韻》收而《廣韻》不收者，有《唐韻》在此部而《廣韻》在彼部者，有《唐韻》兩部皆收而《廣韻》止存其一者，有《廣韻》移其部分而失於改其翻切者）。又戴氏所舉正凡十九事，皆考證之疏者。

目錄學卷三

史部

史記一百三十卷　（漢）司馬遷撰，（宋）裴駰集解，（唐）司馬貞索隱

是書有張杅、耿秉直二序，陳氏《書錄》「《附索隱史記》一百三十卷，廣漢張材介刊於桐川郡齋」，即此本也。「杅」作「材」，蓋字之誤，當以本序為是。本紀十二（古有《禹本紀》《尚書世紀》等書，史公用其體以敘述帝王）、表十（昉於周之譜牒，與紀傳相出入。大臣無功、無過者不勝傳，又不容沒，則於表載之。作史體裁莫大於是）、書八（史公所創，以紀朝章國典）、世家三十（王侯開國，子孫世守，古有「世家」一體，史公用之，以記王侯諸國。《漢書》盡改為「列傳」，非體）、列傳七十（古書記事立論及解經皆謂之傳，其專記一人為一傳。自史公始，又於傳之中分公卿、將相為列傳，其儒林至貨殖又別立名目，以類相從），凡百三十篇，五十二萬六千五百字。（梁曰：「《師友談記》作七十萬言，予三番計之，字數都不能合。因今本《史記》歷經後人增刪，非史公之舊。增者猶可辨其偽，刪者無從得其真。其遺文逸句見於注疏、《水經注》、《選》注、《廣韻》注、《初學記》、《御覽》等書者甚多，不能盡錄。」）

宋淳熙本（每葉二十四行，行二十五字。板心有字數及刻工姓名。殷、貞、恒缺避）

右太史公《史記》，採錄先秦古書及秦、漢間事，其文雅奧簡古。至有難句者讀之，當紬繹再四，玩味深思，方見其義趣。不然，則直以為淡薄無味，如魏文候之聽古樂，意欲坐睡耳，是以讀之者殊鮮。解詁訓釋，世有其人，第皆疏略，未能詳盡。惟唐小司馬氏用新意撰《索隱》，所得為多。至有不可解者，引援開釋明白。每恨其書單行，於披閱殊未便。比得蜀本，並與其本書集而刊之，良愜意。意欲垂模，與南方學者共，未暇也。暨來桐川踰年，郡事頗暇。一日與友人沈伯永語及前代史，則以為先秦古書以來，未有若太史公之奇傑。班孟堅已不逮，而況其餘乎？因搜笥中書，蜀所刻小字者偶隨來，遂合中字書刊之。用功凡七十輩，越肇始四月望，迄六月終告成。伯永請予序，予謂太史公書安敢序，當書歲月，識目錄後可也。然其間有刪削是正者，不可不書。舊注謂十篇有錄無書，褚少孫追補之，其文猥妄不經，蕪穢至不可讀。每翻閱至此，輒敗人意，不知何人遽續而傳之。凡少孫所書者，今皆刪門（文光案，「門」字恐訛）之。然其間亦有可喜，如《日者傳》則大類莊周書，意其口。本書之殘缺者，少孫因以附益。今則以注字刻之，或可見其遺意。又如伯夷、孟子、張

蒼、倉公、魏其、貨殖、自序之類，蓋其一篇之文接連回複，不可斷絕，安可段節起題，以碎亂其文、今皆連書以歸其元。或謂太史公取《尚書》語輒更定，以為非是。予謂不然，《書》雖經孔子所定，然其文皆史官所記，故唐、虞、三代之《書》，語皆不類，則非一人之作可知矣。一代之事必有一代之史，安可必其同哉！太史公邁往之氣，度越前古，意欲自成一家之言，故取《書》所載訓釋其義，而定以今言。若悉如《書》之語，則曰不類，故特裁正而不辭，蓋更易舊史官之書，非遽變孔氏之書也，尚何議？予平時讀《史記》，所見如是，故並書之。淳熙丙申立秋日，廣漢張杅謹書。

淳熙丙申，郡守張介仲刊太史公書於郡齋，凡褚少孫所續悉削去，尊正史也。學者謂非全書，懷不滿意，且病其訛舛。越二年，趙山甫守郡，取所削，別刊為一帙，示不敢專而觀者。復以卷第不相入，覽究非便置而弗印，殆成棄物。信乎，流俗染人之深，奪而正之，如是其難。然星之於月，其不侔亦昭昭矣。屏之使不得，並孰若附之其旁，則小大較然，不其愈尊乎？別以所續，從其卷第而附入之，兩存其板，俾學者自擇焉。其訛謬重脫，因為是正凡一千九百九字，以辛丑仲秋望日（辛丑，淳熙八年也）畢工。澄江耿秉直之謹書。

錢氏大昕曰：《正義》云：「《史記》五十二篇，六千五百言，序二千四百一十三年事。《漢書》八十一萬言，敘二百二十五年事。」案，《晉書·張輔傳》嘗論班固、司馬遷云：「遷敘三千年事唯五十萬言，班固敘三百年事乃八十萬言，煩、省不同。」張守節之言，蓋出於此。然張輔所舉年數，但約舉之詞。守節直謂《史記》起黃帝，訖漢武天漢四年，合二千四百一十三年，其說一見於《論例》，再見於此注（謂《集解序》）。然《史記·年表》始自共和。自共和庚申至天漢四年甲申，可攷者僅七百四十五年耳。共和以上年數，史公所未論次，後人何以鑿鑿言之乎？今姑據裴氏《集解》所引諸說敘次之，黃帝在位百年，顓頊七十八年，帝嚳七十年（皆皇甫謐說），堯九十八年，舜三十九年（《本紀》文），夏四百七十一年，殷四百九十六年（皆《汲冢紀年》說），周八百六十七年（皇甫謐說），周亡至漢元鼎戊辰一百四十四年（徐廣說），自元鼎至天漢四年又十六年，是為二千三百七十九年，較《正義》少三十四算。劉恕《通鑑外紀》黃帝元年起丁亥，在位一百年，少昊八十四年，顓頊七十八年，帝嚳七十年，帝摯九年，堯一百年，舜五十年，夏四百三十二年，殷六百二十九年，周八百六十七年，依此算至天漢甲申，凡二千五百七十八年，較《正義》多一百六十五算（《三史拾遺》）。　案，《三史拾遺》及諸史《拾遺》總名《攷史拾遺》。三史為《史記》、兩《漢

書〉，諸史自三國迄元，皆補《攷異》所未及）。

趙氏翼曰：計遷作《史記》，前後共十八年，更有刪訂改削之功，蓋書之成，凡二十餘年也。李延壽作《南、北史》凡十七年，歐陽修、宋子京修《新唐書》亦十七年，司馬溫公作《通鑑》凡十九年。遷作史之歲月更有過之，合班固作史之歲月（凡經四人，手閱三、四十年）並觀之，可知編訂史事，未可聊爾命筆矣。元末修宋、遼、金三史不過三年，明初修《元史》兩次設局不過一年，毋怪乎草率荒謬，為史家最劣也。

文光案，《史記集解》《索隱》《正義》，原書皆單行，至宋始合刻而《正義》單行本遂亡。宋本之存於今者，元祐刊本，有張耒（字文潛）八分書條記；紹興刊本，刻管工官王綱、梓匠張魯等十五人，石公憲發刊；又嘉定六年萬卷樓刊本，此皆三家合刻之本。乾道本目錄後有「三峰樵隱蔡夢弼傅卿校正」一行（此本廿四行，行廿二字，注廿八字，《集解》《索隱》），舊本《史記》載《正義》者甚少，元中統刊本亦無《正義》。諸家所著錄者多殘本，明震澤王氏本最佳，嘉靖丁酉王延喆序，前有索隱序、補史記序、正義序、集解序、索隱後序，目後有「震澤王氏刻梓」木記，《集解序》後有「震澤王氏刻于恩褒四世之堂」木記。又嘉靖四年汪諒刊本，每卷有「黃田柯維熊校正」七字（三注與王本同）。

史記一百三十卷　（宋）裴駰集解，（唐）司馬貞索隱，（唐）張守節正義

首嘉靖甲午秦藩鑒抑道人序，次嘉靖庚戌秦藩元中道人序，次索隱序，補史記序，次集解序（司馬貞注），次正義序，正義論例，謚法解（末有戰國時諸國界域），次目錄（第一卷為《三皇紀》，小司馬氏自注）。《史記》三注完本最少，此本勝北監本，故世稱善。　殿本《考證》，多引此本。

明秦藩本（每半葉十行，行十七字，注廿三字，每卷後刻計史若干字，注若干字）

鑒抑序曰：《史記》今無善本。即有之，關中地僻，亦艱轍遇。而宗藩且多，苦於抄錄。乃捐祿資，爰登諸梓，與宗潢共覽。此書分為五體，《本紀》記年，《世家》論代，《表》以正曆，《書》以類事，《傳》以類人。使百代而下，不能易一言。是六經之後，惟有此作。

元中序曰：予伯祖簡王禮士重文，獨於是集加意。往者關中舊刻《史記》有善本，求之者眾，板既隨去而索愈繁，不可得也。予叔考定王得蘇州本，命工刻之。刻成自序，以與求之者。予考端王嘉尚是書，日取觀之。迨予紹立，此書刻之踰載，字頗漫滅。予親校理，再製一新。建業有監本，殘缺耳。其新刻本，朗善可觀。又有豫章本、蘇常本、鄴下本、建寧本，雖並行於世，予重

是本。

（《五帝本紀》第一）《史記》列黃帝、顓頊、帝嚳（高辛氏）、帝堯、虞、舜為五帝，本《大戴禮‧五帝德》篇（「孔子告宰予」。又見《家語》）。《困學紀聞》引五峰胡氏之說，謂《易》稱羲、農、黃帝、堯、舜，當據此為五帝。王氏《商榷》謂羲、農為三皇，黃帝、堯、舜為五帝。《大戴記》為是。梁氏《志疑》謂《家語》王肅所偽撰，《大戴記》為漢儒之言，皆不可據。議者紛如，究無定說。《史記》惟不紀羲、農為疏漏，朱子亦云「五帝可辨也」。《黃氏日抄》云：「遷之紀五帝，自謂擇言之尤雅者著於篇，其存古之意厚矣。然黃帝殺蚩尤與以云紀官纔一二事，若封禪事已不經。至顓頊、帝嚳紀皆稱頌語，非有行事可考。唐、虞事雖頗詳，皆不過二《典》所已載。然則孔子定《書》，自唐、虞至矣，何求加焉。」

（《夏本紀》第二）黃曰：《夏紀》多檃括《禹謨》《禹貢》之書。少康中興，《書》所缺者亦缺，意者遷時已無所考歟？若禹後於舜者也，謂皆黃帝子孫。舜去帝七世而禹反四世。又，舜，帝族也，而側微至此，皆事之不可曉者。王曰：不言羿、浞之事，是遷說之疏。官本《考證》禹為舜之高祖，必年長於舜，乃舜命禹治水。禹方娶塗山之女，則禹年幼於舜。錢氏《攷異》：鯀非黃帝之子。《山海經》：「黃帝生駱明，駱明生白馬，白馬是為鯀，鯀生禹。」《山經》所云「黃帝」，當是顓頊之譌。梁氏《志疑》曰：夏代稱后，故云夏后氏，王則間稱之。又案，禹在外十三年，《尸子》作十年，《吳越春秋》作七年，當以《孟子》為定。

（《殷本紀》第三）黃曰：亦依彷《書》為之，具載興衰相乘者數四，未嘗不本於賢者之用舍，而載紂取亡之事尤詳，真可為萬世戒。王曰：百姓作《盤庚》，與《書序》違，非也。又曰：謂太甲歸亳之歲已為即位六年，遷說妄也。（文光案，閻氏以為凡六年，何氏駁之，梁氏又駁，以三年為是。《路史》謂伊尹無廢立事，《示兒編》以「放」為「教」字之譌，是教諸桐。梁曰：「皆妄。」）

（《周本紀》第四）黃曰：載武王伐紂事，其跡頗繆，視所謂湯既勝夏，諸侯心服，乃踐天子位，難易、輕重，不似矣。梁曰：武王以黃鉞斬紂頭，縣大白之旗，乃戰國時不經之談，竄入《逸書‧克殷解》，史公誤信為實，取入殷、周二《紀》及《齊世家》。孟子不信血流漂杵之語、縣旗之誣，其可信乎？

（《秦本紀》第五）《索隱》曰：秦本西戎附庸之君，可降為《秦世家》。《考證》：殷周之興，以先世積德，始皇之帝則以先世積強所致。太史公作《殷、

周本紀》，皆推原先世功德（官本誤作「得」），以昭一代之統系。至秦則分而二之，曰《秦本紀》，曰《始皇本紀》，其褒貶之意顯然。或曰：秦與始皇分紀，所以別嬴、呂也。其論雖纖，理亦不誣。　秦、趙同出蜚廉。

二十七年，景公如晉，與平公盟，已而背之。三《傳》皆無此盟。

（《始皇本紀》第六）《考證》：「孝明皇帝十七年」以下，此班固《典引》之文（梁曰：「作《典引》，別著此篇，當時必另傳於世」），後人書於《本紀》之後，裴駰等亦作解，遂混入《史記》中。至賈生《過秦論》三篇，恐亦後人所增入，恐馬遷本文亦止「善哉乎，賈生推言之也」一句耳。《鈍吟》云：史公以「賈生推言」一句，全載《過秦論》三篇，另是一格。其先列第三篇者，論始皇興衰，應「始皇自以為」三句；次列第一篇者，論秦之先公，應「贊中興，邑西垂」等句；末列第二篇者，總論其大勢，歸到二世結耳（文光案，馮氏之說，與寧人序事中寅論斷同意。若係後人所錄，必先後順序）。

（《項羽本紀》第七）《索隱》曰：宜降為《世家》。《考證》：馬遷之意，並非以《本紀》為天子之服物、采章，若黃屋、左纛，然非天子不可用也。特以其人係天下之本，則謂之《本紀》。若《秦本紀》言秦未得天下之先，天下之勢已在秦也；呂后固未若武氏之篡，而天下之勢固在呂后，則亦曰《本紀》也。後世史官以君為《本紀》，臣為《列傳》，固無可議，但宗馬遷之史法小變之，不得轉據後以議前也。《索隱》之說，謬矣。黃曰：遷以羽宰制天下而紀之秦漢之間，疑已過矣。然既君之而又字之，抑、揚之義豈有在歟？　「未傳」之傳（音附），古者二十三歲附籍，五十六歲為老。「老弱未傳」者，指不應徭役之人（文光案，《日抄》中音義最佳，當與《班馬字類》並錄，姑舉一二以告知者）。《鈍吟》云：自秦亡後，天下之權在項羽，故作《本紀》。班《書》與陳勝同傳，與史公不同。按，當時羽實主約漢，封巴蜀，羽為之也，故太史公用共工之例，列於《本紀》。《考證》：項王乃欲東渡烏江，《正義》引《水經注》。今《水經注》無此文。

（《高祖本紀》第八）黃氏《日抄》：隆準，音拙；建瓴之瓴，盛水瓶也；濞，音岐。梁曰：與父老約法三章耳。按，《刑法志》：「秦法未嘗悉除，姑為大言以慰民也。」

（《呂后本紀》第九）《史記》無《孝惠本紀》。《索隱》曰：當依班氏分為二紀。黃曰：呂氏盡殺高帝子孫，在內者欲奪天下而歸之。呂大逆無道，漢之賊也，豈止專制而已，而可紀之哉！鄭樵曰：遷遺惠而紀呂，無亦獎盜乎（樵又

謂呂后、武后當立紀，自相矛盾）？

　　(《孝文本紀》第十）**黃曰**：《文紀》所載，皆恭儉愛民之事。《考證》：「京石」二字不可解，或係「壘石」之訛。

　　(《孝景本紀》第十一）《景紀》最簡。**黃曰**：特載政事之常，災異之變制。

　　(《今上本紀》第十一）《集解》：駰案，《太史公自序》曰：「作《今上本紀》，其述事皆云今上、今天子。」或言孝武帝者，皆後人所定也（文光案，褚少孫所補十《書》，數之並不確，當以《封禪書》補《武紀》，未必出於褚先生。《漢儀注》云：「太史公作《景紀》，極言其短。及武帝過，武帝怒而削去。《魏書·王肅傳》同，皆齊東之語也。」　殿《考證》最精，宜從之）。**曾曰**：《孝武紀》「自初即位，尤敬事鬼神」以下至末，皆《封禪書》之文，決非褚先生所補也。**又曰**：《武紀》「於是」字凡二十二見，又有用「而」字者，又有用「其後」者，文氣亦與「於是」字相承接。太史公行文，間有氣不能騫舉處，韓公故當勝之。

　　(《三代世表》第一）**梁曰**：五帝三王之世，多有紕漏，與《本紀》同，故其屬長短不相當。桓譚謂太史公《三代世表》旁行斜上，並效《周譜》。今《表》有旁行而無斜上，久失其舊，傳寫多誤。《史通》謂太史公之創《表》，列行縈紆以相屬，編字戢𪩘而相排。雖燕、越萬里，而徑寸之內犬牙可接；雖昭、穆九代，而方寸之中雁行有序，使讀者閱文便睹，舉目可詳，此其所以為快也（《表曆》篇又以為煩費無用，妄加貶斥，不自知其矛盾也）。《大事記》謂《史記》十《表》意義宏深，《通志》謂《史記》一書，功在十《表》，誠哉斯語（文光案，梁氏考訂此表最詳）。**曾曰**：豈不偉哉！「偉」與「詭」同，「佹」亦同，猶云異也。

　　(《十二諸侯年表》第二）《索隱》：篇言十二，實敘十三者，賤夷狄不數吳，又霸在後故也。《考證》：是《表》主春秋，吳於春秋之季始通上國，而壽夢以前自不得列於是《表》。**錢曰**：史公作《表》，有年歲而無干支。此《表》庚申、甲子、甲戌之類，蓋徐廣注，非《史記》本文。

　　(《六國年表》第三）周、秦居首，魏（魏得晉之故都，故魏人自稱晉國）、韓、趙、楚、燕、齊為六國，七年迎婦於秦。《考證》：下格楚頃襄七年事，誤「八」。上格趙惠文七年。

　　(《秦、楚之際月表》第四）**張晏云**：時天下未定，參錯變易，不可以年紀，故列其月。《考證》：古書用卷軸，後世易為篇帙，然表宜卷軸，篇帙轉不便。《史記》十《表》中，此《表》最為舛誤，然無一善本可從。如既稱月表矣，忽又

稱某年某月，定非龍門本文。今仿蔡沈《考定武成》之例，別為《表文》，刊於後。**錢曰**：史公尊漢黜秦，以漢繼三代，不以漢繼秦，故《六國表》附秦而不別立秦表，月表不稱秦、漢之際。**梁曰**：「太史公讀秦、楚之際」，「讀」字未安，然文義未全，與「余讀高祖侯功臣」同一語病。

（《漢諸侯王年表》第五）諸本皆作《漢興以來諸侯年表》，今所標篇目，悉從古本。此《表》格數既多，又雜三注，使閱者心懵目迷。官本刻舊《表》於前，別為《考定表文》於後。

（《高祖功臣侯者年表》第六）諸本無「者」字。**《考證》**：此《表》格式與《漢表》不同，此《表》以天子紀年為主，一朝為一格。《漢書表》以侯之世次為主，一世為一格。**張曰**：此《表》功比某侯之文，凡二十四見。所比之侯，其封或前或後，覽之不解。錢氏《考異》亦未通（文光案，《考異》有「功比平定侯」一條，謂「有誤文，或是平侯沛嘉之譌」），不知此不當以封年之先後為衡，而當以侯第之上下為定（文光案，張氏說極當，見所著《功比說》）。此《表》《索隱》所云闕者，錢氏多補正。

（《惠景間侯者年表》第七）**《攷異》**：右孝文時二十九（汲古閣本作「二十八」，誤）。**錢曰**：今數之止二十八，蓋脫陽邱侯劉安一人。

（《建元以來侯者年表》第八）太史公《本表》七十二國。餘四十五國，褚先生補。**錢曰**：少孫補綴，前、後亦非一時。

（《王子侯者年表》第九）諸本「王子」上有「建元以來」四字。**《考證》**：《漢書》直題曰「王子侯表」，起自高祖之封羹頡，而《史記》截自建元，最有深意。蓋武帝以前即有王子封侯，出自特恩，非通例也。至主父偃之策行，則王子無不封侯，而諸侯益弱矣。**梁曰**：諸王子之名大半相重，並有尊卑迭犯者。

（《漢興以來將相名臣年表》第十）**《考證》**：此《表》多可以補《本紀》之闕。**《志疑》**：《大事記》附案，此《表》無敘，蓋缺亡也。

（《禮書》第一）**《索隱》**：八《書》紀國家大體，班氏謂之志，志亦記也。**錢曰**：張晏謂《禮書》《樂書》，遷沒之後亡。今二篇俱有「今上即位」之文，似非盡褚先生所補（文光案，張晏稱褚先生補《書》，未嘗及《禮書》）。**梁曰**：史公《禮書》惟存一序，此下皆後人因其缺而取《荀子》續之。自「禮由人起」至「儒、墨之分」，及「天地者，生之本」至末，是荀子《禮論》；中間「治辨之極」至「刑錯而不用」是《議兵篇》（《索隱》概謂《禮論》，非）；而末段又割截《禮論》，

橫加「太史公曰」四字以作論，尤為乖陋。《考證》：恐褚先生不至是。

　　（《樂書》第二）《考證》：「太史公曰」以下敘《虞書》；以至「秦二世」，見古樂之失傳；自「高祖過沛」至「天馬來」，志漢樂之梗槩；後載汲黯正直之言，公孫諂諛之語（文光案，天馬作歌時，黯與宏俱卒，焉有言語？《困學紀聞》已辨之。《天馬歌》全與《漢志》別，俱不可曉。唐仲友《兩漢精義》：武帝元鼎四年作《天馬》之歌，太初四年作《西極天馬》之歌）以結之，以明漢樂之所以不興。當馬遷時，應作之《樂書》如是止矣，然則《樂書》未嘗不竟也。後人復將《樂記》全寫入公孫宏語之下，又取晉平公事不經之談以附益之，而馬遷之義始晦矣。梁曰：《樂書》全缺，此後人所補託之太史公也。中段直寫《樂記》而增《易》升降，絕無意義，末段尤為冗濫（文光案，《樂書》乖舛處甚多，梁氏所駁極詳，絕非史公之筆）。

　　（《律書》第三）《考證》：律之為用，兵其大者。張晏或即以《律書》為兵書，未可知也。其文則太史公之文，非後人所能補。梁曰：律為兵家所重，故史公序律，先言兵。昔賢謂《律書》即兵書，是已。然言用兵之事幾七百言，未免於律意太遠。且祇述歷代之用兵而不詳其制，又不及漢、景、武兩朝，毋乃疏乎？「《書》曰『七正』，二十八舍」已下當提行寫，但此語與下文不相貫。王氏《正譌》謂是後引《書》「旋璣」之錯簡，當有脫字，當云：「太史公曰：『《書》曰：「在璇璣玉衡，以齊七政。」七正曆二十八舍。』」言二十八舍、七政，皆周之曆也。余甚韙之，或謂此語引《尚書》，固非；或謂引當時律家書，亦非。至《續古今考》以「二十八舍」指「日中星鳥」四句，尤謬。又案，上九、商八、羽七、角六、宮五、徵九，《索隱》謂「此文數錯，未暇研覈」。錢宮詹語余曰：「此六十律旋相為宮之法，族子塘以揚子《太元》、《淮南·天文訓》證之，無不脗合」（文光案，所證在《攷異》第三卷，最確）。蒙著《攷異》，推衍甚詳，史公不誤也。然唐以後人罕有通其義者。又曰：史公所記分寸之數、配合之數，與《管子》《呂覽》《淮南》及漢、晉諸《志》皆不同。而後人譏之者甚眾，蒙不知律，未敢妄談（文光案，錢氏考《律書》最詳）。

　　（《曆書》第四）《考證》：司馬貞輩不明曆法，故紛紛聚訟。又按，《曆術·甲子篇》第一章，蓋後人因上文「焉逢」至「冬至」二十一字引而不發，難以推步，故續此一篇於後，以申其義，非遷本書也。所紀甲子無不誤。梁曰：《曆書》缺，惟存前序。然篇首「昔自在古」至「難成矣」百餘字，乃《大戴禮·誥志篇》語，而倒亂先後，改易字句，不可解。又案，《曆術·甲子篇》乃當

時曆家之書，後人增入「太初」等年號、年數，非鄧平、落下閎所更定之《太初曆》也。所載歲名與《爾雅》全別（錢曰：「漢儒傳授各異」），的為妄續，不復詳辨。太初定曆，別有成書；史公作史，未經錄入。班《志》載《三統》，不載《太初》，其法遂無傳矣。

（《天官書》第五）《索隱》：官者，星官也。若人之官曹列位，故曰天官。《考證》：「魁枕參首」，《正義》此條訛錯殊甚。「室壁」本一星，若曰室之壁云爾。又按，「天開縣物」，此節文多訛謬，不可強解。梁曰：《天官書》似缺前序，「蒼帝行德，天門為之開」，此已下與前文不屬，而字句錯雜，多不可解。

（《封禪書》第六）《正義》：泰山上築土為壇以祭天，報天之功，故曰封；泰山下小山上除地，報地之功，故曰禪。言禪者，神之也。黃曰：封禪之書，起於求神仙狂侈之心，遷反覆纖悉以著求神仙之妄，善矣。而猶牽合郊祀、巡狩，古帝王行事之常，以證封禪，何耶？《考證》：《索隱》樂彥引《道經》云「月中仙人宋毋忌」，今五千言中無此語。薄山，襄山也。何曰：山下脫一「者」字，「襄」作「衰」，注同。從汲古後人得小字宋本校正，獨與揚雄《河東賦》合也（文光案，此山長數百里，其名甚多。「衰」與「襄」，古本、今本紛錯已久。余靖校書時，已有問者，何氏未知）。梁曰：三代以前無封禪，乃燕、齊方士所偽造。昉於秦始，侈於漢武。此書因其傅會，備錄於篇，正以著其妄，用意微矣。

（《河渠書》第七）《鈍吟》云：水患莫大於河，故最詳。國用莫急於漕，而民間所急在水利。三事錯綜成文，語脈復井井。梁曰：《瓠子歌》，天子所作，決無敢改之者，而字句與《漢志》異，何也？

（《平準書》第八）黃曰：平準者，桑弘羊籠天下貨官，自為商賈，買賣於京師之名也。曾曰：平準即《管子》輕重之法也，唐劉晏亦用之。「亨宏羊，天乃雨」，是時宏羊固未死，借卜式惡詈之言作結，若宏羊業已亨殺者，此太史公之徧衷耳。《索隱》：大司農屬官有平準令，以均平天下。郡國輸斂，貴則糶之，賤則買之，平賦以相準，輸歸於京師，故命曰平準。趙汸曰：武帝不能法祖宗之仁厚而蹈始皇之覆轍，不待譏議而可見。《日抄》：「牢盆」，牢者與之廩食，盆者與之煮鹽器，故曰「官與牢盆」。鈇，左趾之鈇（音徒計反），鐵為之，著左趾代刖也。外繇，戍邊也。赤側，錢名，以赤銅為郭。

（《吳太伯世家》第一）黃曰：太伯以三讓而周興，季札以三讓而吳亡。讓一也，可與權之義亦難哉！顧曰：凡《世家》多本之《左氏傳》，其與《傳》不

同者，皆當以《左氏》為正。

（《齊太公世家》第一）顧曰：「吾太公望子久矣」，此是妄為之說。周之太王，齊之太公，吳之太伯，有國之始祖謂之太祖，其義一也。《鈍吟》云：太公之事，仲尼不言，諸家不同。太史公所敘，詳略得宜，後人不能作矣。梁曰：太公組紺，安得預知呂尚而望之？《通志》以為誕語，太公乃長老之稱。

（《魯周公世家》第三）何曰：前據《詩》《書》，後據《春秋》，「武王克殷二年」以下事，《詩》《書》所載，注家參錯不同，此書又不同。「初，惠公適夫人無子」一段，與《左傳》不同。梁曰：《金縢》之篇，今、古文皆有而漢人所釋頗異。

（《燕召公世家》第四）梁曰：召公與周同姓，不可信。《樂記》「封黃帝之後于薊」，陸氏疑姬君奭是其後，非也。燕、薊各一國，其後薊為燕并，《漢志》及《水經注・十三》誤合為一。《說文》啻部引《史篇》（史籀作）「召公名醜」，恐非。

（《管蔡世家》第五）徐氏《測議》曰：伯邑考為紂所殺，未必文王有意廢立。武王為次弟，其序亦及也。方氏《史注補正》曰：紂烹伯邑考雖不見經傳（見《世紀》），但其後無封，必早死無後。梁曰：微弱失傳，不得臆斷其無後不封。史謂文王有意廢立，似誤會《檀弓》之文。

（《陳杞世家》第六）黃曰：陳，舜後也，國微甚。然敬仲奔齊，子孫卒代齊有國，強於天下，果符周太史之占。而晉太史趙亦謂「盛德之後，必百世紀」，豈不異哉！杞微小，不足稱述，史遷以禹之裔，特錄之。又言：楚惠王滅杞而越王句踐興，蓋越亦禹之苗裔。梁曰：帝舜姓姚，至周封胡公，乃賜姓為媯，句踐非禹後。

（《衛康叔世家》第七）黃曰：秦置東郡，徙衛野王縣，二世始廢君角為庶人而衛祀絕。然則衛雖微，其亡獨後於諸國。且子孫保首領，愈於劉辱者多矣。梁曰：《世家》即史公所作，而曰「余讀世家言」，何哉！豈《衛世家》是司馬談作而遷補論之歟？（文光案，此說甚好，凡言「余讀」皆如是）

（《宋微子世家》第八）黃曰：《世家》之首，並敘三仁，明微子歸周之本心者，善矣。又曰：邘音耆，國名。錢曰：「邘」，或作「阢」。《周本紀》作「耆」。盧曰：伊耆氏，或作「伊帆」，從巾從几，疑此亦當爾也。梁曰：史誤以伐邘為戡黎（文光案，黃氏疑「邘」為「黎」）。箕子，不詳其名，《尸子》云：「名胥餘」。

（《晉世家》第九）黃曰：悼公十四歲得國，一旦轉危為安，功業赫然，漢昭

帝流亞也。太史公例言悼公以後日衰，語焉不詳，悼公稱屈九原矣。

（《楚世家》第十）黃曰：楚武王墓，注稱秦項赤眉之時欲發之，輒頹壞填壓，不得發。愚往歲聞蜀人趙同年子發，謂先主武侯墓不可發。近見《酉陽雜俎》載有人發先主墓者，遇怪不敢。以此證彼，勢或有之。錢曰：秦始皇父名楚，故《始皇本紀》稱楚為荊滅。楚之後，未嘗置楚郡也。楚郡之楚，當是衍文。梁曰：「吳王使公孫雄」，今本作「王孫」。宋本作「雛雄」，字誤。

（《越句踐世家》第十一）二十餘世，理所必無。《正義》引《輿地志》云：「越侯傳國三十餘葉。」歷殷至周，敬王較為近之。梁曰：《漢志》謂二十世至句踐，《吳越春秋》作「十餘世」。

（《鄭世家》第十二）錢曰：子產者，子國之子，穆公之孫。而《世家》以為成公子，一誤也；子產卒於定公時，而《世家》云「聲公五年」，二誤也；至《循吏傳》稱鄭昭君之時，太宮子期言之君，以子產為相，尤無稽之談也。

（《趙世家》第十三）黃曰：蜚廉二子，長曰惡來，其後為秦；次曰季勝，其後為趙。造父封趙城，始得氏。何曰：初疑載秦穆公、趙簡子夢之帝所諸事，似乎可略。後思之，要非無謂。飛廉、惡來之後，昌熾如此，天道豈可問耶？載之，以見事有不可知也。黃曰：襄子得霍太山，朱書將興之，禎祥也；孝成王夢乘龍上，而墜將亡之，妖孽也，恐隣於怪耳。《鈍吟》云：史公敘事，事有牴牾者皆兩存。梁曰：考西王母乃西方國名，後世神仙家遞相附會。《經史問答》曰：《世家》莫如趙之誣謬怪，謂非緯候之先驅，不可矣。或曰：子長釣奇，非實錄，蓋學《南華經》也（文光案，《史記》所載神怪事，《通鑑》皆削去）。

（《魏世家》第十四）黃曰：畢萬本周同姓，事晉獻公，封魏惠王，好戰而國危。賴公子無忌合從五國，國粗立，然不能盡用其說。無忌卒，國不支，以至於亡。何曰：蘇秦合從，不載《世家》。馬融曰：「畢毛，文王庶子。」

（《韓世家》第十五）黃曰：韓亦姬姓，本無大功於晉。厥以鞍之役齊，得預六卿，子孫無聞人。惟昭侯相申不害以治諸侯，不侵伐，不害死。秦扳宜陽，旱作高門，功業不終，其後日獘於秦矣。梁曰：武王之後。武子者，韓萬也。

（《田完世家》第十六）諸本「田」下有「敬仲」二字。何曰：以田完制名，所以別於太公之齊也。梁曰：陳之改田，在春秋後。史公謂敬仲所改，並盡《易經傳》「陳」字為「田」，謬也。

（《孔子世家》第十七）黃曰：史遷之贊，蓋世俗之見，猶唐人尊以王爵爾，豈知夫子者哉？《皇王大紀》曰：遷載孔子言行，不得其真者尤多。梁曰：誅少正卯，昔賢多議其妄。

（《陳涉世家》第十八）《鈍吟》云：陳涉起自謫戍，半載而敗，可與張耳、陳餘並為《傳》，不當為《世家》者也。然亡秦之侯王將相，多涉所置。自項梁未起，以天下之命制於一人之手，升為《世家》，太史公之旨也。曾曰：懷王入秦不返，天下之公憤，屈原之私憤，而史公亦引為己憤也。楚雖三戶，亡秦必楚。子長時時不忘此二語，故於陳涉之張楚、項羽之楚皆所嚮慕。即於襄彊之楚，呂臣之楚，景駒之楚，黥布之楚，懷王孫心之楚，亦縷敘而不敢忽。梁曰：史公取《過秦論》為《始皇本紀》《陳涉世家》，《論贊》為褚先生所加。

（《外戚世家》第十九）黃曰：衛青本平陽公主家使令者，一旦富貴，振天下，卒尚公主。然謂非公主失身，不可也。《鈍吟》云：通卷皆言命（曾《錄》意同）。又云：先本六藝，言妃匹之際，係天下之興亡，此正言也。而漢之諸后，或不由德，特言命以志感慨，文有烟波。

（《楚元王世家》第二十）黃曰：楚王戊、趙王遂，皆以不用諫謀反誅。漢復，立劉禮王楚。元王祀趙，以竇太后不許絕。曾曰：前兼敘羹頡侯及代王，後兼敘趙王、河間王，不僅楚元王也。梁曰：「王純立」以下廿七字，後人妄續，當削之。

（《荊燕王世家》第二十一）黃曰：漢分王同姓，惟荊王賈以功封，其後擊黥布死。又曰：田生以畫干劉澤，畫謂畫計。釋之者誤為畫工，失之遠矣。

（《齊悼惠王世家》第二十二）梁曰：「是為頃王」以下四十四字，後人妄續，年數、謚法多誤。「是為惠王」以下四十八字，亦後人所續，當刪之。

（《蕭相國世家》第二十三）《攷要》曰：蕭何，開國之元臣，保全名位，少之者概以秦之刀筆吏，譽之者謂與閎夭、散宜生爭烈，皆非確論。宋儒陳氏以何有相國之器，而擬以狐偃、趙衰得之矣。曾曰：蕭相之功，只從「獵狗」及「鄂君」兩段指點，其餘卻皆從沒要緊處著筆。實事當有數十百案，概不鋪寫，文之所以高潔也。後人為之，當累數萬言不能休矣。《考證》：「鄸侯」音「贊」。

（《曹相國世家》第二十四）《博物志》：曹參，字敬伯。錢曰：蕭、曹皆以相國終，故《目錄》皆云相國。篇首不稱相國而稱平陽侯，此義例之疏也。「征

和二年中」以下十二字，後人妄增，當刪。曾曰：敘戰功極多而不傷繁冗，中有邁往之氣，足以舉之也。黃曰：自高帝起兵，無一戰不預，未嘗以敗聞。

（《留侯世家》第二十五）黃曰：凡良，一謀一畫，無不繫漢得失安危。良又三傑之冠也，然董公仁義正大之說，則良不及之。使以良之智兼董公之識而為漢謀，伊、周何尚焉？《鈍吟》云：有一老父至，乃《太公兵法》也。使歐公敘此，直云「遇一老父，授以《太公兵法》」二句便完矣，安能如此娓娓？曾曰：觀從容言天下事甚眾數語，則子長於子房事不書者多矣。敘留侯計畫，亦不出戰國策士氣象，未知子房尚有進於此者否？袁枚曰：史遷好奇，於《留侯傳》曰滄海君、曰九士、曰黃石公、曰赤松子、曰四皓，皆不著姓名，成其虛誕飄忽之文而已。溫公作《通鑑》，刪之宜哉。梁曰：前賢疑四皓輔太子非實，或疑四皓為贋，皆非無見。《考證》：後代為四人施安姓氏，恐皆臆說，莫定其孰是。陶潛《羣輔錄》所載四佐、八元之類居多，後人遂呼為「四八目」。梁曰：《索隱》引《陳留志》《崔、周世譜》「四八目」載園公等姓名及字。師古、王貢等傳注云：四皓無姓名可稱。

（《陳丞相世家》第二十六）黃曰：陳平智有餘信矣，惜皆流於小人之術耳。錢穀之對，徒以大言勝勃，無其實也。一時欺君之言，後世猶或稱之，誤矣。始平自以多陰謀，懼多陰禍，以此足覘其本心云。曾曰：陰謀奇計是《陳平世家》著重處，末段及《贊》中點出。《考證》：《史記》載陳平兄伯逐婦事，專為盜嫂明其誣。裴駰必求其嫂以實之，亦鑿矣。

（《絳侯世家》第二十七）曾曰：太史公於不平事，多借以發抒，以自鳴其鬱抑。此於絳侯父子下獄事卻不代鳴冤苦，而以「足已不學，守節不遜」二語責條侯，故知子長自聞大道。或以謗書譏之，非也。

（《梁孝王世家》第二十八）黃曰：梁王賊殺大臣，幾至變逆者，景帝之失也。卒以憂死，五子分王皆國絕，富貴者可以觀矣。梁曰：《御覽》引《史》云：「梁孝王築東苑三百里，是曰兔園。」今本無「兔園」句，褚生續語，可刪。惟所言漢諸侯王朝見期法，可補漢史之缺。

（《五宗世家》第二十九）景帝子十三人為王，而母五人。同母者為宗親，惟河間獻王最緊，餘皆驕庸。曾曰：子長此等文更進於敘述賢哲功臣之作，抑所云瓦注賢於黃金也。

（《三王世家》第三十）三王者，武帝子齊王閎、燕王旦、廣陵王胥也。梁曰：史缺褚生從長老，好故事者取廷議對策補之，論亦偽託，誤處尤多（文光案，黃

氏以論策為史公所述，行事為褚生所補）。考「誕蓬生麻」中二語見《荀子》，今本《勸學篇》所無。

（《伯夷列傳》第一）黃氏曰：太史公疑許由非夫子所稱，而首述伯夷，其趣遠，其文逸，意在言外，然豈知其心之無怨耶？《考證》：唐升《老子》於伯夷之上，誠為謬見。監本改之，是矣。錢曰：「太史公曰」乃子長自稱，其官非後人所加，亦非尊其父也。梁曰：恥食周粟，止不食祿，非絕粒也。《采薇歌》非二子作也。曾曰：首段至「文辭不少概見」止，言古來高節之士，惟吳太伯、伯夷可信。許由務光之倫，未經孔子論定者不可信。第二段至「怨耶非耶」止，言夷、齊實事，惟孔子之言可信，傳及軼詩可信。第三段至「是耶非耶」止，言天道福善之說不足深信。第四段至末，言人貴後世之名，不貴當時之榮，因慨已不得附孔子以傳。

（《管晏列傳》第三）曾曰：子長傷世無知己，故感慕於鮑叔、晏子之事特深。《鈍吟》云：《傳》內事亦出《管子》，但不敘其書，直撮略其行事，文甚有裁制。

（《老子韓非列傳》第三）黃曰：老子、孔子皆布衣也。太史公列《孔子世家》，贊其為至聖。至老子，則傳之管、晏之次，而窮其弊於申、韓，豈不以申、韓刑名之學又在管、晏功利之下，而老子則申、韓之發源歟？班固謂遷論大道則先黃、老，而後六經或者未之深察也。震川云：太史公《列傳》或數人合傳，皆聯書不斷。今合讀之，尤見其奇。近時刻本，每人界斷，必小司馬之陋也。馮曰：道德之言，流失有二：莊子放蕩、晉人尚浮而亡，申韓劓刻、秦人尚刑名而亡。太史公以莊子、申、韓同傳，有旨哉！小司馬不知也。錢曰：《老莊申韓列傳》自序不及莊、申二子，齊曰「漢武惑於神仙方士，並宗老子」。《史記‧老子列傳》著其鄉里，詳考其子孫，明老子亦人耳，非不可方物者，良史心苦矣。《正義》引神仙荒唐之說，以為《注》夏蟲不可語冰，有如是。曾曰：以申、韓為原於道德之意，此等識解，後儒固不能到。又曰：太史傳莊子曰：「大抵率寓言也。」余讀《史記》，亦大抵率寓言也。如子胥之憤，屈、賈之枉，皆借以自鳴其鬱耳，非以此為古來偉人計功簿也。班固《人表》失其指矣。

（《司馬穰苴列傳》第四）梁曰：《戰國策》稱湣王殺穰苴，《志林》《大事記》《古史》多從之，而《左傳》不載。《說苑》：「景公飲酒，移於穰苴之家」，似又非湣王時人，固可疑也。曾曰：末敘高國之滅，田齊之興，文氣邁遠，獨子

長有此（文光案，穰苴，田完之裔，《司馬法》即其所著）。

（《孫子吳起列傳》第五）曾曰：《傳》言「世傳《孫臏兵法》」而《贊》言「世俗稱十三篇及《吳起兵法》」，則知臏《兵法》當時已無人稱道矣。梁曰：考《唐表》「孫氏世系」，陳無宇之子書伐莒有功，賜姓。孫生憑，字起。宗生武，字長卿，奔吳。子明，食采富春，為富春人。明生臏。蓋明雖食采富春，未久仍反齊，故史去臏生阿鄄之間（文光案，《兵法》三卷，孫武所著，非《孫臏兵法》）。

（《伍子胥列傳》第六）《鈍吟》云：《孟子疏》有西施事引《史記》，今本無之。何曰：或引他書，誤以為《史記》，未可知也。

（《仲尼弟子列傳》第七）黃曰：七十七人見《書傳》者三十五人，餘四十二人止存名氏。曾曰：太史公好奇，凡戰國策士，詭謀雄辯，多著之篇。此載子貢之事特詳，亦近策士之風。震川云：按，「蒧」，古「點」字。聖門有三蒧：曾蒧、公西蒧、奚容蒧也。梁曰：《索隱》《通考》誤作「箴」，毛本《家語》誤作「減」，《唐志》誤作「藏」，《宋史·志》「咸淳詔」作「點」也。

（《商君列傳》第八）黃曰：商君之術能強秦，亦秦之所以亡；能顯其身，亦身之所以滅，然則何益矣？

（《蘇秦列傳》第九）夫破宋（句），殘楚淮北（句），肥大齊（句）。史詮曰：湖本句讀非也。曾曰：觀《贊》中「次其時序」一語，則知當日有並非蘇秦時事而附之於秦者。班固次《東方朔傳》，指意亦頗類此。

（《張儀列傳》第十）曾曰：子長最惡暴秦，故謂張儀之行事甚於蘇秦，實則兩人之傾險亦相等耳。特秦挾最勝之埶，故張儀尤為得計。

（《樗里甘茂列傳》第十一）黃曰：樗里子，秦惠王弟，名疾，滑稽多智，號曰智囊。甘茂相秦，懼讒奔齊，卒於魏。其孫甘羅，年十二，為秦使趙廣河潤之地，秦封甘羅為上卿。梁曰：甘羅十二為丞相，此世俗妄談。《資暇錄》《野客叢書》並辨相秦之謬，然其誤不始於《儀禮疏》也。

（《穰侯列傳》第十二）黃曰：穰侯魏冉者，秦昭王舅也。威震秦國，握將相之權。三十年，天下皆西向稽首。曾曰：首言穰侯涇陽、華陽、高陵之權侈，末言范睢奪四貴之勢，皆簡潔無枝詞。

（《白起王翦列傳》第十三）黃曰：白起以穰侯薦為秦將，其斬殺載於史者凡百萬，不以數載者不預焉。王翦諸人之輔秦，蓋凶德之參會，古今之極變，不可復以常事論也。曾曰：未為精當。言王翦之短，尤非事實。

（《孟子荀卿列傳》第十四）曾曰：自秦焚書以後，漢之儒者，惟子長與董仲舒見得大意。

（《孟嘗君列傳》第十五）黃曰：平原君好客，僅得一毛遂；孟嘗君好客，僅得一馮驩。而二君者，其始皆不能知之，尚何以好客為哉！

（《平原君虞卿列傳》第十六）黃曰：去讒遠色，固尊賢之道也。平原君以賓客稍引去，乃斬笑躄者美人頭，雖曰人情所難，然已甚矣。顧曰：樓昌、樓緩，恐是一人。虞卿進說，亦是一事。梁曰：《國策》以趙郝語為樓緩。又曰：虞卿（為卿食采於虞，不知姓名）再相趙著書，非窮愁之故，史誤言之也。

（《魏公子列傳》第十七）何曰：於四君之中獨書之曰「魏公子」者，以為國之存亡所係也。曾曰：「公子」二字凡百四十五見，故爾顧盼生姿，跌宕自喜。

（《春申君列傳》第十八）黃曰：說秦昭王不伐楚而出身脫楚太子於秦，可謂智能之士矣。一策不謹，卒死李園之手，與嫪（勞）毐（靄）〔註11〕同歸。惜夫，余有〔註12〕。丁曰：黃歇不在於失朱英，而在於惑園妹。《古史》曰：雖聽朱英，亦將不免。

（《范睢蔡澤列傳》第十九）何曰：「為其割榮也」，謂能割去素所尊榮之人。《索隱》之說非也。錢曰：《紀》《表》不見二人名。

（《樂毅列傳》第三十）顧曰：燕王遺樂間書，即樂毅事，傳者誤以為其子。梁曰：書辭與《國策》全異。

（《廉頗藺相如列傳》第二十一）曾曰：廉頗為趙將最久，戰功最多，故以廉頗為主。敘藺如，如趙奢父子，皆以廉頗經緯其間。即敘李牧，亦捕入「廉頗已入魏」句，此子長裁篇之本意也。惟功績雖以廉頗為最，而子長所佩仰者，則以相如為最，故《贊》中專美相如，且以廉、藺目其篇。

（《田單列傳》第二十二）《考證》：《索隱》云：「五牛揚旌，田單火牛，豈儀衛耶？且單出詭計，未嘗建旗鼓、接兵刃也，而云『揚旌』，不亦誣乎？」《索隱》之陋，往往如是。曾曰：「處女脫兔」四語，子長玩味極深。敘趙奢、李牧戰功，亦暗合此四句在中。

（《魯仲連列傳》第二十三）諸本題「魯仲連鄒陽列傳」。黃曰：仲連不以爵賞

〔註11〕「靄」，原為大字，今正。按，前既有「毐」字，則此必為其直音之字也。《黃氏日抄》卷四十六為小字，即是其証。

〔註12〕按，「惜夫余有」四字頗為費解，考《黃氏日抄》卷四十六「讀史‧春申君」條下作「惜夫，有朱英之謀而不能用，何必珠履其客為也？」據此，耿氏所引並不完整。

自累，而輕世肆志如飛鳥翔空然，然直以為天下士則未也。雒陽自蹈縲紲，諄
諄求哀，以此得位，不其羞哉！曾曰：仲連高節，似非鄒陽可擬。《上梁王書》
亦拉雜無精義，子長特以書中所稱，有與己身相感觸者，遂錄存之。梁曰：仲
連不肯帝秦一節，政見大義，戰國一人而已。史公謂不合大義，殊未當。

　　（《屈原賈誼列傳》第二十四）黃曰：三閭大夫者，掌王族三姓，曰：昭、屈、
景。《鈍吟》云：敘賈生，惟載二賦，不敘其《新書》。以賈生繼屈原，傷其遇，
並重其詞賦，與《漢書》異意。

　　（《呂不韋列傳》第二十五）梁曰：不韋亂民也，而以聞許之，豈因其著書乎？
前賢多言其誤，《法言》以為穿窬之雄，諒哉！

　　（《刺客列傳》第二十六）何曰：曹沬事亦戰國好事者為之，春秋無此風也。
梁曰：唐說齋謂曹沬賊禮，專諸賊義，聶政賊仁，荊軻賊信，並列於傳而嗟歎
其志為謬。又謂豫讓烈士，真諸四子之間，為薰、蕕同器。余謂刺客本不當立
傳，附入《世家》可也。曾曰：聶政傳之後數行，荊軻傳之首尾各十數行，其
蕩漾疏散吞吐處，正自不可幾及。

　　（《李斯列傳》第二十七）黃曰：斯以無道殺天下，趙高亦以無道殺斯，此天
也，而自謂以忠死，不已愚乎？曾曰：李斯之功，只從獄中上書敘出，與蕭何
之功從鄂君語中敘出同一機杼。李斯之罪，從趙高反覆熟商立胡亥事敘出，與
伍被說淮南蒯通、說韓信同一機杼。

　　（《蒙恬列傳》第二十八）黃曰：恬自蒙驁，世為秦將，殺天下而並之秦，同
惡相濟，凶德參會，死有餘罪矣。曾曰：治直道、築長城二事，子長責其輕民
力，可謂定論（長城七國時所築，恬特增設）。

　　（《張耳陳餘列傳》第二十九）曾曰：子長尚黃、老，進游俠，班孟堅譏之，蓋
實錄也。好游俠，故數稱堅忍卓絕之行，如屈原、虞卿、田橫、侯嬴、田光及
此篇之述貫高皆是；尚黃老，故數稱脫屣、富貴、厭世、棄俗之人，如《本紀》
以黃帝第一，世家以吳太伯第一，列傳以伯夷第一，皆其指也。此《贊》稱張、
陳與太伯、季札異，亦謂其不能遺外勢利，棄屣天下耳。

　　（《魏豹彭越列傳》第三十）彭越有大功，無反意，既以疑間掩捕論罪，遷蜀
青衣矣。又詐使人告其反，族之何忍哉！〔註13〕曾曰：「獨患無身耳」五字，
古來英雄所爭在此。子長，烈士也，故道得到。梁曰：彭越之族在高帝十二
年。

〔註13〕按，以上數句來自《黃氏日抄》卷四十六，依耿氏體例，首當題「黃曰」二字。

（《黥布列傳》第三十一）曾曰：《贊》以坑殺人為首虐，遂以身為大僇，此亦後世因果之說。如韓、彭、英布之智力，自有不能與高祖並立之理。即釁端發，自愛姬亦不足論。此等《贊》，子長似不甚厝意。

（《淮陰侯列傳》第三十二）顧曰：韓王信說漢王語，乃淮陰侯語，以同姓名而誤。曾曰：高祖有急，賴信得全，子長於此等處頗為用意。馮曰：敍淮陰詳其反迹，《贊》亦以為真反也。

（《韓信盧綰列傳》第三十三）羅曰：韓王信，古韓國之後。項羽殺韓王成，復立信為韓王，都晉陽，與淮陰侯不同。曾曰：韓王信、盧綰、陳豨皆計事不熟，故史言「計之生孰成敗，於人也深矣」，蓋兼三人者言之。

（《田儋列傳》第三十四）黃曰：田儋自立為齊王，秦殺之。儋之弟田榮自王，兵敗見殺。榮之弟田橫又立田廣為王，為漢所滅。橫走海島自殺，從者五百人皆自殺。梁曰：五百人皆自殺，恐傳聞非實，乃溢美之言也。

（《樊酈滕灌列傳》第三十五）黃曰：樊噲起自屠狗，從高祖，多戰功。酈商積戰功，為曲周侯。夏侯嬰立戰功，封為滕公。灌嬰起自販繪，從高祖騎射，戰功居多。文帝立，致位宰相，蓋武健而有定識云。曾曰：酈商不入《食其傳》，不可解。

（《張丞相列傳》第三十六）黃曰：《傳》為張蒼作也，至漢末位丞相者皆附之。漢初丞相皆功臣。至景帝之世，丞相備位，僅存名氏，史公不復為傳，而褚先生取韋賢以下繼之。梁曰：「孝武時，丞相多甚」以下皆後人妄續，事多舛譌。

（《酈生陸賈列傳》第三十七）黃曰：漢初儒生未有賈比也，而太史公屈與酈食其同傳，豈以其辨說歟？梁曰：今所傳陸賈《新語》十二篇與《史》合，《漢志》二十三篇疑譌。

（《傅靳蒯成列傳》第三十八）黃曰：傅寬、靳歙從高帝兵間，始終無困辱。蒯成侯周緤軍乍利乍不利，高帝憐其愛我云。

（《劉敬叔孫通列傳》第三十九）馮曰：二生腐儒也。梁曰：不言兩人所終，似疏。曾曰：「智豈可專邪」，此語是子長識力過人處。

（《季布欒布列傳》第四十）曾曰：狀季布、季心、欒布諸人，俱有瑰瑋絕特之氣。《贊》中仍自寓不輕於一死之意，子長跌宕自喜之概，時時一發露也。

（《袁盎鼂錯列傳》第四十一）錢曰：錯父死才十餘日，而錯衣朝衣如故，則初未行一日之喪也。刑名之學，弊乃至此。梁曰：《漢書》有「劾奏錯」一節，

似不可少。曾曰：錯峭直刻深，盎天姿亦頗近之，故兩人相忌嫉特深。子長以「好聲矜賢」譏盎，亦互文見義。黃曰：錯峭刻紛更，輕挑六國之禍，盎卒得以計誅之，死又其分也。

（《張釋之馮唐列傳》第四十二）黃曰：張釋之、馮唐皆質直，有古大臣風。曾曰：季布、欒布、袁盎、鼂錯，皆激烈峭直，非和平之器。張馮為得其平，故引《書·洪範》贊之。

（《萬石張叔列傳》第四十三）黃曰：萬石君家謹厚而已，而父子皆致二千石，已過矣。慶備位丞相，於孝武多事之世，何哉？張叔學刑名而能慈愛，君子蓋取節焉。曾曰：子長生平風旨，不與萬石君建陵諸人相近。而此《傳》曲盡情態，亦自具有大度。後世卿相，老成醲謹者託義於此，則有所摹擬而為之，為文者亦純事摹擬矣。

（《四叔列傳》第四十四）黃曰：叔蓋堅忍有用之才，非如萬石君徒曰長者而已。褚先生附載田仁、任安事。何曰：褚先生敘事甚佳，《贊》不稱。梁曰：「數歲為二千石」已下，必褚生所增。又曰：褚生所續，諸傳多不足據。曾曰：不別為貫高立傳，而別為田叔立傳，子長與任安、田叔善也。

（《扁鵲倉公列傳》第四十）扁鵲姓秦，名越人，或名少齊。太倉公淳于意，即女子緹縈父也。曾曰：太史公好奇，如《扁倉》《日者》《龜策》《貨殖》等傳，無所不載，初無一定之例也。後世或援《史記》以為例，或反引班、范以後之例而譏繩太史公，皆失之矣。

（《吳王濞列傳》第四十六）黃曰：封國不過百里，名山大澤不以封。濞王吳五十三城，且擅山海之利，是置之死地也。《學史》曰：史公謂先王山澤不封，豈其然哉？齊之封，實負東海；魯之封，實環泰山。山澤之名且大者，孰加於是，而齊、魯卒為望國，抑何異也？

（魏其武安列傳第四十七）曾曰：武安之勢力盛時，雖以魏其之貴戚元功而無如之何，灌夫之強力盛氣而無如之何，廷臣、內史等心非之而無如之何，主上不直之而無如之何。子長深惡勢、利之足以移易是非，故敘之沈痛如此。又曰：武安陰事，至末乃出；淮南遺金財事，點睛之法。

（《韓長孺列傳》第四十八）黃曰：安國賂田蚡得仕，志在富貴，不知不可則止，惜哉。何曰：史言安國持重，「持重」二字是眼目。曾曰：壺遂、田仁，皆與子長深交，故敘梁、趙諸臣多親切。

（《李將軍列傳》第四十九）黃曰：李廣才氣，天下無雙。武帝有事匈奴，才能

不及中人，以功取侯者數十。廣七十餘戰，卒不得侯，且死非其罪，廣自恨殺降所至，然則豈非為將者明戒耶？大黃者，弩名也，色黃而體大。何曰：以《李將軍》次《匈奴傳》前，見北邊非將軍不可寄管鑰。惜乎，其不善用之也。梁曰：「李陵既壯」此下，皆後人妄續也。

（《匈奴列傳》第五十）何曰：窮兵黷武之誡，隱然言外，於《贊》始微及之。馮曰：此《贊》以「定、哀微」詞發端，當知此意。曾曰：敘武帝時事不實不盡，故《贊》首數語云爾。梁曰：殷以前謂之獯鬻，周謂之玁狁，漢謂之匈奴，莫考其始，孰辨其類。夏后苗裔之說不盡可憑，而樂彥所述者妄也。

（《衛將軍驃騎列傳》第五十一）黃曰：衛青者，奴隸鄭季之遺蘗，而霍去病其甥也。漢武以青之姊曰子夫者為后，而官青曰大將軍，官去病曰驃騎將軍。其餘將軍侯者，非兩將軍親戚，則其門下人也。何曰：衛、霍將略，太史公不之取也。此《贊》卻許其能，知時變以保祿位，非以示譏。梁曰：「七歲」至「巫蠱族」四十四字當削，《漢書》同其誤。又，「居匈奴」至「巫蠱族」二十一字，後人妄續也。曾曰：衛之封侯，意已含諷刺矣，霍諷刺更甚。句中有筋，字中有眼，故知文章須得偏鷙不平之氣乃是佳耳。

（《平津侯主父列傳》第五十二）平津侯，公孫弘也。黃曰：主父偃姦險無賴小人，惟諫伐匈奴一書，不可以人廢言。曾曰：平津亦賢相，而太史公屢非刺之。蓋子長褊衷於汲黯、董仲舒，既所心折，即郭解、主父偃亦所深許，遂不能不惡平津耳。梁曰：齊人嚴安，《漢書》稱「莊安」。

（《南發揮列傳》第五十三）曾曰：自尉佗初王，後五世九十三歲，越國必有善政。趙光、趙定、居翁之屬，漢必有事實，茲皆不書，略人之所詳也；太后之淫亂，置酒之坐次，詳人所略也。故知記事之文，宜講竄裁之法。

（《閩越列傳》第五十四）諸本作「東越」。黃曰：漢初稱越者凡三：南越，今二廣之地，尉佗居之；閩越，王名無諸，居閩，今為福建；中越，東海王，名搖，居東甌，今為永嘉。閩越圍東甌，漢救之，徙東甌於江淮間，遂為東越。

（《朝鮮列傳》第五十五）齊曰：朝鮮自周封箕子後，傳四十餘世。至戰國時，侯準始稱王。漢初，其國大亂，燕人衛滿擊破準而自王也。黃曰：朝鮮王右渠負固，自取滅亡，亦何愚也。曾曰：事緒繁多，敘次明晰，柳子厚所稱太史之潔也。

（《西南夷列傳》第五十六）黃曰：漢滅西南夷諸國為七郡，七郡者，犍為、牂柯、越巂、益州、武都、沈犁、汶山。曾曰：通二方，置七郡，敘次先後，最

為明晰。

（《司馬相如列傳》第五十七）黃曰：相如文人無行，以賦得幸，與倡優等，無足汗簡冊者，亦無足多責。惟《封禪書》禍漢天下，於身後且禍後世，罪不勝誅。又曰：村童書名小雜，字句必四字，而字多隱僻，義理無關，予竊鄙之。然以識器物之名，尚為有用。今《遊獵》所賦草木禽獸句亦四字，排比積疊，皆世所希有。怪誕不切，世安用此。馮曰：封禪，古禮也。自宋真宗以矯偽舉其事，儒者諱言之，遂以此為人主失德之舉。古道之廢，於宋非一事也，可勝歎哉！梁曰：《蜀志》秦宓云：「文翁遣相如東受七經，還，教吏民。」宓此語與《漢·地理志》所謂「文翁倡其教，相如為之師」者政合。史公但採詞賦而遺其明經化俗之大端，何也？《史通》譏《史》《漢》載《上林》《甘泉》等賦，無裨勸獎，有長奸詐。潛邱曰：「真《子虛賦》久不傳，《文選》所載，乃《天子遊獵賦》，昭明誤分為二。」

（《淮南衡山列傳》第五十八）黃曰：自三錢選舉之法廢，士無教養，溢出為縱橫之說。戰國四豪，復淵藪之餘風，到漢未泯，而天下為一，無所復售其奸。往往諸侯之好事者，若陳豨，若梁王，若吳、楚王，若淮南、衡山王，無不以游士敗者。士習之所趨，可畏哉！馮曰：伍被與淮南造反，謀實也。雅辭稱漢美，語皆出於被。蓋為此詞，希望得不死耳，非實也。史公敘此甚明。曾曰：太史公素惡丞相弘、廷尉湯，故欲曲貸伍被，或不無增飾於其間耳。

（《循吏列傳》第五十九）梁曰：史公傳循吏無漢時人，傳酷吏無秦以前人，深所難曉。又所舉僅五人，而為相者居其三。吏事不責，公卿何以入？此孫叔、子產、公儀子當與管、晏並傳為允也。《悶聞錄》曰：石奢、李離以死奉法，豈曰非賢？於循吏未甚當也。且敘事寥寥，絕無光燄。史詮曰：漢之循吏莫若吳公、文翁，子長不為作傳，亦一缺事。曾曰：循吏者，法立令行，識大體而已。後之稱循吏者專尚慈惠，或以煦煦為仁者當之，與太史公此傳之本意不倫。

（《汲鄭列傳》第六十）史公每成一傳即編入，故敘次不倫。黃曰：汲黯切直忠藎，漢庭第一；鄭莊內行修潔，與汲黯等所以同傳歟。曾曰：《汲黯傳》處處以公孫宏、張湯相提並論，此太史公平生好惡之所在，景武間人才以此傳為線索。杭曰：不明載帝語而曰「吾欲」云云，非史法。班氏仍之，何也？荀《紀》：「帝問汲黯曰：吾欲興政治，法堯舜，何如？」可補史缺。梁曰：「狗馬病力」，「力」字本屬下句，師古說非是。

（《儒林列傳》第六十一）馮曰：衛宏云：「伏生老不能正言，言不可曉，使其女傳言教錯。齊人語與穎川多不同，錯所不知者凡十二三，略以意屬讀而已。」按，此言妄也。濟南、穎川相去不至甚遠，青之與豫，何至語言不通？俗語或有小小異同，書是文字，何至以土語傳受？妄一也。伏生有孫，必有子，使婦授書，二妄也。濟南張生、千乘歐陽生自是伏生弟子，其書不出鼂錯。錯雖十不得二三，張生同郡人，必得真本，三妄也。《史》云：秦時藏書壁中，漢定天下，乃得廿九篇。是伏生已有本，不假口授，四妄也。伏生口不能正言，未聞喪明。鼂生受書，必應寫本，伏生豈不一視？五妄也。顏籀載此語於《漢書注》，使宋人因此生疑，竟無辨者，不可解也。何曰：此條辨證精核，有功於《今文尚書》。

（《酷吏列傳》第六十二）《考證》：遷身被腐刑，受酷吏之害。又，諸酷吏皆武帝意所向，故深其文，使讀者自明，非正詞也。

（《大宛列傳》第六十三）曾曰：前敘諸國從張騫口中述出，最為朗暢；後敘兩次伐宛，亦極雄偉。中間敘烏孫和親及西北外國之俗，筆力尚未騫舉。

（《游俠列傳》第六十四）曾曰：序分三等：人術取卿相，功名俱著，一也；季次、原憲，獨行君子，二也；游俠，三也。於游俠中又分三等人：布衣閭巷之俠，一也；有土卿相之富，二也；暴豪恣欲之徒，三也。反側錯綜，語南意北，驟難覓其鍼線之蹟。何曰：游俠非《詩》《書》之教相會者，未有不為世忌。

（《佞幸列傳》第六十五）梁曰：《封禪》、《河渠》、《平準》及此《傳》前《敘》獨無「太史公曰」四字，何也？黃曰：佞幸辱國，旋亦誅劉。曾曰：以本朝臣子而歷敘諸帝幸臣，此王充所謂謗書也。

（《滑稽列傳》第六十六）梁曰：「談言微中」，「談」字何以不諱？優孟事決不可信。少孫續《傳》六章，敘次特妙，董份疑為舊文。

（《日者列傳》第六十七）黃曰：《傳》為楚之卜人司馬季主作也，未必皆實，而傳之者不得於當世之忿心爾。梁曰：史缺褚生補之《序》，《論》亦偽託，然其文汪洋自肆，頗可愛誦。呂東萊謂「歐公每製文，必先取《日者傳》讀數過」，疑當時舊文而褚述之，復綴四百餘字，更為蛇足。曾曰：周、秦諸子著書及漢人作賦，多設為問答之詞，此篇與東方朔諸文略相類。《考證》：東萊以為史公作。

（《龜策列傳》第六十八）梁曰：《傳》亡，褚生補之，而其《序》則託之史公

者也。曾曰：褚先生在長安，求之不得，故後世皆知此《傳》為偽。《考證》：此《傳》言詞鄙陋，非太史公之本意也。

（《貨殖列傳》第六十九）《考證》：史遷以《貨殖傳》終，所以見先王《詩》、《書》、禮、樂之澤，至漢武之世而蕩然無遺，蓋傷之也。曾曰：自桑、孔輩出，當時之獎，天子與民爭利。《平準書》譏上之政，《貨殖傳》譏下之俗，上下交征利，《孟子列傳序》所為「廢書而歎也」。中惟「家貧親老」數行是子長自傷之詞，餘則姚惜抱之論得之。

（《太史公自序傳》第七十）黃曰：遷能以文章世其家，揚名後世，亦可謂善繼人之志者矣。然談垂死之囑，惟以不得從封泰山為慨。遷述之，豈不知封泰山之為非邪？曾曰：《論六家要指》即太史公之學術也，託諸其父談之詞耳。姚惜抱以為其父之詞，蓋失之。錢曰：自史公有自序，而班孟堅、司馬彪、華嶠（稱《譜序》）、沈約、李延壽之徒各為《敘傳》。姚思廉《陳書》於父傳末，略述己修史事而不稱「敘傳」，亦不及入唐以後事，於體例最為得之。唐、宋以來，設立官局，史非一人一家之事，故無「敘傳」之名矣。

文光案，宋本《史記》有脫、有誤，有增、有刪。明本《史記》有原脫、原誤，有新脫、新誤，有妄增、妄刪。北監本、陳明卿本刪削尤甚，篇目全非舊式。因錄古本篇目如右，復集諸家精要語以為解題，而《史記》之大略可知矣。「黃曰」者，《黃氏日抄》也；「王曰」者，《困學紀聞》也；「顧曰」者，《日知錄》也；「何曰」者，《義門讀書記》也；「錢曰」者，《廿二史攷異》也；「梁曰」者，《史記志疑》也；「曾曰」者，《求闕齋讀書錄》也。黃氏多論事，何氏好評文，惟錢、梁二家皆考證語，而梁氏於《表》《志》尤詳。讀史記者，宜從《志疑》入門也。

目錄學卷四

史部

漢書一百二十卷 （漢）班固撰，（唐）顏師古注

首刊書序。元、明時各學刻書皆精校本，詳《日知錄》。

元大德本（太平路學新刊）

江東建康道肅政廉訪司以十七史書艱得善本，從太平路學官之請，徧牒九路，令本路以《西漢書》率先，俾諸路咸取而式之。置局於尊經閣，致工於武林。三復對讀者，耆儒姚和中輩十有五人；重校修補者，學正蔡泰亨。板用二千七百七十五，工費具載學計，茲不重出。始於大德乙巳仲夏六日，終是歲十有二月廿四日，太平路儒學教授曲阜孔文豐謹書。

《司馬遷傳》遷《報任少卿書》，與《文選》多異。　莽大夫楊雄一傳，累牘連篇，而於薛方諸賢聊表一二，此則班氏之失也。　《韋賢傳》「歷世會同」，按，春秋、戰國數百年無有國名。豕韋者，漢初人，去古未遠，其自譜世系即已荒略若此，無怪乎楊子雲《自敘》多誤也。

有圈公（句）、綺里季夏（句）、黃公（句）、甪里先生（句）。杜詩曰：「黃綺終辭漢」，知唐人讀本不誤。崔偓佺對太宗曰：「臣聞刀用為角（音權），兩點為甪（音鹿），『用』上一撇一點俱不成字。」據佺論，俗本作「用」非，「角」不成字。又，「甪」誤作「角」。相如即文翁所扳，以為蜀人師者，其語與《地理志》所云正合，但《文翁傳》與《相如傳》並無明文。文翁學堂，即石室講堂也。文翁蜀守，立講堂，作石室於南城，後守更增二石室。安帝初，烈火為災，惟石室獨存。講堂石室一名玉堂。《唐志》有《益州文翁學堂圖》一卷。三代以下，陳奏君上之文當以匡衡《疏》及諸葛公《出師表》為冠，淵懿篤厚，直與六經同風。（《求闕齋讀書錄》）

《西京雜記》云：「楊王孫，字貴。」〔註14〕張崇大《歷代小志》云：「文翁姓名黨，字仲翁。」荀悅《漢紀》云：「壺關三老，令狐茂。」此三人名足補班《史》之闕。

《羊祜傳》：「蔡邕子名襲，女亦不止文姬一人。」此可補《傳》缺。　祜，蔡邕外孫，景獻皇后同母弟。祜討逆有功，將進爵土，乞以賜舅子蔡襲，詔封

〔註14〕按，考《西京雜記》「檢葬反奢」條云「楊貴，字王孫」，與耿氏所抄正相反。

襲關內侯。(《天祿識餘》，吳震方刻入《說聆》)

《漢書》武帝以前《紀》《傳》多用《史記》原文，惟移換之法，別見剪裁。　《史記》所無而《漢書》增載者，皆係經世有用之文，不得以繁冗議之也。　《漢書》武帝以前增傳，並增事蹟。　《書》恒山王不如《史記》之密《武帝紀·贊》不言武功，專言文事，蓋窮兵竭財，東漢之初猶以為戒，故《贊》如此。　漢帝多生前立廟。　漢初諸臣，惟張良出身最貴。其君起自布衣，其臣亦多亡命無賴之徒。立功取將相，此氣運為之也。　上古之時，人之視天甚近。《易》最先出，所言皆天道；《書》次之，《洪範》備言五福六極之徵；《詩》、禮、樂盛於商、周，已多詳於人事，而天人相應之理略焉。漢儒多言災異，自漢以後，無復援災異以替時政者，而天與人相遠矣。　漢重日食。　漢詔多懼詞。　漢時以經義斷事。諸王國各自紀年。三老、孝悌、力田，皆鄉官名。災異策免三公。上書無忌諱。武帝時刑罰濫。漢初妃后多出微賤。婚娶不論行輩。皇子繫母姓。諸王荒亂。兩漢多鳳凰，多黃金。先生或只稱一字。兩漢喪服無定制。王莽時，起兵者皆稱漢後。王莽自殺子孫。王莽引經義以文其奸。劉仁翁有《班馬異同》，就《史記》《漢書》歧互處分別指出。今少有其本，姑以二書比對，摘其不同者列於後。《漢書辨正》不傳，今存者，惟劉頒《漢書刊誤》、吳仁傑《兩漢刊誤補遺》。(《廿二史劄記》)

臣瓚注《漢書》，裴駰謂：「臣瓚，不詳姓氏。」按，《水經注》「河水」「灘水」「巨洋水」皆引薛瓚《漢書集注》，是臣瓚薛姓。溫公《通鑑》：「秦苻堅以薛瓚為中書侍郎，與王猛並掌機密。瓚蓋晉穆帝時人，劉孝標以為于瓚，《索隱》以為傅瓚，皆誤徐位山云。」(李賡芸曰：「臣瓚，《水經注》多作薛瓚，並有逸文。」)

文光案，「本紀」自《史記》以後，歷代因之，惟范《書》《皇后紀》未當。「世家」，《漢書》改作「傳」，自班氏定例，歷代因之。《晉書》以僭偽諸國為「載記」，蓋變「世家」之「我不以侯國」例之也。歐《史》於南唐諸國皆稱「世家」，《宋史》因之，亦作《十國世家》。《遼史》於高麗、西夏又改其名，曰「外記」。《史記》「列傳」「儒林」「循吏」「酷吏」「刺客」「游俠」「佞幸」「滑稽」「日者」「龜策」「貨殖」等名，後史不必盡拘。如《漢書》少「刺客」「滑稽」「日者」「龜策」四傳，而增《西域傳》。蓋無其人，不妨缺；有其事，不妨增。至外夷，則又隨各朝之交兵通貢者載之，不能盡同也。惟「貨殖」可不立傳。《漢書》所載貨殖，又與漢無涉，殊為贅設。《後漢書》於「列傳」，

「儒林」「循吏」「酷吏」外，又增「宦者」「文苑」「獨行」「方術」「逸民」「列女」等傳。《三國志》名目有減無增。《晉書》改「循吏」為「良吏」，「方術」為「藝術」，又增「孝友」「忠義」二傳，其逆臣則附於卷末，不立名目。《宋書》但改「佞幸」為「恩倖」，其二凶亦附卷末。《齊書》改「文苑」為「文學」，「良吏」為「良政」，「隱逸」為「高逸」，「孝友忠義」為「孝義」，「恩倖」為「倖臣」，其降敵國者亦附卷末。《梁書》改「孝義」為「孝行」，又增「止足」一欵，其逆臣亦附卷末。《陳書》及《南史》同惟侯景等另立「賊臣」名目。《後魏書》改「孝行」為「孝感」，「忠義」為「節義」，「隱逸」為「逸士」，「宦者」為「閹宦」，其劉聰、石勒、晉、宋、齊、梁，俱入「外國傳」。《北齊》各傳名目無所增改。《周書》增「附庸」一欵。《隋》《唐》改「忠義」為「誠節」，「孝行」又為「孝義」，餘與前史同，而以李密、楊元感次「列傳」後，宇文化及、王世充附於卷末。《北史》各傳名目大概與前史同，增「僭偽」一欵。《舊唐書》諸傳名目亦與前史同，其安祿山等亦附卷末，不另立「逆臣」名目。《新唐書》增「公主」「藩鎮」「姦臣」三欵，「逆臣」中又分「叛臣」「逆臣」為二，亦附卷末。薛《五代史》增「世襲」一欵。歐《五代史》另立「家人」「義兒」「伶官」等傳，其歷仕各朝者謂之「雜傳」；又分「忠義」為「死節」「死事」二欵；又立《唐六臣傳》，蓋五代時多變局，故傳名亦另創也。《宋史》增「道學」一欵及《周三臣傳》，餘與前史同。《遼史》改「良吏」為「能吏」，餘與前史同，另有《國語解》。《金史》無「儒學」，但改「外戚」為「世戚」，「文苑」為「文藝」，餘與前史同，亦另有《國語解》。《元史》增「釋老」，餘亦與前史同。《明史》增「閹黨」「流賊」及「土司」。傳、表自范《書》以後，《新唐書》有《宰相》《方鎮》《宗室世系》三表，歐《五代史》無表，有《十國世家年譜》，《宋史》有《宰相》《宗室》二表。《遼史》立表最多，有《世表》《皇子表》《公主表》《皇族表》《外戚表》《遊幸表》《部屬表》《屬國表》，表多則傳可省，此作史良法也。《金史》《宗室》《交聘》二表，《元史》《后妃》《宗室》《世系》《諸王》《公主》《三公宰相》六表，《明史》《諸王》《功臣》《外戚》《宰輔》《七卿》共七表，餘史皆無表（萬斯同取歷代正史無表者一一補之，最為詳贍，其餘補表尚多）。《漢書》因《史記》八《書》作十《志》：《律曆志》本於《律書》《曆書》，《禮樂志》本於《禮書》《樂書》，《食貨志》本於《平準書》，《郊祀志》本於《封禪書》，《天文志》本於《天官書》，《溝洫志》本於《河渠書》。此外，又增《刑法》《五行》《地理》《藝文》四志。其後，「律曆」「禮樂」

「天文」「地理」「刑法」歷代因之。《後漢書》改「地理」為「郡國」，又增「禮儀」「祭祀」「百官」「輿服」四志。《晉書》《齊書》大概相同。惟《宋書》增「符瑞志」。《齊書》亦有「祥瑞志」。《魏書》改「天文」為「天象」，「地理」為「地形」，「祥瑞」為「靈徵」，餘同，而增「官氏」「釋老」二志。《隋書》合《梁》《陳》《齊》《周》《隋》，並撰改「藝文」為「經籍」。《新唐書》增「儀衛」「選舉」「兵」三志、薛《五代史》有減無增。歐《史》另立「司天」「職方」二考，變「天文」「地理」之名也。《宋史》名目多同《遼史》，增「營衛」「捺鉢部族」「兵衛」諸志，其國俗然也。金、元二《史》與《宋史》同，惟少「藝文」。《明志》目與《宋史》同，「藝文」專載明人著述，而前代書流傳於世者不載。《三國志》《梁、陳書》及《南史》《齊、周書》及《北史》皆無志（今所傳補志者數家，如《補晉兵志》，《補宋書刑法志》《食貨志》，不能賅備）。表、志皆可別行，諸史皆列「本紀」之後，蓋慎重也。惟班《書》無志，司馬《志》宜刻於班《書》之後，以分別兩家著作。今混入傳前，非也。范《史·天文志》乃同時所撰，非後人所合。

　　余方繪《詩圖》而有《毛詩名物圖》，方以漢碑證經而有《漢碑引經考》。方列全史，錄紀、表、志、傳之目，而甌北趙氏有其說。又欲輯史，列為一書，恐有先我為之者，遂止。方今治化昌明，人文蔚起，凡所應有之書，無不具有，不必作也。用功者無論經、史、百家，手錄一過，另是一番景象，與雲煙過眼者不同。然必深明體例，而後可以成書；精博之至，然後可免妄作也。

漢書一百二十卷　（漢）蘭臺令史班固撰，（唐）正議大夫行祕書少監琅邪縣開國男顏師古注

　　首序例（顏師古撰《考證》：「監本別本『扃塗』訛作『局塗』，今從古本改諸家注釋，雖見名氏」云云，此另為一條。監本接連前文，非是。今提行寫），次目錄：帝紀一十二（分十三卷），表八（分十卷），志十（分十八卷），列傳七十（分七十卷），末為敘傳。各卷後有《考證》。

乾隆四年校刊（武英殿本）

　　顏師古因太子承乾之命，注釋《漢書》，故此序首言儲君。其書成於貞觀十五年，歲在辛丑，故曰「歲在重光」也。

　　「高帝紀第一上」，監本刊此六字於第一行下，非也。今從古本提行。顏注「紀理也」，即解此目。　監本於顏注本文十刪四、五，全非古人之舊，今

並從宋本添補。　監本脫「宋祁」一段，今從宋本。　凡《漢書》月日與《史記・本紀》不同者，皆据月表也。　「割鴻溝以西」為漢注，監本注後有《索隱》引張華及《北征記》一段，皆宋本所無而監本自增者，今刪。

《史記》以惠帝事附入《呂后本紀》，殊非體制。班氏列《惠帝紀》於《高后紀》之前，義理甚正。

《高后紀》紀信、紀成是兩人，劉攽說非。

《文帝紀》監本作「立子恒為代王」，非也。帝紀中例不書名，宋本作「立為代王」。

《京帝紀》「赤精之子讖」。按，「讖」字始見於此，赤精子之說亦起於此。張平子謂讖起哀、平間，信哉！

《平帝紀》，按，《志》中山國無安民縣，何也？

《異姓諸侯王表》（此《表》書事較《史記》每移前一月。）

《諸侯王表》（魯共王四世閔。按，閔係頃王子紹封，此格宜低一層，與「文王腄」同行，古本亦誤。）

《王子侯表》（凡數目字監本多舛，今並以宋本是正。）

《高惠高后文功臣表》（《史》《漢》二表不同。最可異者，禾成、祝阿兩侯之名，二表互異，有兩劉到。）

《景武昭宣元成功臣表》（「延和」，古字「延」與「征」同。「屠耆」下似脫「堂」字。）

《外戚恩澤侯表》（「武始侯」之下有「今見」二字，各本脫。「十二月壬子封」，「封」下「入千戶」三字，宋本無。）

《百官公卿表》（「中太僕」，監本於「太僕」後提行，非是。凡九卿屬官，本俱不提行，今從之。）

《古今人表》（石戶之農，監本誤分為二人。「宋正考父」，監本、別本俱脫，宋本在第三格。）

《律曆志》（黃帝、顓頊、夏、殷、周及魯曆，皆後人依託為之。）

《禮樂志》（監本於此卷脫注尤多。叔孫通所撰《禮制》，後世罕見，賈公彥謂取法於周，不知何据。）

《刑法志》（「懪」，古「埭」字，《左傳》作「聳之以行」）

《食貨志》（牛耕起於周末，非始於漢。謂耕犁起於春秋，亦未確。古籍田三推不用犁，安用推？夏、殷有錢幣。）

《郊祀志》（漢時不諱雉，五車石在泰山下。始皇刻石山上，一石五車不能上，故名五車石。）

《天文志》（《後志》曰：「孝明帝使班固敘《漢書》而馬續述《天文志》。」此《志》馬續所撰也，故《晉志》直引為馬續云。）

《五行志》（班《書》十志，半取衷於劉歆，惟《五行志》時糾劉歆之失。）

《地理志》（有補。監本「梁」下脫班《志》本文二十四字，又脫「應劭注」十八字。）

《溝洫志》（「鴻溝」即「汴渠」。）

《藝文志》（後世占易，以六辰定六爻，不自京房始。竇公事見正史，必得其實。但桓譚言百八十歲，可疑，蓋二百三四十歲矣。《管子》列於道家，《隋志》改列於法家之首，是也。）

侍讀（臣召南）謹言，史之良，首推遷、固。固才似若不及遷者，然其整齊一代之書，文贍事詳，與遷書異曲同工，要非後世史官所能及。故其書初成，學者即已莫不諷誦。服虔、應劭而下，解釋、音訓不異注經。更魏、晉至唐初，名家磊落相望。而顏師古注，折其衷論者，以比杜征南注《左傳》，稱為班氏忠臣，不謬也。自唐以前，書皆手寫，而校對極精，譌脫相承，無過數處。其有板本，自宋淳化中命官分校三史始也。雕板染印，日傳萬紙，於人甚便。人間摹刻，以市易者滋多，彼此沿習，莫識由來。輾轉失真，烏、焉成馬，故書有板本而讀者甚易，亦自有板本而校者轉難，固其勢然也。以人人所共習之，《漢書》又經師古注釋，旨趣畢顯，校者似易為力。乃自淳化歷景德、景祐、熙寧百年之中，三經覆校，當時名儒碩學刁衎、晁迥、余靖、王洙所奏，刊正增損之條累百盈千，積成卷帙。三劉刊誤，又別為書。陳繹是正文字，又在宋祁之後，亦足以徵。善本難得，在北宋時已然矣。況自宋至明，刻本愈雜。學士家校讎之精，遠不如北宋以前者哉！若國子監所存明人舊板，於顏注所引二十三家之說十刪其五，於慶元所附三劉、宋祁諸家之說十存其一，即本書正文字句，亦多譌脫，則尤板本中至陋者已。夫古人撰述既博，不無失檢。紀、表、志、傳，或彼此乖違；郡國官名，或後先錯出。如《高紀》書太上皇后、書丞相噲將兵，《文紀》書內史欒布，《景紀》書御史大夫青翟、書三輔舉不如法者，《宣紀》書元康元年復高帝功臣後之類，皆本書自誤，非關後人。至如《地理》《溝洫》成文，酈元注《水經》特多援引；賈、馬、淵、雲辭賦，蕭統輯《文選》時有異同。《藝文志》言《儀禮》之經倒十七篇為七十，《律曆志》載積黍之數增九十分為一千。孔穎達、賈公彥並

師古同時人，而所據書本各別，斯則傳寫失真之明驗也。衍文、脫字、離句、辨音，三劉於師古注銖較寸量，未嘗少假借焉。校古人書，義當如是爾。乾隆四年奉　勅校刊經史，於是書尤加詳慎。（臣照）等既與諸臣遍蒐館閣所藏數十種及　本朝李光地、何焯所校，再三讐對，積歲彌時。凡監本脫漏，並據慶元舊本補缺訂譌，正其舛謬，以付開雕，稍還古人之舊。（臣召南）復奉勅編為考證，謹採儒先論說關於是書，足以暢顏注所發明，刊三劉所未及者，條錄以附於每卷云。（臣召南）謹識。

新舊唐書合抄二百六十卷　沈炳震編

　　首雍正癸丑石菴柯煜序，次姓名（《舊唐書》，劉昫奉敕修；《新唐書》，歐陽修奉敕撰本紀、志、表，宋祁奉敕撰列傳），次進新唐書表（表後列銜名八人，嘉祐五年鏤板頒行，校對二人，校勘三人，曾公亮、韓琦、富弼三人皆是銜位），次合抄例（十五條），次目（《本紀》二十四卷；《禮志》十二卷；《樂志》四卷；《曆志》五卷；《選舉志》一卷，從《新書》增；《輿服志》一卷；《儀衛志》一卷，從《新書》增；《經籍志》四卷；《食貨志》三卷；《兵志》一卷，從《新書》增；《刑法志》一卷；表二十卷，從《新書》增：《宰相表》二、《方鎮表》十二、《宗室世系表》六；列傳一百六十卷，五十五至六十卷各分上、下），附宰相世系表訂譌。

海昌查氏校刊本

　　《唐書合抄》乃吳興沈東甫用十年之心力再四削棄而成之者也。唐之國史，自令狐德棻、吳兢、柳芳、韋述諸人，遞有纂錄。至晉劉司徒昫，始因前史總緝成編，世之所謂《舊唐書》也。宋慶曆中，更詔儒臣刊修，於時宋景文、歐陽文忠皆稱大手筆。書成奏御，以為事增於前，文減於舊，所謂《新唐書》也。《新書》盛行而《舊書》寢廢，然司馬文正修《通鑑》悉據舊史，而於《新書》無取焉。蓋二書瑕瑜互見，其有待於後賢之討論也久矣。東甫之為《合抄》也，心無適莫，筆有權衡，蓋新、舊為綱為目，務取昭晰，訂訛補闕，具有根柢。謂《舊書》帝紀憲宗以上詳略得宜，自文宗以下多所闕漏，非紀注之失職，即實錄之不存也。若新紀謹嚴太甚，僅如目錄矣。謂《舊書》列傳之闕，其說有二：如《李吉甫傳》云「父栖筠」，自有傳。《武元衡傳》云「祖平一」，見《高隱傳》。今皆無之，是昔有而今佚之也。或唐末至晉，其人尚存，無庸立傳；或十國君臣事跡難考，亦無暇悉取其人而歸之於唐，固不若宋時之日久論定也。謂歐陽諸志，整齊詳贍，非若《舊書》之舛訛，而於四表則杼柚予懷，不復因循舊貫。如《宰相表》之有三師、三公也，但為兼銜，無關政柄，入紀

而不入表，則名實不淆。分三省為三格而詳其拜、免，則職守有據。至於唐之《方鎮關係利害表》，但書地、書官而不書人，則節度、觀察因人而易者，何由懸揣乎？即其人自有本傳，然所貴於表者，取其包舉前後，指掌瞭然，亦何取乎畫地成圖，而漫無可考也。蓋東甫至此，獨出手眼，自成一家言，亦不復為二書之調人矣。其他疏瀹義類，見於發凡起例者不暇枚舉。夫以積久之功，上下數千年，縱橫一萬里，以古證今，精思博考，以成一家之書，洵乎其為經國之大業，不朽之盛事也。東甫所著書甚多，如《廿一史四譜》，深有裨於後之學者。其詩筆皆入唐、宋大家之堂奧。少時從余遊即孜孜汲古，一別二十餘年而精詣如此。余年運而往，學殖荒落。見東甫，益聞所未聞。析疑考異，致足樂也。古之人有互為師、弟子者，余觀之余與東南，豈不信而有徵乎？（柯序）

　　《新書》列於正史，《舊書》幾等稗野，固當主《新書》而《舊書》附焉。然《新書》簡嚴而《舊書》詳備，勢不能以《新書》為本而分注《舊書》者，故本紀、列傳，一以《舊書》作大文而新書分注。惟《舊書》諸志，多有闕略，其闕者固當從《新書》增入。他如《天文》《五行》《地理》諸志，疏漏殊多，不如《新書》之整齊也，故轉以《新書》作大文而《舊書》分注，而於卷第之首各書「從《新書》本」以別之，蓋意求美善，無所適莫（例一）。《舊書》所闕志、傳從《新書》增者，亦於卷第之首書「從《新書》增」以別之，仍一例大書。蓋《舊書》所無，無從分注也（例二）。《新書·地理志》縣名之下，業用分注，《舊書》所增，不可再分，故隨文補入，覽者自可考而得（例三）。兩書之時日、干支、數目、官爵、名氏、州郡互異而可各是者，則注《新書》，字以別之。他注不書，省文也（例四）。《新書》分注，但取其事為《舊書》不載或互異者，若事同而文有詳略，概不復錄（例五）。兩書事既互異，容有一譌。惟紀、傳相參，可以折衷者，則用「案」以正之。其他書雖有確據，以事在正史，寧兩是以闕疑，不敢援為左證（例六）。武氏竊號，依朱子《綱目》例，直當削其紀而附於中宗，吾家禮部之論最為精當（詳《沈傳師傳》）。然呂雉立紀，馬遷已有其例，則立紀亦不為創作。《新書》既為立紀，又復立傳，固已進退無據。而傳之所載，又不僅於姓氏、名諱、年辰、崩葬、入宮之由，歷位之資，則紀、傳溷淆矣。今取新傳所載附於舊紀，而刪《新書》之傳，蓋以《舊書》所無，不敢妄增也（例七）。《新書》有《儀衛、兵志》，《儀衛》列於《禮志》之後，《兵志》居於《經籍》之前。愚以為儀衛

者，禮之末節，不可以言禮；兵者，聖人不得已而用之，不當以先經。故退《儀衛》於《輿服》之下，以類為從；列《兵志》於《食貨》之後，八政之序，非敢妄為進退也（例八）。新紀書法謹嚴，宰相但書拜、罷而不詳其兼、官、遷、貶，故別立《宰相表》；舊紀有詳有闕，雖不能如新表之詳盡，然已發凡於紀矣。今主《舊書》而詳於紀，則不必復載於表。蓋表之所重，原在拜、罷時日，以觀其居位久、暫耳，不在兼、官、遷、轉也。且拜、兼、罷、貶，三省連翩，甚患眉目不分。今兼、官、貶、秩則從《舊書》例詳之於紀，闕者據表補注紀下，而去表之兼、官、貶、秩三省分格各書。而其拜、罷則依《史》《漢》例，亦分格別載，庶幾易於檢核（例九）。《新書・宰相表》下用《史》《漢》例，並書三師、三公。然唐三師、三公已不同於漢，而三師之拜，自僕固懷恩始，繼之者王智興、李載義輩，蓋非官不必備之意。三公自高宗後大約皆諸王為之，名曰公、孤、師、保，實不與聞國政，其賢奸、拜免不足以考得失。他如裴晉公、杜鄴公之拜，皆不落平章銜，故猶執朝權，非三公本職。《舊書》大半詳於本紀，今考其闕者，據表補注紀下，而去表之三師、三公。蓋唐世之宰相所重，在彼不在此也（例十）。前史地志之外，無以地為表者。歐公以唐之亡由於藩鎮，故特創為《方鎮表》，殆亦史公十二諸侯、六國之意，所以著唐之所以亡也。其實唐之亡也不盡於方鎮，即曰方鎮，亦由當時命將用人措置失宜所至，地不任咎也。《方鎮表》但書州郡之去來、增益，官名之廢置、改易。雖其人、其事具於藩鎮、列傳，然分而不合，閱《表》者但空空一地名、一官號，全不知此時何人為將所以用命，何人作帥故爾擅地，且州郡何以有增損，官名何以有更易，其於作表之意似未顯白也。今以紀、傳所載諸鎮節帥、觀察，參之《資治通鑑》，按年譜入，似亦可考一時用人之得失。惜其闕者不少，然要於其時、其地無足重輕，則固不妨闕者。其於此表不敢妄謂點睛，或不至等於添足（例十一）。《新書・宰相世系表》舛謬特甚，其小疵則以孫為子、以弟為兄，甚則以甥舅為父子，合二氏為一族。即如寒家，左氏明言沈、姒、蓐、黃皆姒姓，而《表》以為本周文王第十子聃季之後，以為姬姓，此言不知何本，經史別無再見。又以楚公子貞食采之沈，合於平輿，其誤概可見也。不揣庸妄，謹取經、史所載、可為援據者詳為校正，眉列於下，別為一冊，就正有道。總而論之，其可考者如是則其不可考者可推矣，其可考者其誤如是則其不可考者雖不誤，亦無取矣，故不敢承譌襲繆，列於全書，貽誤後賢（例十二）。《新書》仿世家例，藩鎮別為立傳，

而又分姦、叛、逆三名。《舊書》惟安、史、泚、巢別列於末，其他皆以時序，不復標目。今從《舊書》，故去此名（例十三）。《新書》列傳卷第不盡與《舊書》合，故《新書》之贊專論一人者則載之傳後，其數人共卷而統論者，《舊書》人分別卷，不可附於一人傳後，概從割愛（例十四）。《舊書》久無善本，舛譌脫漏，觸手而是。古人謹慎，固當存其譌字，別注校正。然如此則繁瑣間斷，幾至不可句讀，故其誤之顯著者隨文改正，不復詳注。惟《禮志》之考於《通典》諸書者，則各注所存之書以識之（例十五）。

唐書宰相世系表訂譌十二卷　　沈炳震撰

首目（唐宰相凡三百五十八人，宗室宰相相十人），目後有小序：先敘姓源，次表。

海昌查氏刊本

《唐書‧宰相世系表》大端紕戾，已發凡於例。就其所列官爵、謚號，或書、或否；或丞、尉而不遺，或卿、貳而反闕；或誤書其兄弟之官，或備載其褒、贈之職更；或其生平所偶歷及，曾未嘗居是官者，厖雜淆亂，不可究詰。合之史傳，不勝糾摘。以表序昭穆，此非所重，故不備指。要之，此書不足徵信，適以滋繆，舉可廢也。

唐為國久傳世多，而諸臣亦各修其家法，務以門族相高。其材子賢孫，不殞其世德，或父子相繼居相位，或累數世而屢顯，或終唐之世不絕。嗚呼，其亦盛矣。然其所以盛衰者，雖由功德薄厚，亦在其子孫，作《宰相世系表》。

唐書合抄補正六卷　　丁子復撰

海昌查氏刊本

憺餘比部刻《唐書》將竣，商於子復曰：「沈氏標舉闕譌，鮮有折衷。所舉之外，猶多疑義，不加考證，疏略奈何，子盍從而訂正之？」乃討論羣籍，逐字摻剟，義不鑿空，文必核實。參以葉君石君所錄錢遵王影宋抄本，質諸比部，以定去取。比部熟精史學，明於體要。其文字異同，義可兩存，概削不錄。吳氏《糾繆》、錢氏《考異》及各家條辨，非有發明，悉不採入。曆志經吳門李君銳校閱，亦不復置論。脫漏不少，尚俟續考。所補《新書》，詳略皆仍其舊，無所增損。檇李丁子復識。

攷歷代史，惟唐有新、舊兩書，瑕瑜互見。吳興沈東甫先生創為《合抄》，於紀、傳從《舊書》，取其詳備而以《新書》分注補入；於志從《新書》，取其整贍，而以《舊書》分注補入。序次先後，略為更定，自有所見，則加案焉。

《方鎮表》則補其人，《宰相世系表》別為訂譌，合成二百六十卷。斟酌於兩書間，頗稱盡善。自謂畢生精力，胥萃於此。

乾隆初元，

詔舉鴻博，先生應

召，攜以入都。次年罷歸，旋卒。禾中錢香樹司寇素以老友重先生，求得其書，思為表揚。時值開館校刊諸史，遂以進

呈。奉

旨交史館採用，故兩《唐書》考正中多引其說，而全書未得流播，知者時以為憾。余於都下購得抄本。乙丑南歸，以屬丁君小鶴詳為讐校。其訛字脫句，曉然可見。或他本足據者，輒為更正，稍涉疑似，仍存其舊，以從闕疑之義。庚午冬，開雕吳門。校正字樣，則蔣明經於野之力為多，為剞劂者失去《安史傳》一卷，據《新、舊書》排次補之。丁君殫精考索，復採原案所未及者，著《補正》六卷，亦可謂沈氏之功臣矣。梓人告竣，因志其顛末於後。嘉慶癸酉，嘉平海昌查世倓識於靜學齋。

目錄學卷五

史部

石鼓文音釋三卷，附錄一卷　（明）楊慎編

前後無序跋。卷一石鼓文，一篆一今文，卷二釋音，卷三今文，附錄石鼓歌五首。《函海》所刻有楊序，因錄之。

明本

石鼓今在太學，其文為章十，總六百五十七言，可摸索者僅三十餘字。鼓旁刻潘迪氏《音訓》一碑，二百年前物也。薛尚功、鄭樵二家各有音釋，與《古文苑》所載大抵相出入。文無補綴，義鮮發明，三家之外，見其全文者或寡矣。又，迪所訓釋「君子員邁」「員斿」二句，牽合紕繆。古人書字，下句之首承上句之末，文同者但作二點，更不復書。迪既誤讀為「君子員員，邁邁員斿」，遂復臆釋云：「員員，眾多貌；邁邁，旌旗動貌。」此豈特文法大戾？書例亦大昧矣。昔受業於李文正公，暇日語慎曰：「我猶及見東坡之本也，篆籀特全，音釋兼具。手書上石，又作歌一首。蓋丹書未竟，而先生棄後學矣。」以先生舊本屬善書者錄為一卷，音釋一卷，今文一卷，韋應物、韓退之、蘇子瞻歌三首，唐愚士古詩一首，並先生歌一首附之卷尾，藏之齋閣，以無忘先生之教云。正德辛巳，成都楊慎序。

朱氏竹垞曰：楊用修謂從李賓之所得唐人拓本，多至七百有二字，又言及見東坡之本，人多惑焉。愚攷第三鼓潘氏《音訓》有「避眾既簡」句，《古文苑》脫「避」字，有「眾」字，用修不取，易以「六師」二字。第四鼓潘本有「四馬其寫，六轡□驚」句，「驚」上脫一字，《古文苑》本「驚」作重文，用修亦不取，更以「六轡沃若」。第五鼓「雷雨」上，《古文苑》有「溰溰」二字，薛氏、施氏本則有「天」字，用修亦不取，增「我來自東」四字。夫《車攻》狩於東，故云「駕言徂東」「東有甫草」，若岐陽在鎬京之西，豈得云「我來自東」乎？至於第六鼓因民間窪以為臼，其上漫漶。以諸鼓驗之，每行多者七字，少者六字。此鼓行僅四字，上皆缺二、三字，用修每行增一字，強之成文。又如第七鼓用修增益「徒御嘽嘽，會同有益。或羣或友，悉率左右，以燕天子」，咸與《小雅》同。文尤可異者，鼓有「🐾」文，郭氏云：「恐是『臭』字。古老反，大白澤也。」用修遂以「惡獸白澤」入正文中，其亦欺人甚矣。考賓之《石鼓歌》中云：「家藏舊本出梨棗，楮墨輕虛不盈握。拾殘補缺能幾何，以

一涓埃補海嶽。」夫以歐陽、薛、胡諸家所見止四百餘字，若賓之本有七百餘字，拾殘補闕亦已多矣，賓之不應為是言也。子瞻之詩曰：「韓公好古生已遲，我今況又百年後。強尋偏旁推點畫，時得一二遺八九。糢糊半已似瘢胝，詰曲猶能辨跟肘。」子由和之，有云：「形骸偃蹇任苔蘚，文字皴剝困風雨。字形漫汗隨石缺，蒼蛇生角龍折股。」夫用修之本既得自賓之，傳自子瞻，是子瞻克見其全，子由亦得縱觀，子瞻、子由又不應為是言也。杜子美詩有曰「陳倉石鼓久已訛」，韋蘇川詩有曰「風雨缺訛苔蘚澀」。而韓吏部歌曰：「公從何處得紙本，毫髮盡備無差訛。」又曰：「年深豈免有缺畫。」則石鼓在唐時已無全文，故吏部見張生之紙本，以為難得也。吳立夫詩亦云：「岐右石鼓天下觀，駱駝載歸石盡爛。」夫以唐、宋、元人未見其全者，用修獨得見之，此陸文裕亦不敢信。由石鼓而推之，用修他所考證，吾亦不能已於疑，無惑乎陳晦伯有《正楊》一編矣。(《日下舊聞》)

予得唐人拓本於李文正先生，凡七百二字，蓋全文也，嘗刻木以傳，都元敬、劉柏國亦未見此。(《丹鉛錄》)

文光案，升菴學問極博，而考證多疏，尤好作偽。石鼓補綴成文，不如闕疑為愈。既云得唐全文於李文正，文正又有「拾殘補闕」之語，矛盾顯然，故後人多疑之。孫淵如刻楊本於虎邱，孫子祠、錢梅溪譏之，以其偽也，見《履園叢話》。錢曾《敏求記》亦載楊本，則不覺其偽者亦多。此本不知何人所刊，板甚精工，篆文亦佳，而削升菴自序，蓋欲以充宋本也。余亦僅見此一本，雖知其偽，古雅可愛，《函海》所刻不足道也。

石鼓文抄二卷　　許容摹辨

前有康熙戊辰孫岳頒序、周金然序，後有己巳胡兆鳳跋。此本篆文與朱氏《石鼓考》雖一手所摹，而微有異同。凡鼓中模糊字皆以薛本補之，有音釋，有考證。

單行本

嘉祐八年，歐陽永叔為《集古錄》，可見者四百六十五字爾。薛氏《鐘鼎款識》所載四百六十四字，方之永叔，止闕一字。按，太史公年表，周宣王共和元年至嘉祐八年實千有九百一十四年，後二百二十八年至至元己卯五月甲申，潘迪為《音訓》時猶存三百八十六字，校之《集古錄》，則闕字七十九。自至元己卯五月至今康熙戊辰四月丁巳，又四百餘年，除第八鼓無字可摹，計九鼓，得字三百三十四，內尚有模糊不全者六十字，校之《音訓》，則又磨滅

五十二字矣。猶賴音釋揣摹，不知再千百年又當何如也。並述其年月，計其字數，以俟後乎今者參攷。周金然序。

朱竹垞先生《日下舊聞·石鼓攷》凡三卷，前人詩、賦、記、述、辨、論搜輯無遺。如臯許子喤公為縮小本文，書付剞劂，復就太學手搨，別梓單行。字形差小而點畫、位置無毫髮外誤，音釋稍有損益。第三鼓考定「杲」字，他改正薛本差訛者十數。喤公著書數十百卷，有功六書，茲刻發明處亦且不朽。胡兆鳳跋。

文光案，許本板刻甚工，朱氏《石鼓考》篆文不佳。薛尚功《鐘鼎欵識帖》原本難得，紅字本摹篆特佳，有今文無考證。都穆《金薤琳琅》所載石鼓有今文無古文，有考證。趙氏《金石存》字數、行數悉如鼓式，有古文無今文。自朱《攷》以外，惟王氏《金石萃編》所列古文、今文、音訓、跋尾最為詳備。至馮氏《金石索》，圖繪鼓形，考證文字，每鼓並計其尺寸，歎觀止矣。予以諸本互校之，無一同者，不但木板有傳刻之偽，即石本亦有臨摹之失，因會聚眾說，為金石一學，導其先路。〔註15〕

遳車既工遳馬既同遳車既好遳馬既騛君子員員邋邋員斿麀鹿速速君子之求酋弓茲以寺遳敺其孫其來趩趩夒即遳麀鹿趌趌敺其樸來射其來卤既遳其猏蜀

汧殹沔沔丞丞叞淖淵鰋鯉處之君子漁之澫澫又鯊其斿趣趣帛魚鱳鱳其鰱氐鮮黃帛其鰯又鮊又鰔其豆孔庶臠之羮羮（丑若切，相如《大人賦》）汪汪趯趯其魚隹可隹鱮隹鯉可以橐（音瓢）之隹楊及柳

田車既安鋚勒馬眾既簡左驂旛旛右驂騝騝遳以隮于原遳我陣止世阬宮車其寫秀弓時射麋豕孔庶麋鹿雉兔其又旆其韈直〔註16〕大出各亞杲〔註17〕執而勿射揜尾趩趩君子廼樂

鑾車犇欶真弓孔碩彤矢馬其寫六䜌駁駁辻駼孔庶廓宣搏搏告〔註18〕車載衍徒如章原濕陰射之鰈汓陽趄六馬如虎獸麋如多賢迣禽遳兔允異

淒淒靁雨淴洃湧盩漭濷君子即涉馬淶汧殹洦洦淒淒舫舟西逼自廓徒駼湯湯隹舟以道或陰或陽極深以戶于水一方勿止其奔其敔共叏

〔註15〕按，以下石鼓文原不分段，皆空一格，今則分之。又此處乃耿文光據諸本客觀記錄石鼓文字，乃一家之言，今亦不予斷句。
〔註16〕「直」字，原作「直」。
〔註17〕「杲」字，原作「杲」。
〔註18〕「告」字，原作「肯」。

　　獻乍邋乍衢遄我嗣除師叔阠舉為世里微戩鹵圅橐柞械其椴桴曺曺〔註19〕嗚亞箸其蕁所旂鷻籃衢自對合孫

　　而師弓矢孔押尾左驂滔滔是戜〔註20〕不具奪後具肝來其寫矢具來樂天子來嗣王始古我來

　　叔走驕驕馬辠皙若微雉立其一之

　　邋水衢既平既止喜樹翩里天子永寗日維丙申邋其衢用馬既敕肅肅左驂騝騝騋扯女不輪霝公謂天余及如周不余及

　　邋吳人慜歁朝夕敬載西載北勿奄勿伏宊而出獻用大祝寽埶寗逢車〔註21〕孔囿鹿麀霥霥邋其鹿麀鱻鱻天求又是

　　文光案，鼓文字數惟《古文苑》所載為最多，凡四百九十七字，共重文二十六字，今依宋九卷本錄之。即孫淵如所刊顧千里校者，似可依據。通行者為章樵注本，凡二十一卷。潘迪音訓多據樵本，與此本字多不同。張漵所謂唐人錄本，必是《古文苑》以字數相合知之。《廣川書跋》所載凡五百一字，以此本校之，亦多異字，而諸家不言。董逌所見，或未檢及耶？至鼓中現存字數，以《日下舊聞考》及《國學禮樂錄》所記為得實，其他多據傳本言之，並未親見石鼓也。

　　石鼓高二尺，廣徑一尺有奇，其數十，其文籀，其詞頌天子之田。《考》曰：重文不計，共字六百二十，闕者三百六字，不全者七十四字，全者二百有四十字。潘迪《音訓》載四百九十四字，薛尚功《帖》載四百五十一字。《史籀》，周宣王史官著大篆，教學童。虞、褚、歐陽共稱古妙。後漢始作墓碑，今人所見皆東京文字。西漢以前石刻極少，惟《石鼓文》與《吉日癸巳》及秦李斯篆。觀《石鼓文》，愛其古蹟、物象、形勢，有遺思焉。及得原父鼎器銘〔註22〕，又知古之篆字，或多或省，或移之左右上下，惟其意之所欲，然亦有工拙。秦漢以來歸一體，故古文所見者止此，蔡襄跋。山谷曰：「《石鼓文》筆法如圭璋特達，非後人所能贗作。」其石質堅頑類，今人為碔砆者。本露處於野，司馬池侍制知鳳翔，日輦置于府學之門廡下。　大觀中，自鳳翔遷入辟雍，後入〔註23〕保和殿。　《資古紹志錄》所見者四百七十有四，在《集古錄》之

〔註19〕「曺曺」二字，原作「曺」。
〔註20〕「戜」字，原作「戜」。
〔註21〕「車」字，原作「車」。
〔註22〕按，即《先秦古器記》。
〔註23〕「入」，原訛作「人」，今正。

前。蔡京作辟雍，取十鼓置講堂後，予嘗見之。辟雍廢，徙置禁中。而岐下有摹本，殊失古意，並錄之，以見三代書蹤非後世摹寫所能及也。

《雍錄》：「東坡初仕鳳翔府推官，石鼓在焉。自記其所覽曰：『其詞云：我車既攻，我馬既同。其魚維何，維鱮維鯉。何以貫之，維楊及柳。此六句可讀，餘多不可通。』此二十四字，東坡於鼓上見之，又有異者。古傳鼓有十，中失其一。皇祐間，向傳師得之，而十鼓復足。秦丞相家本有傳師自跋云：『其第十鼓最小，其文亦不相類。尋訪得之，形半壞而書體是，遂易去小鼓而置其所得之鼓。又不知何世何年，好事者恨其不足而創為一鼓以補足之也。』」唐自貞觀以來，蘇勗、李嗣真、張懷瓘、竇蒙、徐浩咸以為史籀筆蹟，虞世南、歐陽詢、褚遂良皆有墨妙之稱。杜甫《八分小篆歌》敘歷代書，亦廁之蒼頡李斯之間。其後韋應物、韓愈稱述為尤詳。至本朝，歐陽修作《集古錄》始設三疑，以韋、韓之說為無所考據，後人因其疑而增廣之，故予不得不辨，見《復齋碑錄》。　章樵《古文苑注》：「《石鼓文》十篇，近世薛尚功、鄭樵各為之音釋，王厚之考證而集錄之，施宿又參以諸家之本，訂以石鼓、籀文真刻，壽梓於淮東倉司。」　《緯略》云：「蘇勗謂之『獵碣』，二字甚生。按，《述異記》：『崆峒山有堯碑、禹碣』，亦用『碣』字。」　唐初盛臨摹，始有以楮搨碑碣為墨本者。東巡之石、偃師之槃、岐陽之鼓、延陵季子之墓篆，石泐而墨傳。虞集曰：「石鼓十枚，其一已無字，其一但存數字，其一不知何代人鑿為臼而字卻稍完。聞徽宗時，自京兆移置汴梁，貴重之，以黃金實其字。金人得汴梁，奇貨悉輦至燕京。移者初不以此鼓為何物，但見其以金塗字，必貴物也，亦在北徙之列，置之王宣撫家。大德之末，集為大都教授，得此鼓於泥土草萊之中，洗刷扶植，足十枚之數。後助教成均言於時宰，得兵部差大車十乘，載之于今國學大成門內，左右壁下各五枚，為磚壇以承之，又為疏櫺而扃鐍之，使可觀而不可近。然三十年來，摹搨者多，字畫比當時已多漫滅，移來時已不如薛本文多。石方刓而高，略似鼓，不盡如鼓也。」（案，王宣撫宅，後改為大興府學。虞《道園學古錄》所記，即石鼓入太學之始。）

前人音辨，皆強為之辭。　《甲秀堂帖小譜》圖畫鼓形。　楊文昺以《詛楚》《石鼓》《泰山》《嶧山碑》，作《周秦刻石釋音》。　初在陳倉野中，唐鄭餘慶始遷之鳳翔，宋大觀中徙開封。　和保和殿稽古閣有石鼓。　《石鼓文音釋碑》今尚存。　靖康間，拓本不易得，好事者以銀一錠購十紙，見寶於世可知。　趙古則曰：「《集古錄》可見者四百六十有五，胡世將《資古錄》後出可

見者四百七十有四，吾衍氏比《資古》又加三字，余得宋時搨本，比今世所有極為精好。」 《丹鉛錄》曰：「余得唐人拓本於李文正先生，凡七百二字蓋全文也。」 《史籀》、《石鼓》、《皇象》、《國山》二刻，晉、唐名書，皆得此意，所以為工。 《石鼓文》出入《雅》《頌》 朱氏竹垞曰：《石鼓》籀文雖與大篆小異，然離《鐘鼎欵識》未遠，其為三代之物信矣。而諸家或疑之，馬子卿至謂宇文周所刻，誠儈父之言也。十鼓向闕其一，皇祐間始得之。歐陽永叔見之最早，文存四百六十五字爾。薛尚功則云：「歲月深遠，缺蝕殆盡。」今《欵識》所載，乃得之前人刻石者，方之永叔，僅多二字。胡世將《資古錄》云：「所見者先世藏本，在《集古》之前，僅益九字。」至潘恬山作《音訓》時，止存三百八十有六字而已。 《石鼓文》尚是三代鐘鼎欵刻遺意，蓋隨字畫多寡而為之形。 秦權衡亦然。 按，《說文》所存籀書二百餘三字，《石鼓文》僅九字。 三代遺文如《詛楚》《石鼓》《壇山》，許叔重並不得見，故《說文》十九不收。 《石鼓文》，唐貞觀中始出。 《石鼓文》在鳳翔府天興縣南二十里。 岐川雍城南有周宣王獵碣十枚，並作鼓形，今見打本，石尋毀失。甄豐定六書，二曰奇字，即史籀書，與古文小異，其迹有《石鼓文》存焉。 先時散棄於鳳翔之野，鄭餘慶取置夫子廟中，亡其一。 鄭樵《石鼓攷》數百千言，博固可重，語多不審。 十鼓諸家詮次不同，潘氏所序，依國學位置。 自唐以來無定論。

文光案，朱《考》所採甚博，因摘句錄之，存其大概。

右周《石鼓文》十章，前人之論詳矣。大抵謂為秦惠文以後及宇文周時物者，固是瞽說。而必指為何王之世、何人之書，引證雖縣，亦無確據，又不必也。特以文辭、字畫求之，信非先秦以上人不能為。此文辭雖不可盡通，其存者正與《雅》《頌》相類，不僅因《車攻》數語偶同今詩也，至字畫之工，亦有目者之所共見，不但漢以後人不能髣髴其一筆，即上蔡諸碑對之，亦頓分今、古，此豈可妄引不相關之載籍肆其訾議乎？但傳摹既久，錯誤滋多，顛倒移易，非復原式。又自楊用修之本出，補綴附益，強使成文，益復可笑。予但據石本之現存者，依其行次，分位錄之。於冊不敢妄增一字，即前人刻本所有而今本已無者，皆闕而不錄，雖所存無幾，亦庶乎傳信而不傳疑爾。（《金石存》）

右《石鼓文》，今在國子監大成門左右，各五元。國子司業潘迪撰《音訓》，刻石立其旁，稱見存三百八十六字，今距至元己卯又四百二十八年，文之存者僅二百五十四，點畫或不具，然猶是周家之故物，非有神物護訶，安能久而不

壞若此哉！古文、籀文，學者不能盡通，諸家釋音不無傅會之失。楊用修任意增改，尤為識者所憎。至如「君子員員，邋邋員斿」，鄭、潘說皆不了。按，古文斿、游本一字，云與員亦相通，楊讀為「君子云獵，云獵云游」，蓋得之矣。「滿有鯊」，潘氏讀「鯊」為「鯊」，疑「滿有」重文。愚意「鯊」當是「小魚」二字，小魚合為「鯊」字，猶小大合為「尖」字也。（《金石文跋尾》卷一）

文光案，趙、錢二書為朱氏所未見，因錄之。朱氏《石鼓考》三卷蒐採無遺，攷石鼓者觀此一編，足矣。趙氏《金石存》不妄增一字，實漢學家法許氏。《石鼓文抄》以薛本補闕字，似未允，當摹其見存者為是。

石鼓文位置窘澀，促長引短，務欲取稱，如「柳」「帛」「君」「庶」字是也。意已盡而筆尚行，如「以」「可」字是也。十鼓略相類，姑舉一隅，識者當自神悟。以器窠「惟」字參古刻，「惟何」「惟鯉」之「惟」，則曉然可見矣。蓋字畫無三代醇古之氣，吾是以云。（《籀史》）

王氏《金石萃編》第一卷為《石鼓文》，今依其次序，詳錄之首，分列十鼓，先古文後今文（鼓凡十，每鼓約徑三尺餘。其第一十一行，行六字；第二九行，行七字；第三、四皆十行，行七字；第五十一行，行六字；第六十一行，上半弄錯闕，每行止存四字；第九十五行，行五字；其七、八、十三鼓剝蝕過甚，行數、字數俱不可紀。今在國子監大成門左右）。附《石鼓文音訓》（共二石，每石高廣俱三尺五寸，三十二行，分三列，每列行十三字，額題「石鼓文音訓」五字篆書，音訓正書，跋隸書，今在石鼓旁），至元己卯奉訓大夫國子司業潘迪書（跋云：「間取鄭氏樵、施氏宿、薛氏尚功、王氏厚之等數家之說，考訂其音訓，刻諸石」），府學生茅亮刻（前列同校四人）。次引證（歐陽修《集古錄》、張懷瓘《書斷》、董逌《廣川書跋》、吳曾《能改齋漫錄》、胡世將《資古紹志錄》、翟耆年《籀史》、程大昌《雍錄》、姚氏《殘語》、王厚之《復齋碑錄》、朱存理《鐵網珊瑚》、楊慎《升菴外集》、郭宗昌《金石史》、孫承澤《庚子銷夏記》、朱彝尊《曝書亭集》、毛先舒《思古堂集》、錢大昕《潛研堂金石文跋尾》），次朱文藻跋（南豐劉凝撰《石鼓文定本》摹篆，以搨本為主，視朱《考》稍畧，然亦精密。《款識》係崇禎癸酉所刊，恐非善本。《定本》亦未可盡據。胡正言所摹統本《石鼓文石刻》，乃本其師李登所輯薛、楊二家之本細校之，與今本互異。又《金石圖》列鼓形，七、八鼓與今位置不合。諸家所著，無一書與今搨本脗合者），次張燕昌石鼓文釋存，次王昶案語（節錄前篇第二案考證音訓殊誤）。《古文苑》所載《石鼓文》乃章樵取薛尚功、鄭樵、王厚之、施宿諸家之說，集綠為一編，潘迪《音訓》多所採取。

謹按，《石鼓文》相傳以為成周獵碣，自古著錄家如《書斷》《書後品》《述書賦注》《元和郡縣志》《法書苑》《法書要》《夢英十八體書》《金石錄》《鐘鼎

歘識》《諸道石刻錄》《復齋碑錄》《風雅逸編》《能改齋漫錄》《九朝編年備要》《古文苑》《止齋集》《伐檀集》《嵩山集》《格古要論》《金薤琳琅》《弇州文稿》《升菴外集》《金石存》諸書，並稱為宣王大狩所作。其形，諸詞賦者自韋、韓、蘇而外，如梅聖俞《宛陵集》、蘇轍《欒城集》、張耒《宛邱集》、洪适《盤洲集》、揭奚斯《秋宜集》、吳萊《淵穎集》、宋濂《潛溪集》，又《文翰類選》載《丙奎賦》，《燕都游覽志》載《羅曾賦》，亦以為宣王之詩。董逌、程大昌、郭宗昌、孫和斗、毛先舒諸家，則斷以為成王時所作。鄭樵因其文往往與秦器相合，因指為秦刻，楊慎《丹鉛總錄》從而和之，全祖望遂謂此鼓必出於秦前，而馬定國創為宇文周時之說，和之者又有溫彥威、劉仁本、焦竑、顧炎武、萬斯同諸家。陸友仁據《北史》亦以為元魏時所刻，《集古錄》《籀史》二書則並疑其偽。論斷紛紛，殆如聚訟。攷其文，與《車攻》《吉日》相類，故指為宣王時者最多。《左傳》「成有岐陽之狩」，《竹書》「大狩岐陽」繫於成王六年，則董、程諸人堅執以為成王時石，理亦可通。至謂為秦、周、魏三朝之物，則妄誕殊甚（文光案，武億《授堂集》又以為漢時之鼓，亦不足據）。劉昭《續後漢書・郡國志》注云「陳倉有石鼓山」而不言其時代。使石鼓果為秦時所刻，不應漢時即以名山。劉昭去秦未遠，當有確證，亦不應闕疑不辨。且昭在周、魏之前，何由先有石鼓山乎？鄭樵僅據文字，妄生異議，楊慎和之，適與《升菴外集》自相矛盾（案，《外集》云：「《石鼓》昔人論之詳矣。馬定國定為宇文周時所造。元天台劉仁本為《石鼓論》，本之定國，而斷其非史籀之書。二子謬妄，固不俟言。」）。其謬，奚待言哉！歐陽氏所見四百六十五字，趙夔所見四百一十七字，胡世將所見四百七十四字，薛尚功所見四百五十一字，潘迪所見三百八十六字，孫巨源所見四百九十七字，吾邱衍所見四百三十餘字，劉梅國《廣文選》所錄與潘迪同，馬驌所見三百二十字，高士奇所見三百二十五字，牛運震所見三百二十二字，吳玉搢所見三百十餘字，張養浩詩則以為僅餘二百七十二，惟都穆得見宋拓本有四百二十二字（文光案，全所見者四百二十一字，其中半字者數十字，未知與宋拓本合否。又，《汝帖》第一卷有《石鼓文》六十字，共十行），多寡亦不一也。鄞范氏天一閣所藏北宋拓本最為完備，然亦止四百六十二字。楊慎乃謂曾得唐拓本，有七百二字之多，馮惟訥《古詩紀》遂採入《逸詩》中。陸深《金臺紀聞》始疑其妄自補綴，迨《庚子銷夏記》（《記》曰：「如楊用修之所從來果有的據，固是千古一快。如以補繼為奇，固不若闕疑為愈。今細讀十詩，古致翩翩，恐非用修所能辦。然用修謂得之李文正家，而文正《懷麓堂稿》絕不道及，何也？」）、《曝書亭集》反覆辨之，而其偽迹益顯。近海鹽

張君燕昌又以北宋本參攷甲秀堂本、上海顧氏本，重摹于石。儀徵阮中丞元督學浙江時，亦取天一閣本重刻於杭州府學。於是好古之士得以家置一本，心摹口誦，益以見楊氏唐拓之說欺人甚矣。今就家藏現存拓本摹錄得二百八十三字，半泐者二十六字，參攷宋拓暨諸家摹本，補釋闕文共得四百六十四字，抱殘守闕，期於徵信而已。（文光案，《封氏聞見記》第七卷目有石鼓，無文可攷。）

　　馮氏《金石索》刻《石鼓圖》，古今文字數、行數悉如鼓式。第一鼓（高一尺七寸，圍六尺六寸，重文九），第二鼓（高二尺一寸，圍六尺三寸，重文六），第三鼓（高一尺八寸，圍六尺四寸，重文五），第四鼓（高二尺，圍七尺，重文二），第五鼓（高二尺一寸，圍六尺八寸，重文四），第六鼓（高一尺五寸，圍六尺八寸。此鼓民間截其頂穴，其中以為臼，故每行止存四字，重文二），第七鼓（高二尺二寸，圍六尺七寸，重文一。此鼓多剝落，潘氏《音訓》止存十四字，天一閣本存二十八字），第八鼓（高一尺六寸，圍六尺八寸，剝落已甚，不能定其行數。天一閣本存十三字，重文一。潘氏《音訓》止存「微」字，今無一字，此從天一閣），第九鼓（最大高二尺九寸，圍七尺八寸，重文二），第十鼓（高二尺一寸，圍六尺二寸，重文一。○文光案，重文即鼓中二〔註24〕，不在字數之內，《石索》本最豁目）。

　　石鼓文字雄視百家，超今邁古，洵成周之鉅制，篆刻之極軌也。薛氏、鄭氏、施氏傳刻互異，至潘氏《音訓》僅存三百八十六字，惟鄞縣范氏天一閣所藏北宋舊拓四百六十二字，稱善本焉。方石鼓之散在陳倉也，韓吏部為博士時嘗請於祭酒，欲以數橐駝輿致太學，不從。迨至鄭餘慶始遷之鳳翔孔廟中，經五代之亂，又復散失。宋向傳師搜訪足之，大觀中歸於京師，道君金填其字，宮殿奉之。完顏剔去其金，泥沙棄之，此石鼓之大劫也。假令當日從昌黎之請早歸太學，著為考釋，壽諸貞珉，其所毫髮盡備，無差訛者，當更足信今而傳後，何至東坡之時得一二、遺八九如娟娟缺月隱雲霧哉！沿元及明，雖列國學，潘吾而外，未有表章。惟我　高宗純皇帝右文稽古，老而彌篤，於乾隆五十五年考論石鼓，御題篇章，並刻昌黎詩於碑，使共　曉然於周宣之制。又復　欽定石鼓首尾二詩，截長補短，命大學士彭元瑞足成十章石鼓之文仍歸石鼓，肅拓閎深，有完無缺。於是舊石鼓與新石鼓並峙成均，昭垂萬禩，洵曠古希逢之會也。而檮昧者猶惑於偽劉詞臣馬定國之說，以為宇文周所刻。試觀宇文石刻具在，如保定造像、大象摩厓之屬，文從隸楷，詞復淺顯，與《石鼓文》有一字一畫相似否？而瞽謬若此，則真無忌憚者矣。（鶚）不揣固陋，縮成斯刻，亦以天一閣為宗，間從薛氏、潘氏補入數字，亦必與泐痕相合。其筆畫之古勁，

〔註24〕按，此「二」字當為重文符號，非數字「二」也。

則非臨摹所能及也。橋元之廟石鉦、石鈸、石鼓，蔡邕銘詞雖不可見，而楊用修所述十章完備，亦不敢取前人題句云「金繩鐵索相鉤連，蝌蚪嗣孫小篆祖」，斯言可尋味矣。

（凌揚藻《海雅堂集》第七卷有《石鼓文辨》，專正楊氏之偽，以其文與鼓之行數不合，全列鼓文，一一辨之。光記。）

嘉興吳侃叔（東發），老諸生也。博古能文，識古文奇字。嘗為《石鼓文章句》，謂《石鼓文》中有次章即用首章之前半重疊，讀之如毛《詩》之例，徒因刻石簡省，不重書刻之耳，所言頗為前人所未發。（《定香亭筆談》卷二。 文光案，此亦臆度之詞，然亦可備一解。）

天下樂石，以岐陽《石鼓文》為最古。《石鼓文》脫本，以浙東天一閣所藏松雪齋北宋本為最古，海鹽張芑堂（燕昌）曾雙鉤刻石於家。余細審天一閣本，並參以明初諸本，屬芑堂以油素書丹被之，十碣命海鹽吳厚生刻之。至於刀鑿所施，運以意匠，精神形蹟，渾而愈全，則揚州江墨君（德地）所為也。刻既成，置之杭州郡庠明倫堂壁間，使諸生究心史籀古文者有所法焉。（《定香亭筆談》卷四·附歌二首）

《石墨鐫華》昭陵廣濟寺後石鼓書《尊勝陀羅經》，觀此知岐陽石鼓必近世物矣。秦泰山刻石橢方不加琢削，今立岱廟中。吳國山碑橢圓琢削，亦古質，今尚立國山西岡，皆可目驗。惟石鼓十鼓大小相似，琢削成之，在國子監大成門，校秦、吳二石不侔矣。（惲敬《大雲山房雜記》。 案，此說不足據，且疏於考證。）

史籀《石鼓文》始見晉羊欣《書錄》，《元和郡縣志》引唐蘇勖之言曰：「史籀之迹，近在關中，歧陽石鼓是也，虞、褚、歐陽共稱其古妙。」攷虞世南卒於貞觀十二年，八十一歲，其生在陳永定二年，當周明帝二年也。《北周書》狩於岐陽，有四事，其二世南已生，則馬定國謂宇文周時物，謬已。近人汪中著《石鼓文證》，與余言正相合。余纂有《集釋》一書，與張君燕昌所著《釋存》並為王侍郎昶採入《金石文萃》，茲重訂正而序之曰：在昔周宣王之世，典禮備舉，成中興之業。以時畋獵於岐陽，太史籀作詩十章以紀其事，因刊諸石，其字體世謂之籀文。第以許叔重《說文》攷之，雖不盡合，肄業六書者固以《說文》為歸，然三代遺文，銘諸鼎鐘尊敦者，多資考證。幸存此，庶得窺見《籀篇》十五之一班。明趙宧光所釋多憑臆見，不克實事求是，殊多窒礙。不揣檮昧，摹字體之可攷者，存古文於前；集眾釋之可採，附釋於後，參以蠡見一二，質諸博雅君子云（任兆麟《石鼓文集釋序》，《有竹居集》卷五。趙收菴所藏《石

鼓文》，都三百二十六字，見董方立《遺書文·乙集》）。退菴所藏《石鼓文跋尾》曰：「此本得自福州舊家，乙鼓『朔』以上『其』『家』尚完好，『栁』字尚見右半，丁鼓『虎』字尚見下半，翁覃溪師以為是百餘年前舊搨，因重裝附記其說於此。」〇以今《說文》所載籀書對勘石鼓之字，無一合者，則又不能無疑（文光案，今《說文》所載之籀書，恐非許氏原本。古本《說文》與今本字畫多不合，以今本《說文》證《石鼓》，似亦不可依據）。張眉大《海南日抄》有《石鼓考》一篇。

　　傅梅嵩書曰：潁陽西石鼓岡傳山上有石鼓鑴刻篆隸之文，今不知所在（《說嵩》卷十四。〇文光案，嵩陽石鼓必在秦前，秦時立石，已如後世碑碣），劉凝考訂《石鼓文》，見《提要》「《隱居通議》」條下（光記·徐位山有《石鼓賦》）。今衡陽縣合江亭石鼓書院有石鼓一焉，其大覆鐘，其字禹篆，其文禹禋祀文也，蓋三代之銘刻（《帝京景物略》卷一《石鼓攷》）。揚州府學重刻石鼓，太守伊公（秉綬）跋。（《雪塘庵主弟子記》）

　　（錢詠曰：陳倉有石鼓山，鳴則有兵，並非上有石鼓舊文也。今金石家輒曰陳倉石鼓者，恐誤。案，古云陳倉野中。）

　　《石鼓》人各異說，惟四明范氏天一閣所藏松雪齋本最為完善。今大中丞儀徵阮公前視學兩浙時，屬張君燕昌橅以油素紙，刻石置之杭州府學壁間，誠嘉惠來學之深心也。嘗取諸本校之，有諸本文誤而此本不誤者，如第一鼓「寺」字，《歀識》作「時」，《日下舊聞》作「時」，此作「寺」，與《音訓》合；第三鼓「止」字，《歀識》作「世」誤，此作「止」之類是也。有諸本文缺而此不闕者，如第二鼓「以」下，《音訓》云「舊墨本有『橐』字」，此與《音訓》合；第七鼓「弓」下，諸本脫「矢」「孔」二字，此不脫，亦與《音訓》所引墨本合之類是也。有諸本文半而此本文全者，如第三鼓「孔」，《金石圖》《歀識》皆作「子」，此作「孔」，乃知「子」字為闕文；第十鼓「寓」字，甲秀堂作「㝢」，此作「寓」是也。有諸本文全闕而此本文半闕者，如第一鼓「趯」字上，諸本無「來」字，惟胡正言手橅石鼓本有「來」字，此本「來」字下體猶隱隱可辨；第四鼓「矢」下，潘本有四字，今闕，此則四字尚存下體；第十鼓「勒」下「夕」字，諸本皆無，《日下舊聞》有，此亦尚存下體是也。有諸本文全而誤，此本文半而不誤者，如第七鼓「奪」字，薛氏作「▓」，胡氏作「▓」，此則尚存「奪」字，上體作「▓」是也。有諸本羨文而此本無者，如第一鼓「麀」下，薛本有「我」字，此本無，與《音訓》合；第六鼓「晉」下，薛本有「孫」字，此本無，亦與《音訓》合也。有諸本文不重而此本重者，如

第一鼓「趨」「趫」「夒」三字，《欵識》《金石圖》皆無重文，此獨有重文之類是也。有諸本文誤重而此本不重者，如第九鼓「霝」字下，《金石圖》有「二」，此本無，玩今鼓文，似係漶迹，非重文也。有諸本文倒互而此本文正者，如第一鼓「趑」下十三字，薛本皆倒互，惟此不誤；第四鼓「陰」下八字，薛本亦倒互，此亦不誤之類是也。諸本之中以此最為精善，如斷圭殘璧，猶可寶矣。顧或疑是即《音訓》所引之墨本，則又不然。第五鼓「淒」字，《音訓》引舊本作「濟」；第七鼓「滔」字重文，舊本作「驂」；第八鼓「奔」字，舊本誤作「若」，且「雉」字上無「放」字，「之」字下有「心」字，皆與此不合，則舊墨本亦遜此精善也。嘗疑范氏所藏北宋本有二，錢氏《潛研堂題跋》內有天一閣北宋本云「四百餘三字」，與此不合。後又有向傳師跋，此本亦無。《雍錄》云：「秦丞相家本有傳師自跋，潛研堂所跋或即是本。」未可知其與重橅本之異同，惜不得潛研堂本一校耳。（《重橅天一閣北宋石鼓文考》，趙春沂撰，《詁經精舍文集》卷三）

　　岐陽石鼓惟重橅松雪齋本為善，嘗讎勘各本，皆無出其右者。第一鼓「麀鹿」之「鹿」，「寺邁」之「邁」，「來趨」之「趨」，上體全存；「趫夒」之「趫」，「大坣」之「坣」，並存下體。其「來」上，施本云：「髣髴是『時』字，是也」，《音訓》云：「『遭』上墨本有『來』字，今已漫滅」，而此本「來」字下體尚存。今本全闕者六字，此惟「君子之求」下一字模糊難辨，《音訓》據舊墨本以為「孫」字，震澤任氏作「求」字重文。第二鼓《音訓》脫「橐」字，注云「『溥』字磨滅」者，誤也。今本全闕者十七字，此本無一字磨滅。「沔」字、「趨」字不作重文，「鯊」作小魚，皆可訂諸本之誤。第三鼓「孔安」之「孔」，各本皆作「既」，馬氏宛斯所橅與此同。「勒」字下，薛氏、潘氏俱作「馬」，一本作「馽二」，此本存半文，不類「馽二」，亦不類「馬二」。行首二字，《音訓》作「邁眾」，「邁」不類，「眾」似之。「孔庶」之「孔」，薛氏及《金石圖》皆誤作「子」，「奔」下惟此與薛本不作重文。第四鼓「四馬」之「四」，諸本皆闕，此則尚存下體。至「宣博」之「宣」，「載衍」之「載」，「多賢」之「多」及八行「如虎」二字，今則全闕，皆不若此本之完善。「允異」上，任本有「吾兔」字，似據薛本及《金薤琳琅》增入也。第五鼓今本全闕者四十六字，《音訓》所舉「汔湧盈」「君子既涉」「流沔殹泊」「泊淒舫舟」「西歸」「戶」等字，云「皆磨滅」，此本全存。潘氏《音訓》所引墨本，似即是本也。「需」字上，《古文苑》作「淒」，此頗似之。十行「其奔其邁」，與《古文苑》所引亦合。任氏本脫「次」「其」字，亦不若此刻之精。第六鼓五代時散落民間，穴孔以

為曰。向傳師皇祐間搜訪而得之者，每行末僅存四字。今本「亞」「為」「蟄」「吾」字皆半闕，薛本「吾」作「舍」，下有「⬛」字，觀此本可知其謬。第七鼓今本惟「是」「具」「來」「子」四字全，稍見者十三字，餘皆全闕，《音訓》所云「弓矢孔庶」，此本在二行左，字在三行之末，不字在第五行，其「寫小大具」在第七行，「嗣王始」在第九行，「古我來」在第十行，可訂任氏分行之誤。「奪」字尚存半文，《金石圖》作「⬛」，似與此合，《欵識》作「⬛」，非「奪」字，下《音訓》本作□□〔註25〕。「後具肵來」，此本「後」字接「奪」下，亦可訂其誤也。第八鼓今本剝剗無文，此本猶存「青晨丞　驕馬薦皙蔴放雉大其一止」十四字，與施氏墨本所錄合。惟施本無「放」字，「止」下有「心」字。薛本「放」字在「蔴」下，亦無「心」字。《音訓》云：「僅存『微』字，今漸剝落。」所謂「微」字者，疑即此本「⬛」字之誤。第九鼓首行「既」下似「瀞」字；五行「丙申」「旭」下「劉二」，至《定本》作「帛二」，薛本無，《音訓》亦闕，玩其迹，不似「帛」。十三行「大」字，諸本皆誤作「天」，惟馬氏本作「公」，謂「大」「來」與此合。弟十鼓《音訓》存二十三字，今本皆殘闕。潘氏云：「此鼓惟『吳人慫惉，飢卤飢北』二句成文。」又云：「『北』字，今磨滅。」「卤」字，《古文苑》云「見《魯侯彝》」。按，「卤」字見《曾侯鐘》，《古文苑》誤也。《音訓》所錄墨本「勿」「勿伏」「而」「用大祝獻」等字，此本亦皆完善。首行「夕」字存下體，「慫」字全；六行「寅」字，《音訓》作「窟」；五行「享」上有「曾」字，夐足補諸本之闕。脫本之中，以此最為精善。文之全者四百三十餘字（《集古錄》四百五十六字，《音訓》三百八十六字），大中丞阮公參以明初諸本，辨析淵微，推究字體，重加樠刻，人人復見善本，足以嘉惠來學矣。孫星衍編修以《石鼓文》為宇文周時物，謂《周書·本紀》數書「狩於岐陽」可據。中請證之，《周書·太祖本紀》魏大統十一年，西狩岐陽；十三年，太祖奉魏帝西狩於岐陽。《高祖紀》保定元年，狩於岐陽；天和三年，行幸岐陽。有此四事，今檢《後漢書·鄧騭傳》「遭元二之災」，注：「『元二』即『元元』也。古書字當再讀者，即於上字之下為小二字，言此字當兩度言之。今岐州石鼓銘凡重言者，皆為二字明驗也。」詳此注之意，緣石鼓是三代之物，故取以釋漢事而以古書發其凡。若使石鼓製自宇文，則是以後證前，雖愚者不出於此。章懷太子與後周耳目相接，張大安諸人均有文學，無容不知，一證也。《元和郡縣》引吏部侍郎蘇勖之言曰：「史籀之迹，近在關中，岐陽石

〔註25〕按，原空兩格，似有闕字。

鼓是也，虞、褚、歐陽共稱其古妙。」按，褚遂良年輩差後，今不具論。《歐陽詢傳》云「年八十餘卒」，既不明著其數，且不知卒以何年，攷古者亦無從措意。惟虞世南以貞觀十二年卒，年八十一，則以陳高祖永定二年生，實當周世宗之二年。洎陳滅入隨，世南年三十一矣。是時周之亡才九年，上距岐陽之狩，遠者四十四年，次四十二年，次二十八年，又次二十一年。使石鼓立於後周，則是甫經脫手之物。以世南之博物精鑒，豈得妄以為史籀筆迹而歎其古妙？《傳》曰：「以今觀古，古猶今也。」今之為篆者，有王澍給事中。中生十歲而給事猶存，然中見給事之篆，固不以為李陽冰、党懷英也。且歐陽及褚，何以與之闇合？二證也。周太祖割據關隴，軍國多虞，未皇文教，其時文士惟有冀儁、趙文淵。及平江陵，始得王褒。褒儁之書，今不傳於世。文淵於碑板，是其所長。所書《驪山溫泉頌》石刻見存，其篆額筆法凡劣，又不合六書。以視《石鼓文》，豈止霄壤？使石鼓出自宇文之世，究是何人所書，豈得寂爾無聞？三證也。或謂周世蘇綽嘗仿《尚書》作《大誥》，則石鼓仿小、大二《雅》，理固宜然。然史稱「穊秕魏晉，憲章虞夏。雖屬辭有師古之美，矯枉非適時之用，故莫能常行焉。」據武成元年五月戊子詔書已變其格。又世宗幸同州、過故宮詩載於《本紀》，猶是當時之體，未嘗刻意摹古。若以為出自綽手，則蘇勗者，綽之曾孫，豈宜數典忘祖而遠傅之史籀？四證也。《太祖本紀》：「大統十四年，奉魏太子巡撫西竟。自新平出安定，刻石記事。」則刻石載於《本紀》矣。若石鼓為當時所刻，何以但書狩於岐陽，不書刻石？五證也。編修之言本於馬定國，馬定國之說今不得其詳，編修既有斯疑，同人或多信之。謹就其言辨之如此，若其文字淳古，百世之下，猶見倉史制作遺意，好學深思之士，當自得之，今不備論也。(《石鼓文證》。 案，汪氏此《證》最精確，多未經人道之語，所引《漢書注》更得其要領。)

李日華曰：東坡有手鉤《石鼓文》，篆籀全，音釋備，遠勝潘廸等所錄，凡三百二十五字，惜余未得見。

自楊用修贗作石鼓全文，而世人安於作偽，若馮惟訥《古詩紀》、孫承澤《春明夢餘錄》皆為用修所愚者也。此公自云見薛尚功本，而所列並不與《鐘鼎欸識》同。且曾至京師，摩挲石鼓，而所載多鼓所無之字。其今字，《音訓》都用用修之說，僅改數字以就己之句韻，而辨證絕不及用修一字，是為人所給而反欲以給人者，可歎也已。彭元瑞跋。

王禕曰：自靖康土宇分裂之後，搨本絕不易得。好事者以銀一錠購其十

紙，則其見寶於世可知。近時搨本日以廣，而字畫益漫漶不可辨矣。吳郡錢伯行素精篆籀之學，其臨此本，深得古人筆法，殆所謂具體而微者乎？

天下樂石，以周《石鼓文》為最古。《石鼓》脫本，以浙東天一閣所藏北宋本為最古。海鹽張氏燕昌曾雙鈎刻石，尚未精善。元於嘉慶二年夏細審天一閣本，復參以明初諸本，推究字體，摹擬書意，刻為十石，除重文不計，凡可辨識者四百七十二字，置之杭州府學明倫堂壁間，使諸生究心史籀古文者有所師法。十二年又摹刻十石，置之揚州府學明倫堂壁間，並拓二本為冊審玩之，以杭州本為最精，揚州之本少遜也。天一閣本，《鮚埼集》以為北宋吳興沈仲說家物，而彭城錢逵以薛氏釋音附之者也。錢氏篆文甚工，後歸趙子昂松雪齋，明中葉歸鄞豐氏，繼歸范氏，蒼然六百餘年未入燕京時搨本也。元登天一閣見之，但未見錢氏篆耳，曾加題識，屬范氏子孫謹守之。（《揅經室》三集卷三《杭州揚州重摹天一閣北宋石鼓文跋》。案，《金石萃編》記范氏所藏四百六十二字，「六」字恐是「七」字之訛。又案，此本字數多於薛本，孫巨源所見四百九十七字，較諸本最多。）

治運案，《石鼓》為史籀遺迹，唐賢已有定論，自宋以後紛紛異議，何不識字者之多也？治運聞之先君曰：「『鼎』，籀文『員』；『奐』，籀文『魚』；『𩵋』，籀文『辭』；『刪』，籀文『則』；『圓』，籀文『囿』；『𦳝』，籀文『草』。」以今漫滅之餘，尚能指此數字，切證若當，豪髮盡備，無差謬是，豈不更多可據邪？因斯以譚，弗可改也已。以董彥遠、鄭漁仲、程泰之、顧寧人、萬季野、全紹衣、吳山夫諸人之博而且精，而論《石鼓》竟無一是。若歐九之不讀書者，又何足道？（《何氏學》）

莊氏述祖曰：余為《說文古籀疏證》，先艸創其條，鼎彝古文外，多據《石鼓》以正偏旁傳寫之訛。但石本既漫汗，而薛尚功《鐘鼎款識》所載字體復失真，乃從余友億生司馬借觀所藏舊拓石鼓本。億生持以視余，且云：「舊有王煙客書昌黎《石鼓歌》附其後，蓋數百年間物也。其文之完好者豪髮不失，其剝蝕者間有一二猶得撫擬，仿髴如龍鸞隱見雲霧，鱗羽宛然，往往以證鄭、薛訓釋之未合者，洵可寶貴也。」適從兄子經饒遺余舊拓本一，《古文苑》所謂第九鼓者（薛作乙文鄭作癸文），其文有云：「避水既清，避導既平，避人既正，嘉樹則生，天子永寧。」雖字亦有損缺，較此本多七字。以此合計九鼓，共得三百三十三字。此本所少字，或為俗工裝褫時剪棄，固不必據以定其先後也，然所見亦罕矣。蓋石鼓自唐始顯，舊以為周宣王所作，或又以為成王時，又或以為秦，以為宇文周者，紛如也。余辨《石鼓》，不證以事而證以文。蓋後世之

好偽為古者，莫如新莽宇文泰。莽時有劉秀、楊雄，宇文時有蘇綽、盧辯，皆能為古者也。然攷莽之《嘉量銘》《刀布泉》文，北周之五行大布、永通萬國錢文，皆小篆耳。《漢志》云：「《史籀》十五篇，建武中亡六篇。」唐元度云：「章帝時，王育為作解說，所不通者十有二三。暨晉世，此篇都廢，今略傳字體而已。《說文》有王育說。」蓋大篆自《說文》所不載，即育所不能通者。今《石鼓》所有之大篆，大半皆《說文》所無也。且五代時古籀益微，顧野王《玉篇》作於梁大同九年，即西魏大統九年。所載古籀偏旁多誤，而《石鼓》獨能越斯追籀，知非盧辯、蘇綽所能為也。《隋志》目錄無《史籀篇》，則其書亡佚已久。或曰：「齊、梁間人雅尚集古，如周興嗣、蕭子雲所譔，《隋志》悉載之，或當日得《史籀》遺文，取以紀一時盛事，容或有然。」今以此本相校舊拓本，誠足重也（《珍埶宦文抄》卷五《舊拓石鼓文跋》。莊氏別有《石鼓然疑》一卷，各鼓俱有解釋，意謂宇文泰命史臣作詩，輯《史籀》殘字成章）。石鼓在大成門內，東五枚，為：甲鼓，字凡六十四；乙鼓，字凡六十；丙鼓，字凡六十五；丁鼓，字凡五十三；戊鼓，字凡二十六。西五枚，為：己鼓，字凡四十一；庚鼓，字凡十四；辛鼓，字僅存一，今已磨滅；壬鼓，字凡五十二；癸鼓，字凡二十三。傍有元司業潘迪音訓碑，今載於後（《國學禮樂錄》卷十九）。吳郡錢伯行素精篆籀，臨《石鼓文》，深得古人筆法（《王禕集》）。張養浩《歸田類稿》有《石鼓詩》。

張淏曰：予得唐人所錄本凡四百九十七字，其文皆可讀，比他本最為詳備。其文有「天子永寧」「日惟丙申」之語，既有天子之稱，則決非文王之詩也。（《雲谷雜記》）

文光案，《金石萃編》歷引諸家所見，獨不及此條，因錄之。張淏所見與孫巨源所見字數相同，其為一本與否則未可知也。除楊氏偽本，字數之多，無過於此。

郭宗昌曰：鄭樵謂「石鼓者，立碑之漸」，千載名言。今石在太學戟門左右，寶護無人。冬轍篝火撫搨，燬剝日甚。余曾手摹其文，與鼓形了不似。其堅類玉，故能久存。就石形之，自然少加琱琢。旋轉刻文，文行字或七或六。少華山前石之堅潤者，與此無異。想當時因有佳石，即刻置蒐所而已。余裝潢成而題曰「周岐陽石古文」，斷以成王時物而不以鼓名，足刊古今之謬。（《金石史》）

文光案，諸家所考皆有益於學問，因隨所見而錄之，以補朱《考》所未備。翁覃溪坐備石鼓，摩挲數日，著《石鼓考》八卷，見《復初齋集》，余訪之數年竟未得也。

目錄學卷六

史部

法帖譜系二卷　（宋）曹士冕撰

首自序，次譜系圖，以閣帖為大宗，絳帖為別子，諸本皆支派圖。

前題「法帖譜系」，卷內題「譜系雜說上」「譜系雜說下」。上卷凡二十二種，曰淳化法帖，曰二王府帖，曰紹興國子監本，曰淳熙修內史本，曰大觀太清樓帖，曰臨江戲魚堂帖，曰利州帖，曰慶曆長沙帖，曰劉丞相私第本，曰長沙碑匠家本，曰長沙新刻本，曰三山木板，曰黔江帖，曰北方印成本，曰烏鎮本，曰福清本，曰澧陽帖，曰鼎帖，曰不知處本，曰長沙別本，曰蜀本，曰盧陵銷氏本。下卷凡四十種，曰絳本舊帖，曰東庫本，曰亮字不全本，曰新絳本，曰北本又一本，曰武岡舊本，曰福清本，曰烏鎮本，曰彭州本，曰資州本，曰木本前十卷，又木本前十卷。末有董史跋。伏讀《四庫全書提要》曰：「按《書史會要》：『士冕，字端可，號陶齋，昌谷之後。』昌谷為曹彥約別號，則都昌人也。其仕履無考，惟『三山木板帖』條下自稱『三山帥司庫有歷代帖板本嘉熙庚子備員帥幕尚及見之』之語，『絳本舊帖』條下有『淳祐甲辰雪川官滿』之語，蓋由幕僚而仕州郡者耳。」謹按，《提要》稱是書「足資考證」，而傳本甚少，諸家書目惟陸《志》著宋本，是可珍也。

明仿宋本（不知誰氏所刻，亦無年月，板極精工，撰寫皆如舊式）

魏晉真墨，世不多見，故家大室號為收書者，所藏間不過一二。外此率多臨摹，響搨往往失真，無復古意。去古益遠，雖石刻亦復難得。秦、漢豐碑巨碣，唯字畫深且大者僅存，雖日就剝落，而尚髣髴可辨。至如晉、宋諸刻，幾一字不可考矣，可歎哉！恭惟藝祖皇帝承五季分裂之餘，平一天下，諸國賓服，文書禮樂復見全盛。太宗皇帝文德化成，淳化中，盡取御府歷代名蹟刻之祕閣，每大臣登進二府則賜之，於是魏、晉書法傳布天下，閣帖之名蓋始乎此。自是好事者轉相傳摹，而又增益他帖，別為卷第，如《絳帖》《潭帖》之類，枝分派別，不知其幾，世之得其一二者未暇詳攷，往往自為珍異，此是彼非，莫知底止。余生最晚，自幼初知崇慕書學，第識見淺陋，所得不廣。《淳化》古帖，恨未識真。近世所藏，率是荇本。《絳帖》家藏數本，雖有同異，並皆中原新刻。近歲始獲見古本於三衢好事家，然後知單公炳交之論，不我欺也。因取平生所見諸帖，列成譜系，以備遺忘。若夫考訂不精，紀載未備，尚俟博雅君子

矜我者是正而增廣之。淳祐乙巳仲春日在端午，陶齋曹士冕書。

余酷耆古學，留意法書名蹟幾卅年，頗以鑒賞自居。嘗集前賢文集、小說、法帖之說為玫一卷，以便檢閱。淳祐甲辰冬，因侍陶齋曹公，相與稽訂法書源流，多所未聞。他日，出示《譜系》一編，曰：「視子所記如何？」予曰：「博矣。」迺請而刻之梓，東湖董史書。

庚申冬，鄰火煽虐，潛心閣殘焉。初，余頗惜此板，不以他板雜，特儲之閣。逮是他板獲免秦禍，而《譜系》反為燹惑下取，豈固有數耶？余藏書滿閣，古帖、名碑祕之寶刻藏中。一旦滅沒於漲天之烟焰，生平日力、事力、心力為之一空。恨鬱無已，幾成怨天。雖然，天其可怨邪？因念囊與谷中校讐參訂，以成此書。谷中已矣，書可其傳。遂訪舊本於友朋間，欲復板而行之。月樵劉氏慨然授所藏，俾就此志。嗟夫，予家名跡已如夢幻，誅茅蓋頭，政以為窘，顧切切於不急之務，痼疾尚堪療哉！板成，載志之末，時則景定壬戌夏五月也。史跋。

紹興中，以御府所藏淳化舊帖刻板，寘之國子監。其首尾與淳化閣本略無少異。當時御府拓者多用匵紙，蓋打金銀箔者也（禁中板刻用歙州貢墨，都下用錢萬二千便可購得《二王府帖》。但用潘谷墨，光輝有餘，不甚黝黑。又多木橫裂紋，士大夫不能盡別，可當舊板之半），字畫精神極有可觀。今都下亦有舊拓者，元板尚存。邇來碑工往往作蟬翼本，且以厚紙覆板上，隱然為銀錠欄痕，以惑人，第損剝，非復舊拓本之遒勁矣（觀此可知銀錠痕亦不足據，然此道是宋代碑工所拓）。

文光案，曹氏書學甚力，故其鑒別不苟。然宋刻諸帖有在是書之外者，為曹所未見，故不著錄。或非《譜系》所關，恐亂其例，皆未可知。錢梅溪《履園叢話》所載歷代法帖最為詳備，因錄於《譜系》之後，並載錢說以備參考。梅溪熟於掌故，又多見金石、書畫、鐫刻之工，至今稱之。其考訂諸帖，較之曹氏有過之無不及也。

錢氏泳曰：古有碑無帖，隋開皇時嘗以右軍《蘭亭》模於石板，其墨本猶在人間。又《樂毅論》相傳為右軍親手畫刻者，其餘皆紙素所傳。太宗裒集二王墨蹟，惟《樂毅論》為石本，當為刻帖之始。自賀季真手模右軍書十卷為《澄清堂帖》以開其端，至南唐昇元二年李先主刻右軍真蹟四卷為《昇元帖》，則刻成部者，實南唐始也。宋太宗刻《淳化閣帖》，又有《祕閣前帖》，大半仿書，或唐人雙鉤集成，未必盡是真蹟也。自此之後，法帖盛行。哲宗元祐五年，秘書省鄧洵、武孫諤等請旨，乞以《淳化閣》所未備，取前代遺

墨刻之。至建中靖國元年畢工，歷十二年而成，凡費緡錢一百十五萬，是為
《祕閣帖》十卷。元祐七年，詔以《淳化》《祕閣》二帖未有之蹟入石，為《祕
閣續帖》十卷，實居長沙、廬陵、清江三刻之後。又黃山谷刻《臨江帖》，有
釋文。紹與初有《國子帖》，又《米帖》。紹興十一年，郡守張斛集《祕閣》
《潭汝》《臨江》諸帖為《武陵帖》，又《鼎帖》亦斛所摹。紹興十四年甲子
六月，九江郡守林師說為鐫薛尚功《鐘鼎欵識帖》。後郡守譙令憲又刻《右軍
十七帖》，置於庚樓。淳熙十二年，又翻刻《淳化》《祕閣》，謂之《前帖》，
又集右軍等十六人書共為六卷，謂之《祕閣續帖》。韓侂胄刻《閱古堂帖》，
後石入內府，改名《羣玉堂帖》，計十卷。他如吳雲壑之《玉麟堂帖》、岳倦
翁之《寶真齋法書》、上蔡所模之《蔡州帖》、陸放翁之《荔枝樓帖》。石熙明
又模《漢石經殘字》以及《黃庭》《樂毅》《曹娥像贊》，並歐、虞、褚、顏小
楷，謂之越州石氏本。曾宏父刻《鳳墅帖》及《續帖》共四十冊，置吉州鳳
山書院，七年乃成云。曾又刻《畫帖》、《時賢題詠帖》、宋宣獻之《賜書堂帖》、
廬江李氏之《甲秀堂帖》、曹彥約之《星鳳樓帖》、王曼慶之《百一帖》、曹之
格之《寶晉齋帖》、賈似道之《世綵堂帖》、太平府學之《姑熟帖》。劉元剛集
魯公書為《忠孝堂帖》。又《留忠》《宣與》《曾無坫》三帖。又宋人集諸家法
書刻石為《博古堂帖》。又《英光堂帖》。凡此皆宋刻，其中優劣各殊，真偽
混淆，未可同日而語也。

　　文光案，劉次莊戲魚堂刻為《清江帖》，山谷所刻為《臨江帖》，《譜系》
言「《臨江》戲魚堂」，恐誤。又案，《祕閣續帖》（《續帖》凡二本，刻於元祐七年者
十卷，刻於淳熙十二年者六卷），諸家多言之，惟《祕閣前帖》及《祕閣帖》論者甚
少。予家藏《祕閣帖》十卷，第一羲獻書（《曹娥》《黃庭畫贊》《樂毅論》《洛神賦》。
《右軍二帖》、《蘭亭》《霜寒》《頭眩》三帖，末有潘師旦題「誤墜帖」，末題「王羲之」，書名
不虛，有「不可不寶祕書」之印），第二羲之書，第三羲獻書，第四獻之書，第五晉
王氏十九人書，第六晉宋十六人書（內有索靖、月儀、陸機篆書二十九字，陸篆末有「御
書之寶」印），第七梁、陳、隋、齊四朝人書，第八歐、虞、顏、柳四家書，第
九黃庭經（末有「臣遂良臨」四字，又一行「昇元三年十月日重題印」凡十字，中間刻「建
業文房之印」，末一行文房官五人）、蘭亭序（褚臨）三帖、唐五人書（孫過庭書，末有開
元印，集賢殿御書印），第十唐十一人書，每卷首刻「祕閣帖第幾」，每卷後刻「宣
和二年三月一日奉（第一行）聖旨摹勒上石（第二行）」，上有御寶印，下有「宗伯
學士印」朱文，當是董文敏所藏。其刻法清峭，似余家所藏《別本絳帖》（凡十

二卷,詳見王氏《閣帖考正》)。歷考諸書,不載此帖,世遂以為偽迹。然有《祕閣續帖》必有《祕閣帖》,愚不敢遂定為偽。後見《文淵閣書目》著「祕閣帖」三字,餘無所考。最後得錢氏《叢話》,方有依據。因丞錄之,以備參考。然《叢話》記「建中靖國畢工」,而帖題「宣和二年」,雖俱係徽宗年號,究竟未符,尤當細考也。元無刻帖者,明初泉州府知府常性以《閣帖》祖本重刻,為《泉州帖》。周憲王刻《東書堂帖》(內有《祕閣帖》),晉靖王刻《寶賢堂帖》,肅王翻刻《閣帖》為肅府本文。徵仲父子刻《停雲館帖》,章簡甫再模之,今謂之章板,校原刻略瘦,簡甫又刻《墨池堂帖》。華東沙刻《真賞齋帖》,吳用卿刻《餘清齋帖》,董思翁刻《戲鴻堂帖》,王太史刻《鬱岡齋帖》,蔣一先刻《淨雲枝帖》,陳眉公聚蘇書刻《晚香堂帖》、又集米書刻《來儀堂帖》。宋比玉集蔡書為《古香齋帖》,孫克宏刻《東皋草堂帖》,陸起龍又刻《片玉堂詞翰》十二冊,皆陸深書。莫如忠父子刻《崇蘭館帖》,顧從義翻刻《閣帖》十卷,上海潘氏亦翻刻《閣帖》,明末潘允端刻《蘭亭松雪十八跋》,周東山又翻刻之,又見《名人書》十二卷,皆有明一代之人,不記何人所刻也。海寧陳氏刻《玉烟堂帖》二十四卷,又《渤海藏真帖》八卷,又取思翁最得意書為《小玉烟堂帖》四卷,《蓮華經》七卷。他如《銅龍館帖》《大來堂帖》《來仲樓帖》《鵾鶉館帖》以及《汲古堂帖》《董氏家藏帖》《賓鼎齋帖》《清暉閣帖》,皆思翁一手書也。

　　文光案,明刻大部帖以戲鴻堂原刻為最佳,詳見《淵雅堂集》。近已翻刻數次,不足觀已。予所藏《餘清齋帖》尚是初印,予甚寶之。今世尚《渤海藏真帖·靈飛經四十三行》,乃唐玉真公主奉勅所寫(開元二十六年)。袁清容定為鍾紹京書,原無確證。其最後十二行是《藏真》所缺,其祖本尚在人間,詳載《寓賞編》。滋蘭堂翻刻《藏真》,有霄壤之隔。松雪跋二則乃藏真所無,思翁跋年代不符,皆一手所偽作也。

　　《履園叢話》:本朝康熙中有旨,將內府所藏墨跡,遠自晉、唐,以迄本朝,編次模刻,題曰《懋勤殿帖》二十八卷。雍正中刻有《御書法帖》四卷,乾隆中奉旨刻《三希堂法帖》二十八卷,又《墨妙軒法帖》二十卷,又《八柱蘭亭帖》四卷,又成親王自刻所藏晉唐宋元舊蹟為《詒晉齋模古帖》十卷。按,本朝刻帖尤多於前代。馮相國之《快雪堂帖》刻始於崇禎末年,至本朝順治初尚未刻完,遂以行世,故僅有五卷,而題頭亦未全也。自是以後,梁相國刻《秋碧堂帖》八卷,王相國有《擬山園帖》,華亭沈氏有《落紙雲烟帖》又《賜金

堂帖》，陳香泉有《于寧堂帖》，蔣相國子撫東時刻《敬一堂帖》二十四卷，笪重光刻《東書堂帖》四卷，曾觀察刻《滋蕙堂帖》十卷，揚州江氏有《潑墨齋帖》，唐氏有《秀飱軒帖》，曲阜孔氏有《賓鼎齋帖》，孔舍人有《玉虹樓鑒真帖》十六卷，又取張文敏書為《玉虹樓帖》，亦十六卷，舍人孫刻舍人手書為《隱墨齋帖》十卷，長白鄂公刻《香環堂帖》，唐作梅刻《綠蓑山莊帖》，李味莊刻《平遠山房帖》，周侍郎刻《春甫樓帖》，孫淵如刻《平津館帖》，秦蓉莊刻《寄暢園帖》，謝若農刻《望雲樓帖》，吳縣謝氏有《禊蘭堂帖》，錢塘金氏有《清嘯閣帖》，南海葉氏有《貞隱園帖》，揚州鮑氏有《安素軒帖》，近昆山孫少迂刻《壽石齋帖》，蜀中卓海帆刻《快雪堂帖》。乾隆五十三四年間，予始出門負米，初為畢尚書刻《經訓堂帖》十二卷。又自臨漢碑數種刻《攀雲閣帖》二冊，便為海內風行。嘉慶四年遊京師，鈎刻《詒晉齋帖》四卷。十年，又增刻二集、三集、四集，共十六卷。又集成王書為《詒晉齋巾箱帖》四卷，鈎勒劉文清公書名曰《清愛堂石刻》四卷。十三年，為鐵冶亭宮保刻《惟清齋帖》四卷。是年，命兩兒模刻余所臨漢碑五十餘種，名曰《攀雲閣帖》。十四年為英相國刻《松雪齋帖》六卷。十六年自刻唐、宋、元墨跡，命曰《小清祕閣帖》十二卷。十七年，為沈綺雲刻《小楷集珍帖》八卷。十九年，刻蔡書四卷，曰《福州帖》。二十年，自刻《寫經堂帖》八卷，又為師禹門刻《秦郵帖》。是年，施秋水刻予所臨漢、魏隸書，曰《問經堂帖》四卷。二十一年，黃兩峰嵋介予選山谷書六冊，曰《黃文節公帖》。二十二年，為齊梅麓續刻《松雪齋帖》六卷，又為彭毓圃刻《吳興帖》六卷。二十三年，自刻《述德堂帖》八卷，以續《寫經堂帖》之後。是年，《攀雲閣帖》成，計十六卷。二十四年，為長白斌笠耕刻趙、董兩文敏墨跡，為《抱沖齋帖》十二卷。道光元年，為鮑讓齋刻余所縮臨唐碑三十二冊，至四年始成。是時儀徵巴樸園、宿邳昆仲索余所刻諸帖，余以六十四石贈之，藏之樸園壁閣，命曰《樸園藏帖》八卷，次兒刻《枕中帖》四卷，亦以是時成焉。七年為周又山刻其尊甫遺墨，為《仁本堂墨刻》。八年為張河帥刻《澄鑑堂石刻》四卷，又刻《學古有獲之齋帖》四卷。其餘所模刻者尚多，如《漢石經殘字》、《曹娥》諸碑、孫過庭《書譜》之類，不可枚舉，俱別載《寫經樓金石刻目錄》中。

　　文光案，梅溪所述歷朝法帖最為祥備，然亦有未盡者。余家藏《樂善堂帖》為趙文敏書，顧善夫所刻，視諸家所模趙帖，特為精采。《蘭亭敍》前有《蘭圖》，《清淨經》前有老子像。惟凌亂失次，不能整比，猶見題頭有「卷十」字，

亦不知共為幾卷也。開首墨跋云：「掘地得此石，蓋有神物呵護之。」不著年月，亦不知何人所題。其背面裱紙有嘉靖年月，蓋公府文字。此刻人無道及者，而余甚愛之，因著於此，以俟知者。余所藏《樸園帖》墨色甚濃，裝潢亦佳，其中《天冠山詩》特勝他本，諸家皆云文敏未嘗至此山，人多疑為偽跡，然其筆法特妙，或曰文徵仲所作（退菴云：「道士攜山圖求題，同題者四人，子昂為首。別有真跋，與傳本不同」）。

吳中有《含翠亭》偽帖，更有奇者，買得翻板《絳帖》一部，將每卷頭尾兩張重刊年月，充作宋刻，凡五部：一《絳帖》，二《星鳳樓帖》，三《戲魚堂帖》，四《鼎帖》，五《潭帖》。舊錦裝，池外加收藏家圖書，如項墨林、高江村之類。而不知真偽者竟以厚值購之，有至三五百金者，總視裝潢之華美以分帖之高下，其實皆偽本也。嘉慶初年，有旌德姚東樵者，目不識丁，而開清華齋法帖店。摘取舊碑帖，假作宋、元、明人題跋。半石半木，彙集而成。其名曰《因宜堂法帖》八卷，《唐宋八大家帖》八卷，《晚香堂帖》十卷，《白雲居木帖》十卷，皆偽造年月、姓名，充舊法帖，遍行海內。且有行日本、琉球者，尤可噱鄙。

文光案，偽帖甚多，錄此可知其大略。收藏家如無卓識，多採漢、魏碑刻，勝於大部帖多多矣。緣碑刻作偽者少，且易於取法。學書者由此入門，亦自高人一著，此可為知者道也。

《磚塔銘》，明末時始出，土石已分為三塊，近則愈撦愈壞。然得片紙雙字，猶珍藏之者。因其秀勁有法，在歐、褚之間，可見古人用筆一挑一趯，皆有法度可尋也。

南城縣有《麻姑仙壇記》大、小二本。今人但知有小字本，而不知大字本為魯公原刻。其小字者一僧所書，黃魯直猶能道其姓名。顏書諸碑無大、小兩本者。

文光案，《仙壇記》有何子貞新刻大字本。

《落水蘭亭》即五字不損本，覃溪先生辨析極精，余不惜重價購之，盧宗邁家物也。盧以前無考，此卷有姜白石兩跋。《蘭亭續考》有白石二百二十餘字一跋，此卷無之。《雲烟過眼錄》有「鷹揚周郊」「鳳舞虞廷」二印，甚奇。蓋藏姓名二字在第三跋之後，此卷亦無，為人割去。此卷歸蕭千巖之姪，紙角有一殘印，露出「蕭」字。在蕭氏二十年入俞松家，殘印露「俞」字。白石三跋「藏余松家」者，即此本。《過眼錄》有夢鷗堂二跋及「會稽內史」等三古

印，今俱無之。滿師以古銅刻漏及他玩取之俞〔註26〕玉鑑，趙子固得之高幹辦後人，賈相家、趙子昂有兩跋。《清容居士集》云：「賈敗籍於官，有官印，歸張斯立家，白函山此帖一日不去手，孫退谷、高江邨、王儼齋皆有跋，葉雲谷無跋，但有『南海葉氏風滿樓』印記。」　東陽本《蘭亭》裝池皆用澄心堂紙，覃溪師云：「東陽人石在姜、趙之前，且可證五字損本在九字損本之前。」按，東陽本雖不及落水本，實遠在國學本、關中本之上。落水本「古人」「古」字、「不痛」「不」字，皆已半蝕，此本二字皆完好。《禊帖》肥、瘦攸殊，書家以瘦本為貴，魯直云：「東坡少學《蘭亭》，故其書姿媚，蓋亦肥本也。然則肥本勝於瘦本矣。」覃溪師云：「《蘭亭》佳塌未有如落水本之肥、瘦適中者，否則與其瘦，毋寧肥也。」又按，論《蘭亭》者皆奉定武為定盤針，然在宋時，定武已有三本，又有棗木本，見《山谷集》。國學本舊在天師庵土中，故亦名天師庵本。出土在明初，徐中山取置國學，不知何時復委土中。萬曆間，北雍治地，復得出土，拓本始盛行於世。今所拓者，其細如髮，此尚是明拓，「羣」「帶」「右」「流」「天」五字不損。孫退谷斷為非元人所能為，其語近是。蘇齋師《蘭亭攷》辨此本「所之既惓」「之」字，「終期於盡」「盡」字，「死生亦大」「亦」字，「妄作」「作」字，皆顯與定武本不合。　快雪堂所刻趙文敏《十三跋》，乃跋獨孤僧所贈《蘭亭》本後也。馮氏既刻趙跋，不並刻所跋之本，實為憒憒。且以趙臨之本混列於前，而以《十三跋》附其後，不知趙臨應在十一跋之後，故注云：「同日臨。」此「同日」者，同前第十一跋之日也。　《樂毅論》快雪堂本，王著所臨後欹兩行半者，為舊刻三行半者，皆快雪堂本。蘇齋師謂停雪館本尚存梁摹晉法於一線，相傳是右軍親書入石，後不知所在。今所摹者，其祖刻為元祐祕閣本，一翻為南宋之越州學舍本，再翻又分二支：正支為停雪館全文本，旁支混入偽《潭帖》、偽《鼎帖》，又有破觚為圓者。吳用卿勒石餘清齋，董思白、王虛舟以為神品，其實不及越州本也。越州石氏本即海字本，止有前半，末存二小行，又僅存海字即停雪館所刻第二種。總而言之，祕閣本是梁摹，古厚而精腴；石氏本是唐摹，近於方板，此《樂毅論》之大概派別也。　黃伯思謂《黃庭》有數本，或響搨，或刊刻，皆六朝及唐人轉相摹仿。所謂原石者，無從稽之。

《聖教序》在雁塔者，褚公手書上石；在同州者，後人所臨，後欹疑皆後人所附益。王行滿書《聖教序》頗似褚公同州本，而沈著過之。褚書《聖教序》

〔註26〕「俞」，原作「余」。按，「俞玉鑑」即南宋學者俞松。

有三本：行書者一，久亡；楷書者二。後二十餘年又有懷仁集字本。　《懷仁聖教序》，拙老人蔣衡跋云：「《聖教序》乃千古字學之祖，雖集右軍書，而字裏行間運以雲氣，非懷仁善書者不能。世未見善本，無由知其故。趙秋谷極詆《聖教》為必不可學，此妄談也。」王虛舟跋云：「《聖教序》以余積書巖所藏為天下第一，墨光如漆，古香滿紙。予參合眾本逐一審視，則十五行末『聖慈』二字皆無如此本之完好者，直是北宋搨。此種紙乃宋時戶口冊所見，舊蹟多用此紙。」虛舟云：「《蘭亭》千手臨摹，莫識廬山真面。《聖教》無法不備，誠得善本，當更勝於《禊帖》也。」又云：「其結構處反正相生，畫畫有鋒相向，昔人所謂側筆取勢，於此見之，惟文衡山最得此秘。此碑至前明嘉靖乙卯地震塔頂墜壓，碑始斷為二。首行『晉』字起至末行『林』字，一路皆有瑩紋。若萬曆以前剝蝕則有之，無所謂斷本也。」楊賓云：「集右軍書見諸載記者凡十八家，皆從《聖教序》出。」　十三行多不能詳，趙文敏跋稱王中令所書《洛神賦》十三行二百五十字是晉時麻牋，紹興間思陵訪得九行一百七十六字，所以米友仁跋作九行本。宋末賈似道復得四行七十四字，以紹興所得九行裝於前，以續得四行裝於後，於是世有十三行完本。然《寶刻叢編》已有十三行之目，可見宋人傳本多寡不一。今世又有一傳本，《宣和書譜》云是唐人硬黃所臨，後有柳公權跋兩行三十二字，則非舊跡，不得混前本矣。十三行自以越州石氏本為最舊，宋代重刻如傳古堂之類，皆石氏本之真影，不失大令家法，然舊跡未聞有遇者。今人以唐荊川本為第一，孫文介本次之。孫本從唐本翻出，帖首有「元晏齋」者是也。今快雪堂之前一本，又是從元晏齋重翻者，或抽出此種以充元晏齋原刻，不可不辨也。杭本十三行即玉板十三行，然亦有二本：第一本是宋賈師道所鐫於碧玉者，第二本是近世玉工重鐫者。覃溪師云：「前一本『指潛淵而』『而』字右彎，尚不至如後一本之過滑。『姚』字女旁，後本雖圓，不及前本之古勁。此兩本之確然不同者。余此本是前明舊搨，今賈氏碧玉又不知歸入何家矣。」　《廟堂碑》唐刻久湮，今行世者皆五代王彥超重勒於關中，世稱陝本。歐公所見已殘闕。元至正間定陶河決，出此碑。明洪武間以定陶省入城武縣，故世稱城武本。蘇齋師云：「若論圓腴有神采，則陝本似便於肄習；若欲講求永興用筆之意，上追晉法，則陝本實不及城武本。」此為定評。　《皇甫誕碑》此本何義門手加評記，細著丹黃於畫中布白處，無不精研入妙。覃溪師曰：「歐陽筆格多從隸出，《九成》《化度》皆深加融鍊，直追晉人。是碑則初由隸體成楷，因險勁而恰得方正，是學唐楷者第一必由之先路

也。」　王蘭泉曰：「《磚塔銘》翻刻有二本：一為長訓鄭延暘峒谷臨，一為吳縣錢湘思贊書，皆臨摹善本。鄭本娟秀，錢本瘦勁。原刻既早破裂，則此二本皆可寶。」覃溪師謂此是真褚派，王虛舟謂唐世能書人多為巨公所掩者是也。

《多寶塔碑》，虛舟謂魯公少時書。魯公書碑遍天下，權輿於此。孫月峰云：「有宦秦中者向余言，唐碑石皆如玉，其字皆直刻，入深一二寸，不似今碑但斜掠云云。」余親至碑林驗之，亦不盡然。惟此《多寶塔》等一二碑近是，所以雖久而不甚模糊。康熙中，碑石下斷，銘詞中缺「佛知見法為」五字，空「王可托本願同」七字，損「歸我無空」四字，末行缺「大夫行內侍趙思」七字。此本各字完好，「永」旁三點尚寓牽絲之跡，或是採元舊拓，彌足珍矣。王夢樓云：「魯公行書出沒變化，開宋代書家無量法門，然其原仍自右軍來也。至其楷書，則純以秦篆、漢隸運用右軍之法，所書碑板亦不名一體。惟《多寶塔》乃其中年之作（與虛舟說不同，或別有考贤），清妍豐潤，其脫胎右軍處尚有形迹可求，故學者多藉之入門。」　《東方朔畫讚碑》經重勒而神明煥然，姿態逸出，良由字體較大，故展轉覆刻而不至失真。此猶是舊拓，宜其精采射人，為顏書一偉蹟也。東坡云：「魯公平生寫碑，惟此為清雄，字間櫛比而不失清遠。」此足以評是碑矣。右軍為王修書《東方書讚》，修死，其母以其生平所愛，納之棺中。右軍真蹟不傳已久，行世者皆偽本。　宋搨《爭坐位帖》，董思翁所藏手題云：「平原以三稿重，而《坐位帖》尤為得意之作，疾書迅筆，氣壓定襄，想見握拳透爪時也。」蘇齋師極賞董跋，並云「衍極注言《蘭亭》篆法也」。然《蘭亭》篆法渾古無迹，若《坐位帖》則篆跡可求。必拈出篆法，庶幾此帖真品見耳。程春海云：「《坐位帖》以此為第一（第一本）。」郭蘭石跋云：「真宋拓未之見。此本氊蠟甚精，當是有明中葉搨本。董思翁言陝本漫漶不足學，而自詡戲鴻所摹，為能得顏魯國真傳。余三復之，未敢雷同云云。」此言良是後人摹此帖，則自以涇南張司寇為斲輪巨手，可以空前絕後（刻入《玉虹樓》，尚非得意之作。吳蘇泉所藏墨跡最佳）。此本有句曲外史祝允明、天籟閣王鴻緒各印，楮墨甚舊，神采渾然，可定為余齋第二本。

《快雪堂帖》，涿鹿馮氏所鐫（自明末刻起，國初始成）。康熙初，平和黃某官畿輔時以重價得之，載石歸閩，以搨本贈某郡守。郡守亦欲得石者，告之制府。制府飛騎索其石，黃某賄來使緩數日，疾搨千本獻之。石歸黃氏時已有鑱損數字，即大令《節過帖》及十三行數字。自此石入貢內府，此後民間佳本愈稀。《退菴題跋》

棱正淳化閣帖釋文十卷　乾隆三十四年

聚珍本（乾隆四十三年侍郎金簡恭錄《釋文》，請以聚珍板摹印，由是流布人間）

（臣）謹案，宋太宗集古名蹟，摹刻為《淳化閣帖》，當時稱為法帖之祖。嗣是若二王府、國子監、脩內司、太清樓諸摹本續揭，皆不如原揭之工。其他若《絳》《潭》《汝》《鼎》之屬，無慮數十，益莫能逮。

御府所藏元祐中賜畢士安本，特冠諸揭。以此摹刻傳示，已足珍重藝林。而

聖學遠深，

宸鑑精密，以侍書王著考核良疏，雖經黃伯思、米芾輩遞有糾駁，而猶未能衷於至。是

特命內廷諸臣重加排次，一斷於

睿裁。校其異同，正其訛謬，刪其複查，定其後先。行間有釋，卷末有識，釐然各當，煥然為章。然後盡善盡美，毫髮無憾，猗與盛矣。抑（臣）恭讀之下，更有心悅而誠服者。夏后宜冠，帝王、孔子弗書爵字，正君臣之大分，辨世代之宏綱。義炳圖疇而理賅經史，則又有鍾、張、羲、獻所未嘗窺其奧而漢、唐、晉、宋均未能擬其盛者。

謹盥寫

御製各篇以

進，敬綴蕪詞，以識忭仰。時乾隆壬辰十有二月望日，（臣蔡新）敬書恭跋。（臣）竊按，王著昧於考古，其世次、名系、爵里排類多乖，復多誤編複出之陋，雖米芾、黃長睿、秦觀輩各有專書以糾其謬而未盡也。至於點畫、音義頗藉譯文，以便觀覽，則自陳與義、劉次莊、施宿、姜夔以及明之顧從義，

本朝之羅森、朱家標互有異同，即王澍著《閣帖考正》一書，辨證較詳，而其間仍多未當。我

皇上幾餘游藝於字學，集其大成，

《三希堂》

《墨妙軒》兩帖，嘉惠藝林，珍同圭璧。乃復出內府舊藏《淳化帖》初揭賜畢士安本，

特命內廷詞臣排校，選匠重鈎，構軒置石。每卷俱

親加裁定，識以

天語。即辨明世次之中，寓筆削維嚴之旨。其名系、爵里則援史以定之，

誤編複出則据文以釐之。又諸家釋文廣為蒐輯，依文旁注，

衷於至當。在操觚者固可審形以求筆法，在稽古者亦可核實

以資博聞，不徒為曩代集帖增光而已。（臣）叨直

禁廷，曾蒙

頒賜拓本，因獲詳繹

御識諸篇及釋文、辨異各條。竊以為

鑒別之精，較諸摹勒之妙，其有裨於文學為更鉅。蓋史裁經義，亦俱寓於
斯也。謹加繕錄，裝池成冊，用志（臣）珍藏景仰之私忱云。（臣蔡新）敬書恭跋。

　　文光謹案，《佩文齋書畫譜》第十九卷《書辨證下》為《淳化法帖》，自第
一至第十先列某人帖，以下博采諸家之說，後列《淳化祖石刻》至《羣玉堂帖》
凡四十四本，為從來所未有。

祕閣法帖題跋一卷　（宋）米芾撰

　　首自序，次第一至十，一一辨其真偽，末黃訥跋。

東觀本（是書別無所見，惟附刻於《東觀餘論》）

　　唐太宗購王逸少書，使魏徵、褚遂良定真偽。我太宗購古今書，而使王著
辨精觕，定為《法帖》，此十卷是也。其間一手偽帖太（案，原本作「太」當是「大」
字）半，甚者以《千字文》為漢章帝，張旭為王子敬，以俗人學智永為逸少，
如其間以子敬及真智永為逸少者猶不失為名帖。余嘗於檢校太師李瑋弟，觀侍
中王貽永所收《晉帖》一卷，內武帝、王戎、謝安、陸雲輩法若篆籕，體若飛
動。著皆委而弗錄，獨取郗愔兩行入十卷中，使人慨歎。又劉孝孫處見柳公權
所收《跋子敬送梨帖》，然於「大宗卷」中辨出，乃以逸少一帖連在後，而云
「又一帖」，不知為逸少也。公權唐名家尚如此，顧何議著？今長安李氏所收
逸少帖，貞觀所收第一帖，著名已非逸少真蹟，餘可知矣，獨未知徐璹（徐浩
子，能別書）所訪者何如耳。余抱疾端憂，養目文藝，思而得之，粗分真偽，因
跋逐卷末，以貽好事同志，百年之後必有擊節賞我者。全無富貴願，獨好古人
筆札，每滌一研、展一軸，不知疾雷之在傍而味可忘。嘗思陶宏景願為主書令
史，大是高致。一念不除，行年四十，恐死為蠹書魚，入金題玉蹀間，游而不
害。元祐三年，維揚倦游閣，襄陽漫仕米芾元章書。（此米芾原題，又見於《閣帖考
證·卷首》）

　　米元章吏部所作《法帖題跋》一卷真蹟藏西洛王晉玉家，經靖康之亂已散
亡矣。先君學士《法帖刊誤》盛行於世，博訪米氏《題跋》，藏書家俱未之見。

偶檢故書，忽見先君子親寫米氏《題跋》，得之甚喜。草書間有難解者，取《法帖》逐卷中語釋出斯文，遂成全書。乃命筆史抄錄，附《刊誤》之後。紹興癸亥冬十一月二十二日，武陽黃訪識。

文光案，黃長睿《法帖刊誤》即因米跋而作，因錄之以記其緣起。

法帖刊誤二卷 （宋）黃伯思撰

首目：第一帝王書，第二漢、魏、吳、晉人書，第三晉、宋、齊人書，第四梁、陳、唐人書，第五雜帖（以上卷上）；第六王會稽書上，第七王會稽書中，第八王會稽書下，第九王大令書上，第十王大令書下（以上卷下）。次自序（序與書相接），題曰「法帖刊誤卷上」（旁注「並序」）、「左朝奉郎行祕書省祕書郎黃伯思撰」，末有王珍、許翰二跋。（《百川》本二卷，首題「法帖刊誤卷上」，無「並序」二字，「宋黃伯思撰」，不結銜，末無王、許二跋。）

> 明本（每葉二十四行，每行二十字。仿宋刻，不詳刊者姓名。後二跋旁注「川本無」，知非《百川學海》本。板口中心刻「帖誤上／下」，中有小注如「某字或作某」，亦不知為何人所校。此本與項刻《東觀餘論》本悉同，惟字差小耳。）

淳化中，內府既博訪古遺蹟，時翰林侍書王著受詔緒正諸帖。著雖號工草、隸，然初不深書學，又昧古今，故《祕閣法帖》十号中，瑤珉雜糅，論次乖謬，世多耳觀，遂久莫辨。故禮部郎米芾元章筆翰妙薦紳間，在淮南幕府，日嘗跋卷尾，作數百語，頗有條流。但概舉其目，疏略甚多。故諸部中或偽蹟著甚而不覺者，若李懷琳所作《衛夫人書》，逸少《闊別稍久帖》之類；有雖審其偽而譏評未當者，若知伯英大令諸抄帖為唐人書，而不知乃書晉人帖語之類；有譏評雖當，主名昭然而不能辨者，若以「田疇」字非李斯書，而不知乃李陽冰《明州碑》中字之類；有誤著其主名者，若以晉人章草《諸葛亮傳》中語，遂以為亮書之類是也。其餘舛午尚多，書家責能書者備，故僕於元章概然。古語有之，「善書不鑒，善鑒不書」。僕自幼觀古帖至多，雖豪墨積習未至，而心悟神解時有所得，故作《法帖刊誤》。凡論真偽皆有據依，使鍾、王復生，不易此評矣。元章今已物故，恨不示之。後有高識，賞予知言。大觀戊子歲六月七日，西都府院東齋序。

（王氏澍曰：《閣帖》十卷，刻於淳化三年。米老《法帖題跋》一卷，作於元祐三年。由淳化三年至元祐三年，中歷九十六年，無有異論。自米元章創為區別，又二十年，黃長睿遂有《刊誤》之作。則《刊誤》之作實自米老開之，而王晉玉題《刊誤》後有「自余發之」之語。按，長睿官河南戶曹參軍時在洛中，久公務，餘閒與其賢士大夫從容翰墨，因得從王晉玉閱其

所藏內府《祕帖》。而米老《法帖題跋》真跡正在晉玉家，因出與《祕帖》參互證取，商訂觸發，遂有《刊誤》之作，則米老為其前導，而發其覆者晉玉也。靖康之亂，元章真跡散失。自《刊誤》盛行後，其次子訫始得長睿手錄本刊刻附後，於是米、黃二公之書始完。）

長睿頃官於洛，因得從之游。嘗閱吾家所藏內府帖，且以米老跋尾示之，惜其疏略，遂著此書。議論精確，悉有證據，使真贗了然，誠前人所未到也。是書之作，實自余發之。嘗作詩，題吾家大令帖，見於第九章云。政和甲午正月十三日，周南王玠晉玉題於開封尹廳之東齋。

余待罪天祿，與觀中祕古蹟。石刻所本，其真易識蓋了。然知其偽者十九，而後乃知黃子之作此書，拔賞者寡而掊擊者多，故有以也，書之考引載籍則昭昭矣。至其洞察真贗，品藻高下，水墨之間，毫釐千里，則非書家者流心知其意，未易不惑。余是以道余所見於天祿者，使世知其論刺之嚴如此，皆不妄也。政和五年三月中澣，襄陵許翰崧老跋。（王、許二跋並黃序，又見於《閣帖考證》。）

法帖釋文十卷　（宋）劉次莊撰

首目，末有劉次莊二跋（《釋文》以此本為最古。次莊所譯，不盡可據）。

宋本（每葉二十四行，每行二十字）

太宗皇帝嘗遣使購募古先帝王、名臣墨帖，集為十卷，淳化三年冬詔刊之。後大臣登而府，皆以賜焉。歐陽脩云：「往時禁中火災焚其板，或云尚在，但不賜。」元祐四年，臣得本於前金部員外郎臣呂和卿，命工模刻之。後二年，復取帖中草書世所病讀者為《釋文》十卷，並行於時，所以上廣太宗皇帝垂意訓示天下後世之學者耳。元祐七年五月十有九日，前承議郎劉次莊謹題。

太宗皇帝深於草書，嘗論之《智永帖》中矣。真宗皇帝亦善草書。聖仁宗皇帝喜飛白，飛白蓋義之以為難而不敢自以為善者，仁宗皇帝乃獨善之。英宗皇帝最喜書，儒臣王廣淵以書得侍從。神宗皇帝喜徐浩書，熙寧、元豐間天下化之。臣為宗正時，聞先帝大喜鍾、王書，天下復將化之，而先帝駕龍上天入太清矣。七月八日臣次莊書。（跋低三格，前跋詔字，後跋四宗、先帝俱提行平書，知為原本。　歷敍四宗，意在補帝王書，仁宗飛白未見。）

提要曰：次莊之作《法帖釋文》，本附注石刻之中，未嘗別為一集。此本殆後人於《戲魚堂帖》中抄合成帙，而仍以閣本原第編之者也。（按，次莊自跋云：「後二年為《釋文》十卷，並行於時。」是《釋文》別為一集，又附注於石刻之中。且此本編次有法，於其所不釋者一一詳注之，間有考證，後附題跋，恐非後人抄合而成者。《提要》所云不知何本，原跋未曾言及。今本削去原跋，依《閣帖》全文排次劉氏原本，祇著其所譯之字，

不錄全文。）

　　東晉明帝、康帝、哀帝、簡文帝、孝王、武帝書皆楷法，故不復釋。（劉氏原本如此，今本依文排次，不知編自何人。東晉武帝書「比」字下，顧從義《攷異》云：「劉次莊譯文作『昨』，非。」按，武帝書已注不釋，汝和所云不審何據，恐以別本為劉本，又以別注為劉注。劉氏原本內無小注。）

　　梁高帝、簡文帝（原本如此，今本二帝平書又注「楷書不釋」，皆非其舊。原本某帝某臣下無「書」字）智氣

　　參具　忌欲怕死　欲似死　邊操翰墨　故斯表意　為善之暇相足怡神不知信復　今為北邊動靜　遣無　久嬰沈疾虛弊何言昨旦臨朝略無勞惙　不佳旦來何似　軒邱御辰六相宣其景化媯水乘時五臣濟其鴻業

　　數日來氣發今旦服一飲子不得相見（原本次第如此。唐太宗帖原本釋文止此九十六字，朱本既注不釋，唐太宗二十二帖又悉錄全文，例云「悉遵原本從古」，恐所見非原本）太子無事欲僻洛城西門仗聽更不許須覆（高宗帖原釋止十七字）

　　《張芝》帖「侍郎」上空二字（顧本作「往并」，朱本、徐本作「佳并」。王氏《考證》曰：「筆法當是『佳并』。劉釋『正爾』，顧以為『劉釋闕』，又釋作『往并』，恐未是」。案，顧氏所見之《釋文》與王氏所見之《釋文》兩本不同，此兩本與光所見之本又不同。此書自劉氏創始之後，互相抄襲，各加訂正，或另為編次。諸本互異，不但別本與劉本不同，即劉本亦不同。顧氏書考帖文之異，非考劉本之異。茲據所見之本，以不錄全文者為劉本，其餘為別本。）

　　魏鍾繇（原本於東晉明帝下著楷書，不復釋。以下止題名，不注不釋。朱本各注「楷書不釋」，恐非其舊。）

　　吳皇象《頑闇表》「走垂」上塗一字（朱本空一字，「走垂」作「走吾」。顧本、徐本不空，作「蕭」字。今本皆著官階，如《閣帖》所刻《吳青州刺史皇象書》原本題「吳皇象」，上下無別字，餘可類推。）

　　《洽白》二帖（第一帖朱本注：「楷書不釋，原本不注。」朱本太宗書錄全文，《王洽書》注「不釋」，漫無倫理也）「洽頓首言不孝禍深備」。（顧氏《考異》云：「劉作『紛』。按，書法可疑。施作『豫』，其釋注云：『劉修撰無言以館閣法書〔註27〕刻於私家，有此帖，乃側注，「豫」字恐是後人署名。而《淳化》《大觀帖》摹以入行，鉤勒復差，蓋不可辨。』劉氏本「豫」字甚明也。」　文光案，今劉本無此一帖。顧氏所云「劉作『紛』」者，不知何本。《閣帖考證》此條上著「黃長睿云」，考《刊誤》中第二三並無此文。顧氏《考異》凡所引《刊誤》，皆著「伯思云」，此文不著，王氏誤以顧注為黃說。）

〔註27〕「法書」二字原倒，今據《法帖釋文考異》卷二正。

《王廙》帖「可行」下闕一字。（顧云：「劉、施闕。一作『鴻』，疑作『瀉』。」徐本作「瀉」。朱本作「的」，非。）

《王循》帖「廿四日循」下闕一字。（顧本作「遮」，注云：「施闕。一作『舊』，非。」朱本作「舊」，徐本作「詹」。）

《索靖》帖「皋陶」下闕一字（顧本作「惟」，注曰：「施釋闕。」朱本、徐本俱作「惟」）。「城」字、「曰」字、「予」字闕（顧本「城」字下注：「劉釋闕。」「曰」字下注：「施釋闕。」「予」字下注：「劉釋闕，一作『爭』」）。信具（顧本作「信至」，王云：「『信至』，劉作『悉里』，非。」按，劉本作「信具」，顧本「信至」下無注，朱本作「信里」，徐本作「信至」，王所作『悉里』本未見）。「信至得書」下空六字（顧本、徐本作「悉知棄」，祗三字，恐此本誤空六字。朱本「壽知」。王云：「二字摸搨失真。劉作『壽知』，非。顧作『悉知』，亦可疑。」按，此本空缺，不作「壽知」）。

《紀瞻》（《大觀》釋注云：「石刻標題誤以『瞻』為『瞻』」）帖「信來」下闕二字（顧本缺，注云：「此上二字劉與施釋俱闕。一作『永攜』，可疑。」王云：「二字可疑。或作『永攜』，亦未是。」朱本空二字，徐本作『永攜』）。

《張翼》帖「廿三日」下闕一字（顧本缺，注云：「劉、施闕，當作『賴』。」王云：「闕之為得。」朱、徐皆作「賴」）。

《卞壺》帖「足下佳不朝」下闕一字（顧本缺，注：「劉與施俱闕，恐是『比中』二字。」王云：「當是『將中』連草合為一，前《王渙之書》『卡』二字，後《羊欣》『杲』二字同一筆法。劉、施釋闕，亦通。顧作『比中』，未是。」朱本闕，徐本作「將中」）。《沈約》帖「今年約垂」下闕二字（顧本「今年殆差故爾」，朱本「今年約乘離」下留一字，徐本「今年殆無故能十」。王云：「劉、顧作『今年』，最是。劉作『約乘離』，誤。顧作『殆差故』，亦非。疑當是『殆無能』。顧作『爾』，可疑，當闕之。」光案，劉本作「約垂」，王云「劉作『約乘離』」，不知何本）。「始得此」下闕二字（顧本作「事至」，注曰：「二字劉、施闕。」朱本「始得此書」，徐本「始得此一至」。王云：「劉作『始得此書』，則『此』下竟少一字，誤甚。顧作『始得此事至』，亦未是。當是『始得此處一決』。」光案，休文帖僅十餘字，諸本互異，闕之為是。王云意不在書，故率爾寫來，不可識別）。

《陳逵》帖「借」下闕一字（顧本作「介」，注云：「劉闕，施作『介』，『斺』之省也。」徐本作「斺」，朱本闕。）。

《古法帖》「欲」字下闕一字（顧本作「俟」，古「伸」字，不注。劉闕，朱、徐本作「俟」）。「措」字不闕（顧云：「劉與施闕，史作『智』。」王云：「顧汝和以為『俟』即古『伸』字，未詳。史作『智』，顧作『措』，亦可疑。」朱本、徐本俱作「措」，當闕。）。

右帖四，前二具載《王獻之》帖中，此不復釋，後二帖亦與獻之筆法同（劉本《古法帖》《亮白帖》後有此一則，朱本、徐本俱無，足徵是本之古）。

羲之《此諸賢》帖「簡」下闕一字（顧本作「闊」，注云：「劉闕。一作『理』，非。」朱本、徐本俱作「闊」）。

《宰相》帖「懷」下闕一字（顧本、朱本、徐本至「懷」字終「噉豆」提行書，此本「噉」相連，上闕一字。王本《宰相安和》帖、《噉豆鼠》帖為二帖）。《云足下》帖「熱」下闕一字（顧本闕，注云：「《淳化》摹誤，劉闕，《大觀》改正作『甚』。」朱本作「小」，徐本作「如」）。「足下還來已久」下闕一字（顧本作「早」，注云「一作『子』。」不注劉闕。朱本、徐本俱作「別」。）《釋智永》（此帖後有劉氏原跋）。

此帖世多論為差誤，蓋

太宗皇帝取其書類右軍，遂參列其間，所以貴之耳。 太宗於草聖最為深妙，何乃特不曉此「釋智永」字耶？（依原刻錄之，猶是舊式。劉氏後跋云：「太宗皇帝善草書，嘗論之《智永》帖中矣」，即此文是也。朱本、徐本俱不載，顧本有。）「悉以來未」下闕一字（顧本作「惶」，注：「施作『惟』，疑。」不注劉闕。朱、徐作「惟」）。《月半》帖「問」字闕（顧本不注）。獻之《相過》帖殆無「寔」（顧云：「劉闕，施作『實』。」原本闕。朱作「恨」，徐作「冥」）。

書齋《消暑錄·閣帖書目》：檢得《釋文》二冊，板甚古雅，末有次莊跋，尚是舊式，遂定為劉氏原本，依次著其闕字。以顧、朱、徐、王四本對勘，互有異同，未知孰是。擬撰《劉本法帖釋文考異》，眾本未集，不敢遽定，姑錄所見，以俟博雅。光緒七年七月七日，耿文光識。

淳化閣帖釋文十卷　朱家標校訂

首康熙癸亥何亮功序（泛論書法，殊不解事），次朱序（略無考證，亦不言書之所自出，惟云「余據古法帖釋文，殫心校訂，以付劂剞」，亦不知為何本），次凡例（歷來篆文未有音釋，廣求祕本，搜討無遺。羲、獻帖有專釋，刻之清江，文亦稍異。《淳化》源流詳載陶九成《輟耕錄》、韓雨公《淳化絳帖考》、楊升菴《墨池璅錄》、孫石雲《諸帖題志》），次閣帖譜系（朱家標訂與曹譜不同，以漢石經為首，不免屋上架屋。附以《圖說》，又泛言世系），次目，題曰：「朱清田先生校訂淳化閣帖釋文目次」（似為他人所刻，或子姪所題）。

龍潭朱氏絅錦堂本（凡著「楷書不釋」處與劉本悉同，獨不著次莊名，似不知書出於劉氏）

文光案，此本或錄全文，或注「不釋」，與劉本不合。

淳化法帖釋文十卷　　徐朝弼集釋

首徐序（較朱本二序差強人意，所見略廣，亦未語及劉氏），無目，略有考證。

山左徐氏問心堂本（嘉慶八年自序，略曰：「丙午秋，余需次蘭垣，偶詣學宮，晤廣文鞏先生督工刷印，即《淳化石刻》也。以所著《釋文》見示，嗣又得皋蘭署釋本、朱家標釋本，三釋對校，頗多參差，擇其稍覈者存之，界於疑似則注曰蘭本云何，朱本云何，文則悉遵鞏本。書家朝代、爵里、姓氏以及存參處，鞏本原有小注，凡余所注者則加『按』字以別之。爰是彙為一編，捐俸而梓諸板。」案，此本依帖全釋，與朱本不同，差可備覽。）

右二本皆劉本之支派。劉本楷行不譯，依帖全釋之本不知始自何人。諸本多刻校刊姓氏，並非編書之人，故此二本附於劉本之後，以見轉相抄刻，終不出此模範。雖小有異同，絕無勝人之處。若顧氏《考異》，自足成書。《閣帖考證》別為一體，非此二本所可及。（光記）

張彥遠《法書要錄》末有《右軍書記》一卷，所載王羲之帖四百六十五，附王獻之帖十七，並一一為之釋文。劉次莊之釋《閣帖》，蓋即以是為藍本。然彥遠書傳寫多譌，次莊書至南北宋間陳與義已奉敕作《法帖釋文刊誤》一卷，今附刊《續墨藪》之末（《法帖錄要》《墨藪》二書在「子部‧藝術類」）。

法帖釋文考異十卷　　（明）顧從義撰

是書無序跋、目錄，亦不知為何年所作，搜羅甚富。

武林顧氏手書本，太原王常校刊（板本甚佳，校正未精）

文光案，王氏《閣帖考證》以是書為藍本，詳見序文。惟題式不同，顧本依帖原文，勒為十卷，加以注釋；王本依帖原次標目，分條考證，不錄全文。王書勝於顧書。後起者加密，踵事者增華，自然之理也。

淳化祕閣法帖考正十二卷　　王澍撰

首自序，次凡例，次王著本傳（原按，《宋史》有兩王著，其一字成象，單州單父人；其一字知微，成都人。成象卒於太祖之世，去《閣帖》之刻二十三年，則摹《閣帖》之王著定為知微無疑。《宋裨類抄》竟以知微、成象合為一人，不直一笑），次米芾原題，次米芾本傳，次黃伯思刊誤原序（附跋語），次黃伯思本傳（以上三傳皆出《宋史》），次王玗、許翰二跋，次考正十卷（《提要》曰：兼米、黃、顧三家之意，以史傳正譌誤，以筆蹟辨依託，而行款、標目以及釋文之類亦一一考核），次古今法帖考一卷（附錄《提要》曰：溯《閣帖》之緣起及諸帖之沿流。　自序曰：自宋太宗刻《淳化祕閣法帖》，天下寶之。歷代以來競相傳刻，遂至多不可攷，或同或異，或增或減，大段皆本《淳化》。而傳刻既久，漸離

本宗，刻法懸殊，精神迴別，甚至有一帖而彼此互異者。文義且乖，書復何論？彙帖之少愜佳刻，正為此也。今據所知，取其盛有名者彙次為卷，以便考質。其所未知者闕之，俟來者為補正焉），次論書賸語一卷（序略曰：年來縱意摹古，心所通會，條疏紙尾，撮括合並錄成卷，附見卷末）。是書於黃、顧二書辨證尤詳，所見多善本。

天都秋火藕化居校刊本（《論書賸語》別有王逢壽手錄本，嘉慶甲戌王志融刊，有序）

宋太宗淳化中出內府所藏古帖，詔侍書王著釐訂，勒成十卷，名曰《淳化祕閣法帖》。真偽雜處，錯亂失序，識者病焉。然以刻在天府，臣下不敢妄有訾議，故自《淳化》後無一人異論者。米元章始以所見，創為區別。黃長睿因之，更據史書，考其紕繆，所見益精，而字畫淆譌未暇是正。明嘉靖中，上海顧汝和本米、黃未盡之指，細意校勘。雖其板本剝裂、字畫剝食處，亦必異同並載，無有遺失。自米、黃後，《閣帖》釋文無有詳到如汝和者。康熙間，義門何太史焯更以姜白石《絳帖平》增注其上。同年徐太史葆光又復旁搜博採，益增其舊。年來余抱疴掩關，時時臨寫。偶有所見，輒復條疏。積今五年，漸以成帙。於是發意博取羣書，詳悉考鏡。事辭參錯，必補正之。即字畫淆譌，亦援前規，備為詳訂。於是《閣帖》十卷是非同異，皆有據依，名曰《淳化祕閣法帖考正》。其鄙見所不及，考索所未備者闕之，以俟質之解人，或得或失，幸有以教我。雍正庚戌冬十月一月朔，奉直大夫吏部員外郎瑯邪王澍書於二泉之聽松菴。

所收諸帖，真偽不倫，標目亦多繆誤，今仍其舊而據史書駁正之。每家首辨標目，次列真偽，末乃詳校書法異同。但取《閣帖》對觀，便知字字詳審。（《凡例》）

《宋史·黃伯思傳》乃據李綱所撰墓志為之，而顛倒錯綜，頗失緒正。墓志以《法帖刊誤》繫於伯思既卒之後，蓋於卒後總敘其平生、學問，故臚舉及之。本傳繫此於河南戶曹參軍時。攷《法帖刊誤敘》伯思自署官階曰「左朝奉郎行祕書省祕書郎」，則著《法帖刊誤》正在升朝列後，本傳倒置蓋誤。伯思以政和八年年四十卒，而《考異》之作在大觀戊子，正伯思三十歲時。於時方年少，便已博極羣書如此，而取名既多，躬反不昌，豈不惜夫！（《書黃伯思傳後》）

歐陽修《集古錄》云：太宗皇帝時，嘗遣使購募前賢真蹟，雜為《法帖》十卷，鏤板藏之。每有大臣進登二府者賜以一本，其後不賜，或傳板本在御府院，往時禁中火災，板遂不復賜，或云板今在但不賜爾，故人間尤以官帖為難

得。米芾《寶晉英光集》云：太宗皇帝留意翰墨，嘗借王氏所收書以集《閣帖》
十卷。曹士冕《法帖譜系》云：熙陵出御府所藏歷代真蹟，命侍書王著摹刻禁
中，釐為十卷，各於卷尾篆書「淳化三年壬辰歲十一月六日奉聖旨模勒上石」
（此以《閣帖》為從真蹟模勒）。（光案，一以為購，一以為借，一以為藏。）

　　吳郡陸友仁云：嘗觀褚伯秀所記江南李後主命徐鉉以所藏古今法帖入石，
名《昇元帖》，此則在《淳化》之前，當為法帖之祖。邢侗《來禽館集》云：
《昇元帖》在《淳化》前，故名為祖帖。余家有《澄清堂帖》，是豎竹簾紙，
墨色黯澹，古香拂鼻。鐫手於轉使處時露鋒穎，遂令逸少須麋宛然，計知微亦
曾見此二本以資。近《昇元》乃模採為多，致傷肥重。李日華云：《淳化帖》
以南唐《建業文房帖》為祖而稍損益之。《建業帖》，李主重光所為，經韓、宋
二徐鑒定，非苟然者。《淳化》所益一二，由侍書王著裁入，是以長彈元章，
多有睿擊。汪仲嘉云：《淳化帖》即翻刻《昇元帖》（此又以《昇元帖》為《閣帖》
祖本）。（《輟耕錄》云：仁宗又詔僧希白刻石於祕閣，前有目錄，卷後無篆題。世傳以為《二王
府法帖》者，大不然也。）

　　劉跂《暇日記》云：馬傳慶說此帖本唐保大年模勒上石，題云「保大七年
倉曹參軍王文炳模勒，校對無差」，國朝下江南得此石。淳化中，太宗令將書
館所有增作十卷為板本，而石本復以火斷闕，人家時收得一二卷（此又以《保大
法帖》為《淳化》祖帖。按，《昇元帖》前賢稱者不一，孫北海曾見宋時翻本，上有賈秋壑印。
保大刻帖從無及者，惟劉跂《暇日記》有之，然其言又鑿鑿可據如此，載陶南村《輟耕錄》，姑
存其說，以俟鑒者）。

　　大梁劉衍卿世昌云：大德已亥，婦翁張君錫攜余同觀《淳化祖石帖》，卷
尾各有題識。第一卷高平、范仲淹，第五卷東坡、張文潛、姜白石，第六卷洛
陽伊川老夫、太學博士陳士元、蘇舜欽。陳題云：「此正《祖石刻》第七卷。」
陳簡齋題云：「魏、晉法書非人間合有，自我太宗皇帝刻石寵錫下方見，不滿
十數。臣與義頓首謹書。」第八卷蘇頌、張舜民，第十卷太宗書「淳化四年六
月廿二日賜」。畢士安籤題云：「淳化祖石刻」。（此以《淳化祖帖》為石刻。）

　　陶南村《輟耕錄》云：今世言《淳化閣帖》，用銀錠�棗木板刻而以澄心
堂紙、李廷珪墨印，故趙希鵠《洞天清錄》亦云「用棗木板摹刻，故時有銀地
紋；用李廷珪墨打，手揩不污」。然有傳仁宗嘗詔僧希白刻石於祕閣，前有目
錄，卷尾無篆書題字，所謂「祖石刻」者，豈即此歟？王柏《淳化帖記》云：
「本朝太宗皇帝天下甫定，即遣使購募前賢真蹟，集為法帖十卷，鏤板於禁中。

然當時命王著辨精粗，而著之識鑒不明，真偽莫察，玉石雜糅，遂為全帖之累。」汪達《淳化辨記》云：「其本乃木刻，計一百八十四板，二千二百八十七行，其逐段以一、二、三、四刻於旁，或刻人名，或有銀錠印痕，則是木裂。」(此以《淳化》為木刻。　前人言《蘭亭》如聚訟，竊謂《淳化》亦猶爾。觀前幅所列，言人人殊，將以何說為足據乎？歐陽公去宋初不遠，板之存亡已不可辨，何況今日？光以意斷，竊謂太宗既出內府所藏，命侍書王著模刻。更復購募前賢真蹟，命集成十卷。王著識見不精，真偽莫辨，遂以南唐傲書數十種參錯其間，遂至玉石不分，淆譌千古，昧者乃云原本《昇元》。《昇元帖》經韓宋二徐鑒定，非苟然者決不至如王侍書草率。或其間亦有採自《昇元》者，見者遂目《昇元》為祖本耳。《輟耕錄》所載劉衍卿「祖石」之說，竊謂《淳化》本無石刻，諸公誤以初搨賜本為祖石，寔則棄木本耳，所謂「祖石」即《昇元帖》也。帖後篆款既云「奉聖旨模勒上石」，諸公因之，故亦以初搨為祖石也。歐陽公《集古錄》云：「太宗購募前賢真蹟，鏤板藏之。」王柏《淳化帖記》亦有「鏤板中禁」之語。元祐中，親賢宅從禁中借板墨百本，分遺宮僚，多木橫裂紋，其為板本的然無疑矣。)

黃伯思《法帖刊誤》云：余備員祕館，因彙次御府圖籍，見一書函中盡一手傲書，每卷題云「傲書第若干」，各卷所有偽帖皆在焉，其餘法帖中不載者尚多，並以澄心堂紙寫，蓋南唐人聊爾取古人辭語自書之耳。文真而字非，故斯人自目為傲書，蓋但錄其詞而已，非臨模也。王著不悟其非，採其名，雜載真帖間，可勝歎哉！曾宏父云：《閣帖》其原得自江左多，南唐善書者取前語以意成之，非臨非模，是謂傲書。藏之祕閣凡數十匣，明題云「傲書」，皆用澄心堂紙與廷珪墨，悉後主在江南日所製者。宣政間，劉無言輩猶見及之。(以上《閣帖考正》)

孫北海得《古閣帖》八冊，第六冊有紹聖三年題云「御府法帖」。板本掌於御書院，歲久板有橫裂紋。魏王好書，嘗從先帝借歸邸中，模數百本，又刻板本藏之，模搨鐫刻皆國工，不可復辨。北海云：「書法甚工張爾，唯以為蔡君謨筆《二王》者魏王也。」(《譜系》云：「《二王府帖》中原再刻石本，非禁中板本，前有目錄，尾無篆題。」)

李日華曰：陳眉公攜網文蕭公所藏《淳化祖帖》見示，每卷有「臣王著摹」及汪俊、陳知古等名，紙墨極新好，較吾禾項氏所藏又出一頭。第每段行間亦多有異，魯孔孫、屠用明以別本相對錄出，云：每卷法帖第一、第二下有「臣王著模」四字。《漢章帝書》「遐邇」右有「一」「二」小字，《梁武帝》下有「一十三」三小字，《唐太宗書》下有橫裂文。第二卷《鍾繇書》多《戎輅帖》；諸

帖少見《王珣》；少《伯遠帖》，諸帖有；《張芝書》「處」字不分二斷，另作一行；《宣示表》後多《戎輅表》十二行；《張華書》有橫裂文；《謝安書》「安」字是楷字，諸刻皆草字。第三卷《王渙之書》「反側左之等下」有「陳知古」三小字，又有「三十八」三小字在「欲何之」左；《孔林書》有橫裂紋，「歎具」傍增「悒悒腳中」四字，「何顙」右有「轉劇近明散未覺蓋」八字，「悒悒」十二字旁添，與今刻不同。第四卷《陳遠書》後有橫裂紋，又有「四十三」三小字；《歐陽書》有橫裂紋。第五卷《智果書書評》《索靖》俱全。第六卷「汝不可言」下有裂文；《小佳更帖》「問」字口有裂紋。第七卷「讓未知如」下有橫裂紋七行，篆書尾後有「第七卷十六板終」七字。八卷《發盧帖》後有「莆田陳知古」五小字，《月半帖》下有橫裂文六行，《尊夫人帖》「不」字右有裂紋，《取卿帖》「知耳」「耳」字有補痕。第九卷《思慈帖》後有「知古」二小字，《思慈無往帖》後有「汪俊」二小字。第十卷「臣王著模」四字在《獻之書》旁，「求耳」後、篆尾前有「第十卷」三字，「在追求」左「第」字與「追」字並「十五板終」四字與「辰歲十一」四字，並與七卷「尾」字稍大。

　　《淳化帖》以南唐《建業文皇帖》為祖而稍損益之。《建業帖》，李主重光所為，經韓宋二徐鑒定，非苟然者。《淳化》所益一二，由侍書王著裁入，是以長睿、元章多有彈擊，嗣後大觀、元祐、淳熙俱有摹勒。諸州鎮、潭、絳、汝、黔、戲魚、閱古、羣玉、悅生等堂私家寶秘，非不人人靈蛇荊壁，而以視閣本瞠若也。然王文肅所藏祖搨一本，較人間所行本眉低二指，行數、字數俱互異，後於年月鐫勒下有「臣王著」三字，紙厚搨濃，點畫圖重，似此為供御物而所賜兩府諸王者，特其副耳。今天下視泉庫本、前後湖庄本以為極，則豈復能精攷深辨耶？　《大觀帖》拓於閣本既燬之後，重出御府，墨蹟勾填入石，較《閣帖》眉高二寸有奇，與諸行列語句亦多不同。主之者為蔡京，前標、後題皆京筆。京事業不滿人意，而書學視王著稍勝，故所拓有一種雄粲之氣，與潭、絳諸本厭厭學步者不同。又以昏主諛臣所鐫，人不貴尚，無番拓者，所傳大抵皆當時搨本也。墨池筆壘，無關平章重事，烏可以人廢？無妨與《淳化》祖刻驂乘而行。

　　右三則錄於《六研齋筆記》，第一則考《閣帖》尤詳，余於法書無所鑒別，而於題跋之精審者必詳錄之，以備參攷。文肅所藏與今所稱王著本大異，余所藏本「法帖第三」下刻「臣王著模」四字，餘皆不合。所謂「陳知古」三小字、「三十八」三小字、「注俊刻」三小字，並無其字，亦無橫裂文，惟《孔琳書》

有旁添十二字，與所考者合。墨色甚濃，近以此本為貴，不知刻於何時也。癸未六月十九日，書隱耿文光識。

王魯齋《淳化帖記》曰：真帖難見，《絳帖》銓次不同。劉希白《長沙帖》字行疏密，亦異。陳王本病於無精神，臨江本病於瘦弱，俱不足以比肩。《閣帖》紛紛，各自夸張，不特字體變動，而橫拓亦無精墨，是以山谷云「當時用歙州貢墨摸打則色濃（李莊簡云：「用李廷珪墨」），後用潘谷墨則色淡」，此墨色濃淡之分也；山谷又謂「墨濃則瘦，墨淡則肥」，此字畫肥瘦之分也，然非閣本，此皆不足辨。予所見閣本凡四本：一為李莊簡舊藏，此為墨最濃而未見銀釘；一為先伯文定家藏，墨淡而肥，已有銀釘；一為聞人仲言家藏，亦非先本；一為潘氏維屏得故家物，疑陳王本也。淳祐癸丑之夏，予偶得鬘碑塵敗之帖兩卷，人所不售者。細視之，真李廷珪墨打者也。精神體致，絕出前四本。手自裝褫，分為四冊，永為閣本之式。

右見於《魯齋遺集》。諸本引此條者絕少，故錄之。所述凡五本，而各有不同，且可知濃、淡之異。王氏經說余不錄，錄其說金石者數條於各目之下。文光記。

淳化中，詔以祕閣所藏書入石，又以翰林待詔王著摹字。求其書法之外，各有異處，殆不可得。至於行筆利鈍，結字疏密，時可見之。然決礫鉤剔，更無前人意，皆著之書也。其後得祕閣墨書，按其字畫，皆硬黃摹書。至有墨色烟落，或以重墨添暈。當著奉詔時，其所摹搨皆略放其大體而私以筆畫成之，宜其用筆略無古人遺意，不足異也。觀《王洽書》，逸少謂「不減己，落簡揮毫，有郢匠成風之勢」；《王珉書》，獻之謂「騎驢駸駸，欲度驊騮前」。今視官帖，二人書雅有相類，而洽更自劣弱，珉書則與子敬更不可辨，皆硬黃偽誤少真，而摹傳者遂成一體也。今人不知其故，憑石本便評定書畫。至於放言立論，更無疑處。此與觀景而論形神，以為某勝某劣何以異哉！（《廣川書跋》）

文光案，學書宜覓漢、魏碑，或晉、唐單行本之佳者，斯見其妙處。部帖大半似一手所書，形體雖具，殊失神氣，不獨《閣帖》為然也。董逌云：「古人大妙處不在結構形體，在未有形體之先其見於書者託也。若求於方、直、橫、斜、點、注、折、旋盡合於古者，此正法之迹爾，安知其所以法哉！」誠哉，是言也！學書者宜知之。

《要錄》謂章草本漢章帝書也，今官帖有「海鹹河淡」，其書為後世章草宗。其取名如此，以書考之，非也。此書本章奏所用，以便急速，惟君長告令

用之，臣下則不得。建初中，杜伯度善草，見稱於時。章帝詔使草書上奏，然則章奏用草，寔自章帝時，不可謂因章帝名書也。元帝世史游作《急就章》，解散隸體書之，其後用於章奏爾。蕭子良不知其初，廼謂「杜操始變字法，謂之章草」，然伯度在游後實二百年矣，不可謂其書始於操也。（仝上）

　　昔神龍中，王方慶上其祖導、洽、珣、仲寶、騫、規、獻之二十八人書，釐卷為十。詔其書，號《寶章》，命崔融為序，復還。方慶當時所集，大小差次不能比櫛相倫，隨其廣狹高下為卷，其後散逸，世人各復一二得之，淳化所上帖已有雜出是集者矣。元符中，祕閣復以至道後逮紹聖間所購書摹石《寶章集》盡刻之。余嘗見墨蹟，盡作硬黃紙，次第扁𡰪如梵經，亦甚整理。此乃唐人臨搨者，世人以其石刻出祕閣，比他石為難得，乃剔取《寶章》一卷別出，謂真方慶所上也。導、洽、珣書自有存者，世或得之，不於此求而競從於偽，因書其末。（仝上）

　　服虔謂方絮曰：絮蓋漢紙如此。古人治紙，要自有法，故以縑帛依舊書長短隨事截之，則為幡紙；以生布作紙，故名麻紙；以樹木皮作紙，名縠紙；至藥汁湟染，點治槌裝，則為經紙。自漢、魏遺字多作幡紙，晉、宋多作麻紙，而隋、唐用經紙，今世所見宋、晉帖多作經紙硬黃，此於真偽可以不論也。余見祕閣《寶章集》悉為經紙摹書，然武后既復以賜方慶，則流於御府者，當時所臨搨者也。（仝上）

　　唐貞觀購書四方，一時所得盡入祕府。張芝、鍾繇、張昶、王羲之父子書至四百卷，漢、魏、晉、宋、齊、梁雜蹟又三百卷。惟喪、疾等疏，比之凶服器，不及入宮，故人間所得者，皆管庫不受者也。淳化中，詔下搜訪，已無唐府所藏。其幸而集者，皆唐所遺於民庶者，故大抵皆弔問書也。（仝上）

　　文光案，《石鼓》在可信可疑之間，故議論愈出愈奇；《閣帖》有或真或偽之跡，故辨別益精益密。蓋考證之學至我　朝而極盛，是可不裒合薈萃，以成鉅觀哉！予初為金石學，集《石鼓》之說為一卷。又有法書癖，集《閣帖》之說為一卷。其中有學問焉，有識見焉，然猶以為無當於經史也。又集石經諸攷為一卷，歐、趙、洪三家之書為一卷，雖所採，悉為精要之語，自案時有確當之處，惟橫批側注，見空即書，繩以體例，蕪雜殊甚。戊子夏，寓居津門，意欲付梓而茫無倫次，心竊憂之。於是前後移置，補綴成編，去取之間，割愛殊甚。其小小違誤，自所不免。以視原稿，則清整多矣。吾鄉閻百詩先生著書不循次序，如《四書釋地》則始「蓋」而終「晉陽」。《古文尚書疏證》忽雜以割

記，視之瞿然。《潛邱劄記》皆隨手所錄，未曾整比。惟其精確不磨，所以可信可傳。有百詩之學則可，否則體例為要。唐汝詢以瞽者著書，時代先後，一絲不亂，甚可法也。

古泉匯六十四卷　李佐賢撰

首咸豐八年鮑康（字子年，歙人）前後二序、自序、諸家題詞，次總目。首集四卷（凡例目錄歷代著錄古泉臆說諸家泉說）、元集十四卷（故布）、亨集十四卷（古刀）、利集十八卷（圜法正品）、貞集十四卷（異泉雜品），末有同治二年鮑康跋，竹朋自跋。

利津李氏石泉書屋本（同治甲子年刊）

《古泉臆說》：尚作〔〕，六作介，晉作〔〕，千作〔〕，生作〔〕，尹作〔〕，父作〔〕，大作大，毛作〔〕，乙作己，五作〔〕，八作八，西作〔〕，宋作〔〕，阜作〔〕，丙作〔〕，癸作〔〕，侯作〔〕，齊作〔〕，之作〔〕，左右作〔〕，非作非，乙作乙，大作〔〕，伯作〔〕，金作〔〕，晉作〔〕，邑作邑，粵作〔〕，行作〔〕，午作〔〕，大作〔〕，共作〔〕，安作〔〕，屯作〔〕，平作〔〕，千作子，同作〔〕，向作〔〕，羊作〔〕，卯作〔〕，公作〔〕，凡此與《博古圖》、薛氏、阮氏鐘鼎文字悉同。近代出土鼎彝，其同文者更難枚舉。三代以上之古篆籀文真蹟猶在，其珍愛當何如哉？

〔〕虞，贖金。《釋文》〔〕者，虐也；〔〕者，吳也。〔〕金。〔〕化。〔〕虞。〔〕金。〔〕虞。〔〕半。〔〕乘。〔〕尚。〔〕爰、〔〕尚。〔〕充。〔〕安。〔〕邑。〔〕安。〔〕陰。□陳壽卿釋為「城」字，象形。愚意或「國」字減筆，其義皆同。《列國刀》及《幾字布》皆有此字。〔〕甫反，即蒲坂，《古金錄》讀為涑城，亦通。〔〕，「穎」省，鄭邑。〔〕京。〔〕晉。〔〕晉。〔〕殊。〔〕布。〔〕當。〔〕貨。〔〕垂。〔〕公。〔〕盧。〔〕陽。〔〕安。〔〕陽。〔〕宅。〔〕匋，「陶」省。〔〕魯。〔〕宜。〔〕其省。〔〕邱。〔〕陰。〔〕大。〔〕九。〔〕壞，篆與〔〕垣同，惟去支旁易土旁。〔〕戈。〔〕邑。〔〕郱。〔〕〔〕堯。〔〕烏。〔〕共。〔〕登。〔〕良。〔〕莘。〔〕木。〔〕干。〔〕來。〔〕幾。〔〕氏。〔〕幾。〔〕城。〔〕幾。〔〕氏。〔〕毛。〔〕皮。〔〕尋。〔〕奇。〔〕周。〔〕工。〔〕原。〔〕者。〔〕高。〔〕莆，即「蒲」之省。〔〕長。〔〕子。〔〕冥。〔〕北。〔〕屈。〔〕其。〔〕同。〔〕是。「同是」乃「銅鞮」省文。〔〕屯，即「純」省。

《左傳》：「晉人執孫蒯於純留。」▨▨▨▨留。▨▨▨▨▨馬。▨▨▨▨，即「服」省。▨呂，即營省。馬服山在邯鄲西北，營即市居也。▨▨貝丘。▨▨▨垣。▨▨處如。處即「咎」省。《左傳》：「狄人伐廧咎如。」▨▨▨▨▨豐。▨露，即潞。▨雨。▨涅。▨涿，水旁反寫。▨▨關中。▨武。▨▨▨▨晉。▨▨▨▨▨易。▨▨▨文，汶陽省。▨▨▨▨▨化減筆，易邑之貨。▨▨▨壽。▨平。▨▨▨▨周。▨▨茲。▨▨郭。▨▨▨牙。▨▨山。▨▨▨▨商。▨▨▨▨▨▨城。▨者。▨▨▨自。▨▨佳。▨▨甘丹。▨魯。▨宰。▨私。▨藏。▨安。▨考。▨▨商。▨亳。▨是。▨高。▨▨智。▨向。▨▨吉泉。▨刀。▨▨公。▨富。▨▨寶。▨侯。▨美。▨▨室。▨君。▨南。▨▨▨▨▨明。▨丙。

續泉匯十六卷　　鮑康、李佐賢同編

首同治癸酉鮑康序（二首），次凡例，次歷代著錄補遺（凡八種，皆今人之語，多不確當），次目錄：元集三卷（古布：曰方足、曰圓足、曰尖足、曰空首，凡四類。空首即鑱布），亨集三卷（古刀：曰齊刀、曰明刀、曰列國刀，凡三類），利集三卷（圜法正品，自周至明，附外藩），貞集五卷（異泉雜品：曰無玟、曰奇品、曰厭勝、曰生肖、曰神仙、曰花紋，凡六類），補遺二卷（皆古布），悉依前譜之例，共補九百八十四品（合前譜為六千品，實從來未有之奇作也），末有竹朋跋（竹朋以新得之泉並諸家拓本續之，子年訂為十六卷）。

觀古閣本（光緒元年鮑氏校刊）

▨充。▨▨甫反。▨當。▨貨。▨垂。▨▨益。▨▨昌。▨宅。▨毛。▨原。▨考。▨棘。▨寶。▨松。▨乘。▨不其城。▨▨齊。▨建。▨邦。▨就。▨安。▨▨▨明。▨節。▨法。▨似「北」字。▨平。▨長。

文光案，古泉為金石之一種，可以玟文字、證地理，其有關於學問甚大也。惟泉、刀諸譜，其見於史志者，洪氏《泉志》以外，傳本絕少。凡圖、畫諸書，雕板不易，板成之後，又易於模糊，不能多印（精板，其棱尖，五六百部以後即不能全美。常板，其棱平，能印萬部），人嫌費工，亦無翻刻，故《元和郡縣圖志》《高麗圖經》《唐本草圖經》，或失其圖，或佚其書，職是故也。《泉譜》為選泉所拓（出土諸物，易於剝蝕，泉文求一全美者甚難），與繪圖又異，更難久傳。若有說無圖，終不能了然。自道光年間，新出泉幣甚多，而一時名流精於賞鑑，又勤與同好者互相考訂，如此二譜皆竭一生之力為之。專門名家，集其大成，視《路史》之荒謬，《通志》之疏漏，相去遠矣。予備錄其所釋之古文奇字，誠恐久而失傳也。

目錄學卷七

子部

申鑒一卷 （漢）荀悅撰

首尤延之序，次正德十三年李濂序，是書傳本甚少。

明本

荀悅書五卷，觀其言，蓋有志於經世者。其自著《漢紀》，嘗載其略，而范蔚宗《東漢書》亦摘其篇首數百言，見之《悅傳》。今《漢紀》會稽郡已板行，而此書則世罕見全本。余家有之，因刻寘江西漕臺。但簡編脫繆，字書差舛者不一。不敢以意增損，疑則闕之，以俟知者。淳熙九年冬十月己亥，錫山尤袤。

何氏跋曰：仲豫之文，儗《法言》而為也。其謂匹夫匹婦處畎畝之間，必禮樂存焉，雖圣門亦必取諸。屺瞻識。

文光案，是書有明黃省曾注本五卷，未見。

黃帝素問二十四卷 （唐）王冰注

首重廣補注黃帝內經素問序，啟元子王冰撰；次高保衡、林億校書表；次目八十一篇。

守山閣本（咸豐二年錢熙祚校刊，合《靈樞》別行，不在叢書內）

《素問》古注全元起本已不可得，惟王注存。唐時去古未遠，訓詁皆有師承。又得宋林億薈萃羣書，析疑正誤，方諸吾儒，其鄭注之有賈疏乎？然尚有可疑者，如《平人氣象論》云：「乳之下，其動應衣，宗氣泄也。」林億據全本，及《甲乙經》並無此十一字，以為衍文。按，「乳下之動應衣」者，病終不治，以今驗古，信而有徵。林氏以為衍文，蓋因上文云「其動應衣，脈宗氣也」，似與此文不合。然《甲乙經》作「其動應手」，蓋動而微則應手，動而甚則應衣，微則為平，甚則為病。王氏必有所本，未可斷為衍文矣。《痿論》云：「有所失，亡所求，不得則發肺鳴，鳴則肺熱葉焦，故曰：五藏因肺熱葉焦，發為痿躄。此之謂也。」《甲乙經》無「故曰」以下九字。按，上下文皆五藏平列，未嘗歸重於肺。此處但言肺痿之由，不當有此九字。如謂五藏之痿皆因肺熱而成，則治痿者當取手大陰，下文又何以云「獨取陽明」耶？《奇病論》云：「病脅下滿氣逆，二三歲不已，名曰息積」，《甲乙經》作「息賁」，以此隸

《難經》「息賁」條後，則「積」字為傳寫之誤無疑。《難經》言「息賁在右脇下，覆大如杯。久不愈，病氣逆喘欬」，與經文正相合也。《天元紀大論》云：「天有陰陽，地亦有陰陽。木、火、土、金、水，地之陰陽也。生、長、化、收、藏，故陽中有陰，陰中有陽。」按，「木火」以下十六字，必因上文誤衍。上下文勢緊相承接，不當以此十六字橫亙於中。觀王注亦無釋，是誤在王氏後矣。《素問》該括理數，詞奧旨深，不特為言醫之祖。注亦精簡，得經意為多。俗醫苦其難讀，競趣捷徑。儒者津逮偶及，亦未深究全書。自明以來，刻本瞀亂，幾不可解。因與同里顧君尚之悉心校讎，將與《靈樞》同授之梓，或有益於學者，未可知也。道光十年歲次庚寅季冬之月，金山學人錢熙祚識。（全錄）

靈樞經二十四卷

昔黃帝作《內經》十八卷，《靈樞》九卷，《素問》九卷，迺其數焉。世所奉行，唯《素問》耳，越人得其一二而述。《難經》，皇甫謐次而為《甲乙》，諸家之說悉自此始。僕參對諸書，再行校正。家藏舊本《靈樞》九卷，共八十一篇。增修音釋，附於卷末，勒為二十四卷。宋紹興乙亥，錦官史崧題。

守山閣單行本

《漢志》：「《黃帝內經》十八卷。」王冰云：「《素問》即其經之九卷也，兼《靈樞》九卷，乃其數焉。」張仲景《傷寒論序》以九卷與《素問》並言。王叔和《脈經》、皇甫謐《甲乙經》凡引《靈樞》者，皆直稱為九卷，下至唐王燾《外臺秘要》亦然。故有謂「靈樞」之名，自王冰始者。然《甲乙經》引「少陰終候」一條，已稱《靈樞》，則其名不始於王冰也。《素問·三部九候論》注引《靈樞經》云：「經脈為裏，支而橫者為絡，絡之別者為孫絡。」《調經論》注引《鍼經》文同。林億云：「王氏之意，指《靈樞》為《鍼經》。注中引《鍼經》者，多《靈樞》之文，但以《靈樞》今不全，故未得盡知也。」據此，則林氏所見《靈樞》已非完本。細繹王注引《靈樞經》，又引《鍼經》，其為二書無疑。「經脈為裏」三句，或二經並有之，而王注亦兩引之，未必指《靈樞》為《鍼經》也。《館閣書目》云：「《黃帝鍼經》九卷八十一篇，與《靈樞》同。《鍼經》以《九鍼十二原》為首，《靈樞》以《精氣》為首，間有詳略。」林億《校甲乙經序》云：「《黃帝內經》十八卷，《鍼經》三卷最出遠古，二說皆別《鍼經》於《靈樞》之外，而卷數又不同。今《靈樞》以《九鍼十二原》為首，無所謂《精氣》篇者，又與《館閣書目》不合。古書傳寫已久，愈遠而愈失其真，類若斯矣。」林億校《素問》，凡經注與《靈樞》同者，多引《甲乙

經》之文。於《脈要精微論》云「陰盛則夢涉大水，恐懼至此」乃《靈樞》之
文誤置於斯，仍少「心脾腎氣盛所夢」，今具《甲乙經》中；於《八正神明論》
云「周天二十八宿，至日行二十八宿也」本《靈樞》文，今具《甲乙經》中；
於《至真要大論》云「論言『至曰平』」本《靈樞經》之文，今出《甲乙經》。
三處皆明言《靈樞》而仍引《甲乙經》為證，非以其所見之《靈樞》脫誤甚多
而不可讀耶？至紹興中，史崧進《靈樞經》二十四卷，自稱家藏舊本。蓋史氏
得不全之書而釐析增益，復為八十一篇，又非林氏所見之本矣。《素問·三部
九候論》注引《靈樞經·持鍼縱捨論》云：「少陰無輸，心不病乎？曰：其外
經病而藏不病，故獨取其經於掌後銳骨之端。」今此文見《邪客篇》中，不名
《持鍼縱捨》，其證一也。《素問·運氣入式論奧》引《靈樞經》云：「太一者，
水尊號。先天地之母，後萬物之源。」今《靈樞》無此文，其證二也。虞氏《難
經注》引《靈樞》「病總」曰：「凡五泄者，春傷於風，寒邪流連，乃為洞泄。」
今《靈樞》「無病總」篇惟《論疾診尺》云：「春傷於風，夏生殄泄腸澼。」其
證三也。反覆詳究，今本之非古書無疑。惟是今本之文多出於《甲乙經》，而
《甲乙經》本取《素問》《鍼經》《明堂》三部之書分類編次，則與鑿空偽撰者
迥不相同。且今《甲乙經》亦多脫誤，如《鍼道》篇「知其所苦」上脫去三百
餘字，而《靈樞·官能》篇具有之餘，亦互有得失，用以校勘裨益宏多。

　　《提要》謂「其書雖偽，而其言則綴合古經，具有原本」，可謂持平之論。
或竟以為王冰所偽撰，則考之未審也。今最舊惟史崧本，已多脫文譌字。馬元
臺、張介賓輩雖尊信是書，好以意改竄，又不曉古人轉注、假借之法，望文生
義，句讀之未能通而強言訓詁，議論愈多，經旨愈晦，余甚為斯道憂之。癸巳
冬，與尚之商榷疑義，取《甲乙經》與是書互相考校，參以諸書所引，擇善而
從，仍一一注明於本句之下，以存其舊。其諸家誤讀、誤改之處概置弗論，非
特不勝辨，亦不足辨耳。史氏音釋甚為疏略，間有一二足以正今本之誤者，仍
附卷末以備考。顧君博極羣書，兼通醫理，其所更正，助我為多焉。甲午首夏，
錢熙祚錫之甫識。

　　《素問》《靈樞》二書，先君子蓋嘗校正，擬刻入《守山閣叢書》。既寫定
矣，以卷帙稍繁，兼未得見宋刊本為歉。壬寅冬，借元妙觀道藏本校閱，間有
異同，絕無勝處，遂置之。間歲以來，不肖兄弟承遺命補刊《指海》。既竣，
次及是稿，泣念先君子數載苦心，當大有裨益於世，不忍聽其湮沒，因商之張
君嘯山覆校付梓。一以竟先君子未竟之緒，一以使業是書者不為俗本所誤。其

不入《守山閣叢書》者，以叢書編定已久，且卷帙多以單行為便也。咸豐三年八月乙亥哉生明（不肖男培杰葆）附識。

文光案，王冰，晁《志》作「砅」，宋槧本作「冰」，自號啟元子，寶應中人。見《唐書‧宰相世系表》，又見《唐‧人物志》。

《漢志》：「《內經》十八卷（別有《外經》三十七卷，久佚，諸家俱未著錄）。」《隋志》：「《素問》九卷（元注云：『梁八卷』）。」《宋志》：「《素問》二十四卷，（唐）王冰注（今所傳即此本。又《素問》八卷，（隋）全元起注，此本不可得見）。」《崇文總目》（與《宋志》同）、馬《志》：「二十四卷。」晁曰：「《素問》者，以素書黃帝之問（案，此謂以素帛書其問，或云黃帝與岐伯素所問答）。砅謂『《漢志》「十八卷」，《素問》即其經之九卷，兼《靈樞》九卷，迺其數焉。』先是，第七亡逸，砅時始獲，乃詮次注釋，凡八十一篇，分二十四卷。今又亡《刺法》《本論》二篇。」陳曰：「出於依託，要是醫書之祖。高保衡承詔校定補注，頗採元起之說（案，王注本非《內經》原書，高校本又非王注原書）。」《玉海》：「天聖四年校定《內經‧素問》，五年國子監印行。景祐二年校正《素問》，嘉祐二年置校正醫書局於編修院，命掌禹錫等五人，從韓琦之言也（按，林億等表云：「嘉祐中，臣等承乏典校」）。政和八年，詔刊正《內經》（按，天聖本、景祐本、政和本今俱不傳。《玉海》王注有《釋文》一卷，今散見於各卷之後。《中興書目》王注十四卷，蓋誤「二十」為「十」）。」

明刻仿宋題曰「重廣補注黃帝內經素問」（第一行）「啟園子次注林億孫奇高保衡等奉勅校正孫兆重改誤」（第二行　每葉二十行，每行正文二十字，小注三十字。板口中刻「內經」，下刻校書名）。首目，次校書表（裒集眾本正誤六千餘字，增注二千餘條），次王冰序（寶應元年撰。《世系表》稱冰為京兆參軍，《人物志》稱太僕令校本引之，故醫家皆稱王太僕。按，《序》所云《素問》九卷兼《靈樞》九卷為《內經》十八卷，本於皇甫士安《甲乙經序》。亡其第七一卷，故梁《七略》作八卷。全注本亦八卷。宋校本每卷之首各標「全元起注本第幾」，可知全本為《素問》舊第，王注為新定之目。其所得者第七，人或疑之，皆謂冰所自撰）。此本紙墨皆佳，悉是宋本舊式。天一閣有明吳梯校本十卷，與此不合。此本傳為明刻，亦無確證。《明志》：「趙簡王《補刊素問遺篇》一卷（世傳《素問》王砅注本中有缺篇，簡王得全本補之）。」其書未見，王冰有《天元玉冊》三十卷（見晁《志》），又《元珠密語》十六卷（《通志》十卷，焦《志》同。《敏求記》十七卷），冰注《內經序》云：「別譔《元珠》以陳其道。」《新校正》云：「《元珠》世無傳者，今《元珠》十卷、《昭明隱旨》三卷，皆後人依託之文。」《拜經樓藏書記》云：「《元珠密語》，宋板以外無二刻，其書微渺難測，是以所傳不廣

（案，吳氏所藏，想亦是依託之文）。」

醫統本，嘉靖庚戌顧經德校刊。《序》云：「家大人供奉內庭時，以宋刻善本見授，曰：今世所傳《內經》即黃帝之《脈書》，廣衍於秦越人、陽慶淳于意諸長老，其文遂似漢人語而旨意遠矣。遂翻刻之，以見承訓之私云。」

萬曆辛丑吳勉學校刊《醫統正脈》，《素問》是其中之第一種（翻刻嘉靖顧本），雖不及宋本精美，而板式悉如其舊，不似守山閣本全失古本面目也。

上古天真論篇第一（《新校正》云：「按，全元起注本在第九卷，王氏重次篇第，移冠篇首。今注逐篇必具全元起本之卷第者，欲存《素問》舊第目。今見之篇次，皆王氏所移也。」案，林億等所補之注，別以「《新校正》云」，間王注一格，使不相混，眉目最清，可為增注之例。因表出每篇標原第，亦可為法）

附記（「解㑊」二字不見他書，解即懈，㑊音亦。倦而支節不能振聳，憊而精氣不能檢攝，筋不束骨，脈不從理。解解㑊㑊，不可指名，非百病中有此一症。《內經》言解㑊者凡五。《唐志》全元起注《黃帝素問》九卷）

《靈樞經》二十四卷，自宋與《素問》並行，未見單行之本。《宋志》九卷（按，《靈樞經》始見《宋志》。《隋志》：「《黃帝鍼經》九卷。」王叔和《脈經》、皇甫謐《甲乙經》凡引《靈樞》直稱九卷，王燾《外臺秘要》亦然。林億云：「《隋志》謂之《九靈》，王冰名為《靈樞》，今《隋志》無《九靈》，《甲乙經》引《靈樞》之文，是名亦不始於王冰也。」《甲乙經序》云：「《鍼經》九卷，《素問》九卷共十八卷，即《內經》也。」楊元操云：「《黃帝內經》二帙，帙各九卷。《唐志》：『《鍼經》十卷，靈寶注；《黃帝九靈經》十二卷』，《九靈經》即《靈樞經》。《宋志》：『《靈樞》九卷，《鍼經》九卷。』冰注引《靈樞經》，又引《鍼經》，其為二書無疑。」《館閣書目》云：「《黃帝靈樞經》九卷，隋楊上善序，凡八十一篇。《鍼經》九卷，大氐同，亦八十一篇。《鍼經》以《九鍼十二原》為首，《靈樞》以《精氣》為首，又間有詳略」云云，更可為二書之證。《靈樞》至宋已無完帙，故林億等無從校正。史氏所得，亦非全書，釐析增益，復為八十一篇，又非館閣所存林氏所見之本矣。惟今本之文多出於《甲乙經》，用以互勘，裨益良多），馬《志》九卷（晁說不足取），仿宋本（《素問》合刻），題曰「新刊黃帝內經靈樞」，首目，次宋紹興乙亥錦官史崧序，云：「家藏舊本《靈樞》九卷（與《宋志》合）共八十一篇（與《館閣書目》合是為原本），增修音釋（史音甚疏略），附於卷末，勒為二十四卷（按，原本九卷，史崧分為二十四卷。熊宗立重刊史本，合併為十二卷）。」此本為史崧原書，有音釋，紙墨皆佳。

醫統本（吳勉學校刊十二卷），題曰：「黃帝素問靈樞經」（按，《素問》《靈樞》不當並題，天一閣所著十二卷刊本題亦如此，有史序），首目，無史崧序。此重刊熊宗立

本，無史音，吳校更不足依據。

守山閣重校史本，音釋可取者，間附一二，雖非宋本舊式，而校勘最精。予往年以重價得之，今則傳本已少，稱者亦鮮，即《守山閣叢書》近亦難得。

《靈樞》向無佳注，最不易讀。今所通行馬元臺本，有注。馬蒔曰：「《靈樞》自古迄今並無注釋，自晉皇甫士安以《鍼經》名《靈樞》，遂使後之學者視此書止為用鍼，棄而不習，深可痛惜。豈知《素問》諸篇，隨問而答，頭緒頗多。《靈樞》大體渾全，細目畢具，如儒書之有《大學》。所論營衛、輸穴、關格、脈體、經絡、病症靡不森列，真醫家之指南也。又按，《真邪論》：『帝曰：夫《九鍼》九篇，夫子乃因而九之，九九八十一篇，以起黃鐘數焉。』大抵聖經以九為數，而九九重之，各有八十一篇。後世《道德經》《難經》俱八十一篇，其義倣此。而王冰分《靈樞》為十二卷，史崧分為二十四卷，皆非也。余注此書，以本經為照應，而《素問》有相同者，則援引之。至於後世醫學有訛者，則以經旨正之於分注之下（按，馬元臺、張介賓輩雖尊信此書，然好以意改竄）。」杭大宗《靈樞跋》云：「《隋志》：『《鍼經》九卷，《黃帝九靈》十二卷。』按，今《隋志》無《九靈》，恐誤以《唐志》為《隋志》。此言出於林億（見《素問·王冰序新校正》），或又承林氏之謬。」又云：「《九靈》自《九靈》，《鍼經》自《鍼經》，不可合而為一，是未見《館閣書目》（《目》云：「大抵相同」）。」又云：「王冰以《九靈》名《靈樞》，不知其何所本，是未見《甲乙經》（《甲乙》引《靈樞》）。」又云：「余觀其文義淺短，與《素問》不類，又似竊取《素問》而鋪張之。嗚呼，豈有竊取而不類鋪張？而淺短者又云為王冰所偽託，是又未觀王注，豈有自撰而自引者？」又云：「後人莫有傳其書者，至紹興中，史崧具狀始出，未經林億等校定，是更未之深考。按，《宋會要》：『嘉祐二年，韓琦言《靈樞》《太素》《甲乙經》《廣濟》《千金》《外臺祕要》之類多訛舛，本草編載，尚有所亡。於是選官校正，置校正醫書局於編修院，從琦之言也。』當時實有《靈樞》，故韓琦言之。林億《新校正》云：『王氏引《鍼經》多《靈樞》之文，但《靈樞》今不全，未得盡知。』據此，則林氏親見《靈樞》，特以其不完，無從校正。非自紹興中（嘉祐為仁宗年號，在宋初世即林億等校書之時。紹興為高宗年號，在宋中世）此書始出，林億等未經寓目也。」歷觀杭氏之論，所引皆舊說，未曾覆檢原書。所言多臆斷，大半不足依據。古云：「不讀盡天下書，未可妄下雌黃。」杭氏此跋，殆所謂妄下雌黃者。與往年讀《道古堂集》，深愛其說，書目中往往引之。後漸覺其非是，頗有所正。復取杭《集》細審之，全是詞學家

抄撮類典一派。今校《靈樞》，知其信然。楊升菴、毛西河恃其博學，往往欺人，杭大宗亦猶是也。此跋四庫館臣採入《提要》，謂其考證明晰，然實足以誤人，因詳辨之。讀杭《集》者，不可震其名，遂據為定論也。

醫家類之書，人多忽略。如《宋志》以《鬼遺方》為《鬼方》，《天一閣書目》（文選樓本）以薛已書為薛鎧所校（鎧乃已之父），此類甚多。蓋人不久於病，故視醫書為無要。余自幼多病，故好讀醫書。《內經》為醫家類之首部，又古書中之一種，讀古書宜考訂目錄，因條列所學如右。

難經本義二卷 （周）秦越人撰，（元）滑壽注（滑壽，或稱伯仁氏，或號攖寧生）

首例（周仲立、李子塾筆削不從　錯簡衍文辨見各條下　楊十三類今亦不從　越人取《內經・靈樞》之言設為問答，今一一考出），次闕誤總類（考證共十九條），次引書姓名（吳廣《難經注解》楊元操《注釋》丁德用《補注》虞庶《注》周與權《難經辨正釋疑》王宗正《注義》紀天錫《注》張元素《藥注》袁坤厚《本旨》謝縉孫《難經說》陳瑞孫與其子宅之著《難經辨疑》），次彙攷，次圖說，卷末有案語（越人當先秦戰國時，與《內經・靈樞》之出不遠，必有得於口授面命者，故見之明而言之詳，不但如史所載長桑君之遇也）。滑注融會諸家之說而成，大有功於是書，所引諸本今俱未見。謹案，《四庫提要》云「首列《彙攷》一篇」，可知無序例，此本有例。四庫本蓋佚之也。

醫統本

《考》曰：《史記》無著《難經》之說，《正義》《扁鵲倉公傳》全引《難經》文以釋其義。古傳以為越人作，不誣也。其稱「經言」者，出於《素問》《靈樞》，在《靈樞》尤多。有二經不見者，豈別摭古書，或自設為問答？丁《注》題云：「華佗爐其文於獄，則《難經》為爐餘之文。」諸家經解，馮氏、丁氏傷於鑿，虞氏傷於巧，李氏、周氏傷於任，王呂晦而舛，楊氏、紀氏大純而小疵，唯近世謝氏《說》殊有理致源委。袁氏《本旨》佳處甚多，未免踵前人之非，且失之冗。潔古《藥注》疑其未及成書，且無文理，豈託名耶？《難經》詞甚簡，而榮衛度數、尺寸位置、陰陽王相、臟腑內外、脈法病能與夫經絡流注、針刺俞穴莫不該盡，不可以十三類統之。此書當如《大學》朱子之分章以見記者之意，不當以已之立類為經之篇章也。

東坡曰：句句皆理，字字皆法，後世達者神而明之，如槃走珠，如珠走槃，無不可者。

歐陽圭齋曰：《難經》先秦古文，漢以來《答客難》等作皆出其後，文字相質難之祖也。

《敏求記》：《難經》三卷，陸孟鳧云《難經》從未見宋槧本。予留心搜訪，僅得此舊抄本。字法俱撫松雪翁，疑是元人所書（錢《記》不知何本，亦不知有注、無注，知為精抄而已）。

文光案，滑氏所考已詳，其有未盡者，予復考之。《難經》，《隋志》二卷，注云：「梁有《黃帝眾難經》一卷，呂博望注，亡。」（按，《隋志》不題秦越人）《唐志》：「秦越人《黃帝八十一難經》二卷，全元起注。」（按，《舊唐志》一卷。《舊唐書·經籍志》最豁目，《新唐書·藝文志》與《宋史·藝文志》不便省覽。是編所稱漢、隋、唐、宋四《志》為北監本，《舊唐志》為岑建功重刊聞人本。）《宋志》二卷（按，《宋志》有《難經疏》十三卷，不知何人所疏，俟考）。馬《志》：「呂楊注，五卷。」晁曰：「吳呂廣注（按，呂注重編，非越人之舊），唐楊元操演。越人授桑君秘術，明洞醫道，世以其與黃帝時扁鵲（按，《漢志》：「《扁鵲內經》九卷、《外經》十二卷，《扁鵲俞拊方》二卷。」應邵曰：「黃帝時醫也。」）相類，乃號之為扁鵲。採《黃帝內經》精要之說，凡八十一章，以其為趣深遠未易了，故名『難（案，晁作平聲讀，陳作去聲讀）經』。元操編次為十三類（按，《崇文目》以十三類為越所編，未知孰是，餘與晁說大同小異。《崇文目》：「《難經疏》十三卷，侯自然撰。」）。」陳曰：「《漢志》但有《扁鵲內、外經》，《隋志》始有《難經》，《唐志》遂屬之越人，皆不可考。」（按，《玉海》云：「黃帝與岐伯更相問難，雷公之倫授業傳之，而《內經》作矣。秦和述六氣之論，越人演述《難經》，倉公傳其舊學，仲景撰其遺論，晉皇甫謐刺為《甲乙》，隋楊上善纂為《太素》，唐王冰篤好之為次注。」王勃序曰：「《八十一難經》，醫經之秘錄也。岐伯授黃帝，黃帝歷九師以授伊尹，伊尹授湯，湯歷六師以授太公，太公授文王，文王歷九師以授醫和，醫和歷六師以授秦越人。越人始定立章句，歷九師以授華佗。華佗歷六師以授黃公，黃公以授曹夫子元。」據此則源源本本，不可謂無考）丁德用《注》五卷，晁曰：「以楊元操所演甚失大義，因改正之，經文隱奧者繪為圖（按，圖自丁注始，今俗本題「圖注難經」）。」陳曰：「首篇為《診候》，最詳，凡二十四難，蓋脈學自扁鵲始也。」（按，丁德用，宋人。嘉祐末其注始成，應與林億等同時。）虞庶《注》五卷，晁曰：「庶少習儒，已而棄業習醫，為此書以補呂楊所未盡。」（按，虞庶，宋人。）

難經集注五卷　　盧國秦越人撰，呂廣、丁德用、楊元操、虞庶、楊康侯注解，王九思、王鼎象、石友諒、王惟一校正，附音釋

首歙縣尉楊元操序（扁鵲家於盧國，因曰盧醫，世或以盧扁為二人，謬矣。呂注所釋未半，餘皆見闕。余承師訓，躭研無數，十載於茲。今條貫編次，使類相從，凡十三篇，仍八十一首。呂氏未解，今並注釋。呂注未盡，今亦伸之。並別為音義，以彰厥旨），次目錄（第

一經脈診候，第二經絡大數，第三奇經八脈，第四榮衛三焦，第五藏府配象，第六藏府度數，第七虛實邪正，第八藏府傳病，第九藏府積聚，第十五泄瀉傷寒，第十一神聖工巧，第十二藏府井俞，第十三用針補瀉），末有刊書跋。此五家注亦甚詳博，又為唐、宋人著述，傳本難得，宜與《本義》兩讀之。楊氏所分十三類，仍依八十一章之次，非如張氏《類經》之割裂經文也。予讀五家注，斯知滑氏融會之意。

佚存叢書本（日本活字板排印）

《難經集注》五卷，明王九思等集錄，吳呂廣、唐楊元操、宋丁德用、虞庶、楊康侯注解者（案注低一格，以「呂曰」「楊曰」別之。復隔以一圈，間附以圖，與滑氏之圖異。丁注有圖，當即是也。楊注有音釋。今每卷末所附之音，不知為古、為今。王九思等止抄錄原文，並無校注）。按，晁公武《郡齋讀書志》載呂楊《注》一卷，丁《注》五卷，虞《注》五卷。陳振孫《書錄解題》書載丁《注》二卷。馬端臨《經籍考》引晁氏作呂楊《注》五卷（按，晁《志》凡二本，今袁本五卷，馬《志》所引衢本亦五卷。所云一卷，不知何本）。蓋當時各家別行，至九思等始掇輯，以便觀覽耳（按，各家注本，今已不傳，獨賴此書以存）。葉盛《菉竹堂書目》載《難經集注》一冊，不著撰人名氏，此則書名偶同，非九思所集。按，王圻《續經籍考》載金紀天錫《難經集注》五卷（按，紀注滑氏《本義》引之曰「難經注」，無「集」字），盛之所收，恐此耳。盛，正統進士；九思，宏治進士（按，九思字敬夫，鄠縣人，宏治十才子之一官至郎中。坐劉瑾黨，降同知，勒致仕，事蹟附《明史・李夢陽傳》），則其非是編也明矣。其他諸家藏去書目並未收入（按今見於《四庫未收書目》），若殷仲春《醫藏目錄》宜哀蒐無遺而亦遺之，則知其果失傳也。癸亥，花朝天瀑識。

文光案，《擘經室外集》有《難經集注》，《提要》所著即外國本也，孫氏《書目》列外藩本。其書有可據者，有不可據者，宜分別觀之。《靈樞》之文多殘缺，以《素問》《難經》《甲乙經》互證之，差可讀也。讀古書宜識古字，兼知古音、古語、古義，方無扞格之患。多採羣書古注所引之文，列其同異，互相參證，最為有益。《史記》《漢書》有《班馬字類》，予仿婁氏之例，輯《素靈字類》，《內經》粗粗可讀，蓋讀書宜知先路也。予聚醫書百餘種，除坊行俗本著於《藏書記》者凡三卷，而精審之本尚多舍旃。偶有所得，隨筆登載，以驗所學。茲所著者，專學目錄，於治病之法概不之及。蓋古書流傳甚遠，散亡孔多，集諸說證之，方見真本。此五家注信而有徵，故存之。李駉（字子埜，號晞范子）《句解》，撰於咸淳五年，《自序》云：「以十先生補注為宗祖。」《儀顧堂集》有跋。其書有宋麻沙本，見於陸氏《藏書志》。

鼎錄一卷　（陳）虞荔撰（舊本皆題「梁虞荔」，今從《四庫全書提要》改正）

首小序一則，以下凡五十一條，原本難見（伏讀《四庫全書提要》曰：「卷首序文乃紀夏鼎，應在「黃帝」條後。無識者以原書無序，移掇其文。蓋流傳既久，屢經竄亂，真偽已不可辨。」）

汲古閣羣芳清玩本

元鼎元年（按，《漢書注》：「應邵曰：『得寶鼎，故因是改元。』」）汾陰（汲古本訛作「陽」，龍威本同，今從《漢書》改正。汾陰即今之榮河縣，漢為汾陰，武帝幸汾陰，立后土祠於汾陰睢上，詳《漢書·武帝紀》並《郊祀志》。唐開元中得寶鼎二，遂改為寶鼎。宋為榮河，今屬山西蒲州府，汾陽縣屬汾州府）得寶鼎，即吾邱壽王所識之鼎（吾邱壽王鼎對，見《漢書》本傳，今採入《蒲州府志》），高一丈二尺，受十二石，雜金、銀、銅、錫為之。四面蛟龍，兩耳能鳴，三足馬蹄，刻山雲奇怪之象，紀靈圖未然之狀，其文曰：「壽考天地，百祥臻侍。山伏其靈，海伏其異。」此銘在底下（按，《漢書·郊祀志》不載此銘，祗云：「鼎大異於眾鼎，文鏤無款識。」所謂「文鏤」者，是有刻文；所謂「無款識」者，是無人名觀。下文張敞議《美陽鼎》可知，無款識者可薦於宗廟，《美陽鼎》有「王命尸臣」「尸臣拜手」等語，是有款識也，故不可薦見於宗廟。又按，張敞議云：「有司驗雕上，鼎大八十一寸，高三尺六寸，殊異於眾鼎。」此書所記尺寸與《漢書》不合，是不足依據也）。又別有文，或浮或沉，皆古文複篆。此上古之鑄造也（按，《漢書·吾邱壽王傳》曰：「汾陰得寶鼎，武帝嘉之，薦於宗廟，藏於甘泉，羣臣皆上壽賀曰：陛下得周鼎。」此云「上古鑄造」，未知何據），總有九枚（按，《漢書》不言鼎數，此云「九枚」，或因禹鼎而傅會之歟）。

金華皇帝作鼎（此《鼎錄》第一條第一句，驟讀之不知云何，《格致鏡原》引《鼎錄》曰：「金華山，黃帝作鼎」，其義自明。蓋汲古本脫「山」字，訛「黃」字。又「汾陰得寶鼎」，《鏡原》本不作「汾陽」，可知此本之善。　汲古閣諸刻訛脫最多）。

凡鑄鼎，唐、虞以前不可考，唯禹鑄九鼎則因九州貢賦壤，則已成入貢方物歲例，已定疏瀹河道，已通禹貢，業已成書。恐後世人君增賦重斂，後代侯國昌貢奇淫，後日治水之人不由其道，故鑄之於鼎，不如書籍之易去，使有所遵守，不可移易，此九鼎所為鑄也。年代久遠，末學寡聞，如蟕珠暨魚、狐貍織皮之類，皆其刻畫於鼎上者，或漫滅改形，亦未可知，陋者遂以為怪物，故《春秋傳》有「使知神姦，不逢魑魅」之說也。此鼎入秦始亡，而春秋時郜大鼎、莒二方鼎皆其列國自造，即有刻畫，必失禹貢初旨，此但存名為古物。後世圖籍繁多，百倍上古，亦不復鑄鼎，特並志之。（《天工開物》附《鑄鼎圖》）

夏禹鑄九鼎（案，《路史》：「夏后氏遠方圖物，貢金九牧，鑄九鼎於紫金條荊之山，使人知神姦，入川澤而不逢不若，魑魅罔兩莫能逢之，鼎成而太白見者九日。」《拾遺記》：「禹鑄九鼎，五者以應陽法，四者以象陰數，使工師以雌金為陰鼎，雄金為陽鼎。鼎中常滿，以占氣象之休否。」《子華子》：「周之九鼎，禹所以圖神姦也。黃帝之鑄一，禹之鑄九，其造為者同，而所以之適焉者頓異，是可以決疑矣。」），唯見於《左傳》「王孫滿對楚子」及「靈王欲求鼎」之言。其後《史記》乃有「鼎震」（案，《史記・周本紀》：「威烈王二十三年，九鼎震。」）及「淪入於泗水」之說（案，《史記・始皇本紀》：「周末有九鼎，徙于太邱，社亡而鼎沒於泗水彭城下。二十八年，始皇還，過彭城下，齋戒禱祠，欲出周鼎于泗水，使千人沒水求之，弗得。」《水經注》「泗水」注：「周顯王四十二年，九鼎淪沒泗淵。秦始皇時，而鼎見於斯水。始皇自以德合三代，大憙，使數千人沒水求之，不得，所謂鼎伏也。亦云系而行之未出，龍齒齧斷其系，故語曰：稱樂太早絕鼎系，當是孟浪之傳耳。」《封禪書》：「文帝後元元年，新垣平言周鼎亡在泗水中，今河溢通泗，臣望東北汾陰直有金寶氣，意周鼎其出乎？兆見不迎則不至，于是上使使治廟汾陰，南臨河欲祠，出周鼎。」《漢書・武帝本紀》：「元鼎元年夏五月五日，得鼎汾水上。四年夏六月，得寶鼎后土祠旁，秋馬生渥洼水中，作《寶鼎》《天馬之歌》。」），且以秦之強暴視衰周如几上肉，何所畏而不取周？亦何辭以郤赧王之亡？盡以寶器入秦，而獨遺此。以神器如是之重，決無淪沒之理。泗水不在周境內，使何人般舁而往？寧無一人知之以告秦邪？始皇使人沒水求之，不獲，蓋亦為傳聞所誤（案，所論雖甚近理，實是鑿空杜撰，疑古如是，恐秦無始皇。古書如此類者甚多，存之可也，正不必辨）。三禮經所載鐘彝名數詳矣，獨未嘗一言及之（案，《禹鼎》見于《左傳》，亦云可據，何必三禮）。《詩》《易》所書，固亦可考，以予揣之，未必有是物也（案，洪容齋不信《禹鼎》，顧寧人不信《石鼓》，皆可謂勇於非古矣）。唐武后始復置於通天宮（案，《唐書・武后傳》：「太后祀天南郊，改明堂為通天宮，鑄九州鼎，各位其方，列庭中。」《姚璹傳》：「則天時九鼎成，后欲用黃金塗之。璹奏鼎者神器，貴質樸，不待外飾。臣觀其上，先有五采雜昈，豈待塗金為符曜耶？后乃止。」《續博物志》：「唐則天于東都造明堂，高三百尺，九州鼎置明堂之下。當中豫州鼎高一丈八尺，受一千八百石，餘各依方面高一丈四尺，受一千二百石，用銅五十六萬七百一十二斤。」《全唐詩話》：「武后萬歲通天元年鑄九鼎成，置于東都明堂之庭。后自製《曳鼎歌》，令曳鼎者唱和。」《冊府元龜》：「開元二年八月，太子賓客薛謙光獻東都九鼎，銘其豫州鼎銘。武後所製文曰：『羲、農首出，軒、昊膺期。唐、虞繼踵，湯、禹乘時。天下光宅，域內雍熙。上元降祉，方建隆基。』」），不知何時而毀。國朝崇寧三年，用方士魏漢津言鑄鼎，四年三月成於中太乙宮之南，為殿名曰「九成宮」。中央曰「帝鼐」，北方曰「寶鼎」，東北曰「牡鼎」，

東方曰「蒼鼎」，東南曰「岡鼎」，南方曰「彤鼎」，西南曰「阜鼎」，西方曰「晶鼎」，西北曰「魁鼎」。奉安之日，以蔡京為定鼎禮儀使（案，《宋史・禮志》《五行志》紀之甚詳，北方之寶鼎忽漏水溢于外，其後竟以北方致亂）。大觀三年，又以鑄鼎之地作寶成宮。政和六年，復用方士王仔昔議，建閣於天章閣西，徙鼎奉安，改「帝鼐」為「隆鼐」，餘八鼎皆改焉，名閣曰「圓象徽調閣」。七年，又鑄神霄九鼎：一曰「太極飛雲洞刧之（案，《宋史・禮志》「鼎」上無「之」字）鼎」，二曰「蒼壺祀天貯醽（案，《禮志》「醽」下有「酒」字）之鼎」，三曰「山嶽五神之鼎」，四曰「精明洞淵之鼎」，五曰「天地陰陽之鼎」，六曰「混沌之鼎」，七曰「浮光洞天之鼎」，八曰「靈光晃曜鍊神之鼎」，九曰「蒼龍大（案，《禮志》作「火」）蛇蟲魚金輪之鼎」。明年鼎成，寘於上清寶籙宮神霄殿，遂為十八鼎（案十八鼎俱詳宋史禮志）。繼又詔罷九鼎新名，悉復其舊。今人但知有九鼎，而十八鼎之數，唯宋忠靖公《秀水閑居錄》紀之，故詳載於此。（《容齋三筆》。　案，周衰，宋之社亡，鼎淪入於泗水。宋，今河南。泗水，今山東兗州。）

　　三代鐘鼎彝器存於今者，其間欵識，唯「眉壽萬年，子子孫孫永寶用」之語差可辨認，餘皆茫昧不可讀。談者以為古文質樸固如此，予竊有疑焉。商周文章，見於《詩》《書》。三盤五誥雖詰曲聱牙，尚可精求其義。他皆垣然明白，如與人言。自武王丹書諸銘外，其見於經傳者，如纔鼎之銘曰：「昧且不顯，後世猶怠。」正考父鼎銘曰：「一命而僂，再命而傴，三命而俯循牆而走，亦莫余敢侮。饘於是粥，於是以餬余口。」孔悝鼎銘曰：「八月丁亥，公假於太廟。公曰：叔舅，乃祖莊叔，左右成公。成公乃命莊叔隨難於漢陽，即宮於宗周。奔走無射，啟右獻公。獻公乃命成叔：纂乃祖服。乃考文叔，興舊嗜欲，作率慶士，躬恤衛國，其勤公家，夙夜不懈，民咸曰：休哉。公曰：叔舅，予女銘，若纂乃考服。悝拜稽首，曰：對揚。以辟之，勤大命，施於烝鼎彝。」扶風美陽鼎銘曰：「王命尸臣，官此栒邑，賜爾旂鸞、黼黻、琱戈。尸臣拜手稽首，曰：敢對揚天子丕顯休命。」此諸銘未嘗不粲然，何為傳於今者艱澀無緒乃爾？漢去周未遠，武、宣以來，郡國每獲一鼎，至於薦告宗廟，羣臣上壽。竇憲出征南單于，遺以古鼎，容五斗，其銘曰：「仲山甫鼎，其萬年子子孫孫永保用。」憲乃上之，蓋以其難得故也。今世去漢千年而器寶之出不可勝計，又為不可曉已。武后獲汾陰脽上鼎，無欵識，而備禮迎享。宣帝獲美陽鼎，下羣臣議，張敞乃以有欵識之故紬之，又何也？（同上。　凡古器陰文為欵，陽文為識。欵在外，識在內。）

　　《周易》六十四卦莫不有象，而獨於鼎言象者，聖人蓋有以見天下之頤而擬諸形容，象其物宜，是故謂之象。至於近取諸身，遠取諸物，仰以觀於天，俯以察於地，擬而象之，百物咸備，以通神明之德，以類萬物之情。故圓以象乎陽，方以象乎陰，三足以象三公，四足以象四輔，黃耳以象才之中，金弦以象才之斷。象饕餮以戒其貪，象蜼形以寓其智，作雲雷以象澤物之功，著夔龍以象不測之變，至于牛鼎、羊鼎、豕鼎又各取其象而飾焉，則鼎之為器，眾體具矣，不特以木巽火，得養人之象而已，故聖人惟以鼎為象。然鼎大者謂之鼐，圜弇上謂之鼒，附耳外謂之釴。曰崇曰貫則名其國也，曰讒曰刑則著其事也，曰牟曰陪則設之異也，曰神曰寶則重之極也。士以鐵，大夫以銅，諸侯以白金，天子以黃金飾之，辨也。天子九，諸侯七，大夫五，士三，數之別也。牛、羊、豕、魚，腊腸、胃、膚，鮮魚、鮮腊，用之殊也。然歷代之鼎，形制不一，有腹著饕餮而間翠軒紋者，父乙鼎、父癸鼎之類是也；有鍊色如金，著飾簡美者，辛鼎、癸鼎之類是也；有緣飾旋花，奇古可愛者，象形鼎、橫弋父癸鼎之類是也；有密布花雲，或作雲雷迅疾之狀者，晉姜鼎、雲雷鼎之類是也；有隱起饕餮，間以夔龍，或作細乳者，亞虎父丁鼎、文王鼎、王伯鼎之類是也。或如孟鼎之侈口，中鼎之無文，伯碩、史頎鼎之至大，金銀醋鼎之絕小。或自方如簠，或分底如鬲，或設蓋如敦。有大小不同而制作一體，有欸識雖異而形制不殊。或造於一時，或沿於異代，按而求之，若辨黑白。大抵古人用意，皆有規模，豈特為觀美哉！若乃欸識名氏，雖曰夏、商從高陽之質以名為號，配以十干而加之以父，然齊有丁公、乙公、癸公、幽公之弟曰乙、齊悼之子曰壬，則十干之配，未必皆夏、商也；周大夫有嘉父，宋大夫有孔父，齊頃之臣有丑父，召公之後有父乙，則加之以父，未必皆夏商也。至於形之圓者如父癸、季媚，形之方者如文王、單景，其銘廼曰「作尊彝」「作從彝」，何也？蓋先王之時，作奇技、奇器者罪不容誅，用器不中度者不鬻於市，戒在於作為淫巧，以法度為繩約，要使其器可尊，其度可法而後已。是以沈子作盉而銘曰「寶尊」，孟金父作敦而銘曰「尊敦」，父已作彝而銘曰「尊彝」，虢叔作鬲而銘曰「尊鬲」，則於鼎曰尊者，為其器可尊耳，非六尊之尊也。鴈婦作鬲，而銘之曰彝；父辛作卣，而銘亦曰彝。伯所作者，舟也、鬲也、甌也，皆以彝銘之；單所作者，舟也、彝也、盉也，亦皆以彝銘之，則於鼎曰彝者，為其度可法耳，非六彝之彝也。故左邱明《外傳》稱「法度之器曰彝器」，邢昺疏《爾雅》亦謂「彝為法則。尊彝者，禮器之總名。猶戈、矛、劍、戟，其用不同，而總謂之兵；匏、

土、革、木，其音不一，而總謂之樂爾。」然則器非尊彝，而以尊彝為銘者，又不可不辨也。夫牛首之鑄，泗水之亡，雖不復見，然歷代所寶，為時而出者莫知其極。惟考覈制作，參稽字畫，推原而審訂之，則物象之多，名氏所疑與夫無欵識者，將大判於今日矣。（《博古圖》「總論鼎部」，共一百九圖。）

至德昭彰，炎靈道昌。當汾陰而展禮，見寶鼎以呈祥。有感則通表，承乾之穆穆；為時而出彰，負辰之皇皇。昔孝武以運繼東周，位崇西漢。居尊克務於兢業，臨下彌勤於宵旰。崇諸厚德，俾遠邇之悅隨；祀彼方丘，冀人神之幽贊。禮斯盛矣，神維享之。允降穰穰之福，靡愆抑抑之儀。由是脽丘之畔，汾水之湄，仰窺乎天，見黃雲之繚繞；俯察於地，得寶鼎以瑰奇。莫不煥金景之榮光，蔚龍文之麗藻。非惟啟於至聖，抑亦見乎有道。盍虞覆餗，實天地之殊祥；不假銘功，乃邦家之盛寶。偉夫，萬方悉慶，百辟咸欣。非鑄鼎以象物，蓋至誠之感神。瑞啟明時，豈類宗周之寶；天祚皇德，實為巨漢之珍。是何澤及坤靈，祥昭金鼎；固莫量於輕重，又難偕於奇挺。載於瑞典，非遷洛之堪同；獲彼靈祠，豈於湯之足並？不然，則又安得並芝房而薦廟，配白雉以陳詩？於以顯皇化之廣運，於以昭聖政之無私？嶽修貢而用效珍，徒虛語耳。鼎取新而革去，故何莫由斯美！夫祀事聿修，休祥有秩。非勞九牧之貢，自顯三材之質。所以標瑞牒而紀祥，經彌萬代而首出。（宋文彥博《汾陰出寶鼎賦》。案，《潞公集》四十卷，流傳甚罕。此賦《山西通志》未曾採入，因錄於此。潞公介休人。漢武作宮於汾陰，以祀后土。其時平陽有鐵官，所鑄有汾陰供官銅鼎、汾陰宮銅鼎、平陽一斗鼎。）

陳太子中庶子虞荔撰《鼎錄》一卷，錄自古鼎形象、欵識，始於夏九鼎，終於王羲之書鼎。（《玉海》。案，讀此一條，可知移序之謬，「梁」字之誤。）

文光案，古鼎流傳，其用不一，有奉薦宗廟刻功紀美者，如衛孔悝鼎之類是也；有埋於山、沉於水，等於刻石，用垂永久者，如克漢鼎、八陣鼎之類是也；有用以鎮山，用以承露者，如孫亮武昌鼎、宣帝華山鼎之類是也。至於玉鼎、石鼎，義無取於烹飪；龍鼎、豹鼎，意在紀其見聞，揆以制器尚象之義，失之遠矣。又如作偽欺世，久而始知，如桓公九年葵邱之會鑄者是也；摹象肖形，純今非古，如市中所聚、几案所陳者是也，是又用意於意外，因假以亂真，好古者將何適焉？吾讀《漢書・郊祀志》，知班氏有微意焉。汾陰寶鼎，略而不詳，若曰「在德不在鼎」，此皆荒誕之說也。古人利用鼎，今人利用釜，吾不知數世之後，亦有傳某釜某釜者與。（七年五月十五日）

目錄學卷八

集部

織錦廻文圖一卷，廻文類聚四卷，續編十卷　(晉)蘇蕙《廻文圖》，玉山仙史

朱象賢摹集；《廻文類聚》，(宋)淮海桑世昌澤卿纂次；《續編》，江南朱象賢集

　　《廻文圖》首朱象賢序，次璿璣圖施彩說(管夫人圓圖，四面相向，必有所本，然不如方圖聯絡之自然，聊且從眾)，次方圖二幅(一李伯時本設色，一至道宮中本設色)，次讀例說(圖計八百四十一字，武后序曰：「縱廣八寸，題詩二百餘首。」《類聚》分七、五、四、三等言而無總數。至道本五色讀法，共詩三千七百五十二首)，次八圖(若蘭十像、寶蘇事蹟)，次廻文傳敘互異說(玉山仙史撰)。《回文類聚》首桑世昌序，次世昌跋(至道元年，御製者謹登載卷首)，次蘇蕙小像(葉適所藏《類聚》，成贈之繪於卷首，非凡品也。有葉適跋並詩一首)，璿璣圖一卷(武后序　方圖　讀法　李公麟序　三五七言詩　李公麟跋　又五色讀法後有至道元年廣慧夫人跋　黃集序　諸家題詩　攷異)，諸家圖詩一卷(盤中詩　罄鑑圖　玉連環　通貫回文　脫卸連環　錦纏枝　藏頭拆字詩　擬織錦圖　附達磨回文　唐太宗回文)，各體詩一卷(古詩九家，今詩十七家)，諸家詩餘一卷(始東坡，終王文甫)。《續編》，首玉山仙史自敘，諸家圖二卷，碎錦圖四卷，玉山圖一卷，各體詩、各詩餘並賦三卷，末有女史朱珖跋。

鶴松堂本

　　宋桑世昌《廻文類聚》有明張之象增訂本，世不稱善。朱象賢依原本重鋟，又增圖八十九幅，詩二百三十二首，詞二十二闋，賦一篇，是為《續編》。並以五綵璿璣及織錦故事畫圖另為一卷，冠諸首，即此本也。板甚精工。

　　射堂《無雙譜》蘇氏像最精，余得寶蘇畫冊八幅，非凡筆所能及，因摹縮本與射堂寫像，列首卷。管夫人《璿璣圖》一卷，小楷極精。圖八百四十一字，縱廣八寸。

　　《類聚》首桑序，次桑跋，次葉適跋，次詩，次武后序，次讀法，次諸家敘跋，次諸家回文。武后敘與《晉書》所載不同，《晉書·列女傳》云：「滔苻堅時為秦川刺史，被徒流沙。蘇氏思之，為廻文。」武后敘云：「滔鎮襄陽，攜寵姬之任，絕蘇音問。蘇為廻文五綵相宣。」竇滔妻蘇蕙，字若蘭，善屬文。

　　桑世昌，淮海人，世居天台，陸游之甥。事事精習，尤工詩。

　　文光案，蘇蕙《回文圖》傳本甚遠，至道宮本更為難得，因以冠於別集之首。玉山考訂既精，雕繪尤妙，迥非俗本所及，是可寶也。《回文類聚》與《續

編》皆總集也，因與蘇圖相附而行，故並著錄。《晉書》成於唐太宗朝，武后敘圖時不應不見，不知何以互異？金石家得一古碑，便可以考見得失。近日漢、魏碑出土者甚眾，倘得一竇滔碑，則羣疑頓釋，豈非快事歟？李公麟序作於元豐四年，其讀法與唐本暗合。蓋伯時精於繪事，而又運以巧思，故不少差，以此知人心不大相遠。戴東原校《水經》，往往與趙注不謀而合，正與此同。《璿鑑圖》前有上元二年王勃序（略曰：「好事者以轉輪鉤枝八花鑑銘示予，云當今之才婦人作也。韻諧高雅，有陳規起諷之意。」），後有元和十三年令狐楚跋（略曰：「夜直禁中，偶於《王勃集》卷末獲此鑑圖並序，遂自摸寫，傳諸好事者。」）。漢蘇伯玉妻作盤中詩，回文之體由是而興。晉竇滔妻織《璿璣圖》，為古今獨絕，後世作者莫之與京。故桑書亦獨詳於蘇圖，其他僅附之以傳。予讀回文詩半多牽強，未能盡洽心也。

杜工部集注二十卷　虞山蒙叟箋注

首草堂詩箋元本序（錢撰），次康熙六年泰興季振宜序，次注杜詩略例，次諸家詩話，次唱酬題詠附錄，次目錄。凡詩十八卷（附錄他集，互見詩並逸詩），文二卷（附呂東萊注）。卷末無跋。

靜思堂本（錢遵王、季滄葦校，每卷末有校刊二人）

余為讀杜《箋》，應盧德水之請也。孟陽曰：「何不遂及其全？」於是取偽注之紕繆、舊注之踳駁者，痛加繩削，文句字義間有詮釋。藏諸篋衍，用備遺忘而已。吳江朱長孺若學苦學強記，冥搜有年，請為余撫遺決滯，補其未逮。余听然舉元本畀之長孺，力任不疑，再三削稿，余定其名曰「朱氏補注」，舉陸務觀「注詩誠難」之語以為之序。今年，長孺以定本見示，亟請鋟梓，仍以椎輪歸功於余。余蹙然不敢當，為避席者久之。蓋注杜之難，不但如務觀所去也。（錢序。遵王曰：「攷舊注以正《年譜》，倣蘇注以立《詩譜》。地理、姓氏訂譌、斥偽，皆吾夫子獨力創始。」）

遵王謂余曰：牧翁箋注杜詩，年四五十即隨筆記錄，年八十書始成，成書後又千百條。余讀其書，部居州次者非人間所讀本。其家庭子孫共讀書者，惟遵王一人。凡箋注中未及記錄，特標之曰「具出某書」，往往非人間所有，獨遵王有之。遵王棄日留夜，必探其窟穴擒之而出，以補箋注之所未備。嗟乎，牧齋搆古書百萬卷，作樓藏之名曰絳雲，弗戒於火，皆為祝融取去。而《杜集箋注》巍然獨存，默相呵護，有如是乎？（季序。馮定遠、陸敕先皆牧翁老門生）

呂汲公大防作《杜詩年譜》，以謂次第其出處之歲月，略見其為文之時，得以考其辭力少而銳、壯而肆、老而嚴者如此。汲公之意善矣，亦約略言之耳。

後之為年譜者，紀年繫事，互相排纘。梁權道、黃鶴、魯訔之徒，用以編次後先，年經月緯，若親與子美游，從而藉記其筆札者。其無可援據，則穿鑿其詩之片言隻字而曲為之說（光案，查注《東坡編年詩》正坐此病），其亦近於愚矣。今據吳若本識其大略，某卷為天寶未亂作，某卷為居秦州、居成都、居夔州作（光案，施注蘇詩，識其大略正如此），其紊亂失次者略為詮訂，而諸家曲說一切削去。《杜詩千家注》蕪穢舛陋，如出一轍。其彼善於此者，趙次公、蔡夢弼、黃鶴，余於三家略存什一而已。注家錯繆，不可悉數，略舉數端，以資隅反。一曰偽托古人。東方朔《與友人書》，元人編《真仙通鑑》，近人編《尺牘書記》並載入矣。洪容齋謂「疑誤後生」者，此也。又注家引《唐史拾遺》，唐無此書。一曰偽造故事。蜀人師古注尤可恨，「王翰卜鄰」則造杜華母命華與翰卜鄰之事，「焦遂五斗」則造焦遂口吃、醉後雄談之事，互相引據，疑誤滋多。一曰傳會前史。王羲之未嘗守永嘉而曰「庭列五馬」，向秀在朝本不任職而曰「繼杜預鎮荊」。此類不知何所自來，而注家尤傳之。一曰偽撰人名。衛八處士之為衛賓，本無其人；韋使君之為韋宙，本非其人。一曰改竄古書。慕容寶「樗蒲得盧」添「祖跣大叫」四字，庾信「蒲城桑葉落」改為「蒲城桑落酒」，陸機「佳人眇天末」改為「涼風起天末」，文義違反，大誤後學。一曰顛倒事實。以前事為後事，如《白絲行》以為刺竇真是也；以後事為前事，如《悲青坂》而以為鄴城之役是也。一曰強釋文義。如「九重春色醉仙桃」，解之曰：「入朝飲酒，其色如春。」有此文理乎？一曰錯亂地理。如注「龍門」則旁引《禹貢》之「龍門」，不辨其在洛陽也；注「馬邑」則槩舉雁門之馬邑，不辨其在成州也。諸家惟黃鶴頗知援據，惜其不曉抉擇耳。宋人之宗黃魯直，元人及近時之宗劉辰翁，皆莫敢異議。余嘗曰：自宋以來，學杜詩者莫不善於黃，所謂旁門小徑也；評杜詩者莫不善於劉，所謂一知半解也。杜集惟吳若本最為近古，他本不及。題下及行間細字，諸本所謂公自注者多在焉，而別注亦錯出其間。余區別其類，於自者用朱字，別注則用白字，從《本草》之例。若其字句異同，一以吳本為主，間用他本參伍焉。（《注杜詩略例》）

樊晃《杜工部小集序》曰：文集六十卷，行於江漢之南。今採其遺文，凡二百九十篇，各以志類，分為六卷，且行於江左。　孫僅序曰：公之詩，支而為六家：孟郊得其氣焰，張籍得其簡麗，姚合得其清雅，賈島得其奇僻，杜牧、薛能得其豪健，陸龜蒙得其瞻博，皆出公之奇偏爾。尚軒軒然自號一家，爛世炫俗，後人師儗不暇，矧合之乎？　王洙序曰：觀甫詩與《唐實錄》，猶槩見

事迹。比《新書》列傳，彼為踳駁。甫集初六十卷，今祕府舊藏、通人家所有稱大、小集者，皆亡逸之餘，人自編撰，非當時第敘矣。蒐裒中、外書凡九十六卷（古本二卷，蜀本二十卷，集略十五卷，樊晃序小集六卷，孫光憲序二十卷，鄭文寶序少陵集二十卷，別題小集二卷，孫僅一卷，雜編三卷），除其重複，定取千四百有五篇，凡古詩三百九十有九，近體千有六，起太平時，終湖南所作。視居行之次，若歲時為先後，分十八卷。又別錄賦筆雜著二十九篇為二卷，合二十卷。意茲未可謂盡，他日有得，尚副益諸。寶元二年十月，王原叔記。翰林王君叔原尤嗜杜詩，家素蓄先唐舊集，及採祕府名公之室、天下士人所有得者悉編次之，於是杜詩無遺矣。暇日與何君瑑、丁君脩得原叔家藏及今古諸集聚於郡齋而參攷之，裴君煜取以覆視，乃益精密，遂鏤於板。嘉祐四年，姑蘇郡守太原王琪後記。　《成都新刻草堂先生詩碑序》曰：草堂，子美之故居，因其所居而號之曰草堂先生。今丞相呂公鎮成都，復作草堂於先生之舊趾，繪先生之像於其上，余乃錄先生之詩刻石置於草堂之壁間。先生雖去此，而其詩之意有在於是者亦附其後。元祐庚午，知成都軍府事胡宗愈序。　《杜工部集後記》曰：右《杜集》，建鹿府學所刻板也。一集之微，更歲歷十餘君子始就。初，教授劉亘常今得李端明本以為善，又得姚寬令威所傳故吏部鮑欽止本校足之。未得若本，以為無恨焉。凡稱「樊」者，樊晃《小集》也；稱「晉」者，開運二年官書也；稱「荊」者，王介甫《四選》也；稱「宋」者，宋景文也；稱「陳」者，陳無已也；稱「刊」及「一作」者，黃魯直、晁以道諸本也。紹興三年，荊溪吳若季海書。（以上諸序見《附錄》）

　　文光案，此本先列詩，後列注。其箋以細字書之，冠以「箋曰」。錢《箋》亦有未至處，後人多議其沾泥年月。注則徵引甚博，抉擇亦精。遵王所藏之本，今已罕見。余欲取注中所引書與今本對勘一過，惜無餘力，姑識於此。

　　余嘗不解「杜陵」二字，因閱《關中勝蹟圖志》，遂錄其說，參以已意，以為讀杜之一助。杜原在咸寧縣東南十五里，古杜伯國也。以在漢、隋、唐都城之東，又名東原。漢宣帝陵在其上，故又名杜陵原。西即韋、杜二曲，此所謂杜陵也。少陵原，漢為鴻固原，有漢宣帝許后陵，故又名曰少陵原。《漢書·許后傳》：「葬杜南，是謂杜陵南園。」師古曰：「即今之所謂小陵（古小、少字通，故師古以少陵為小陵）者，去杜陵十八里，此所謂少陵也。」謂之「少」者，以別於宣帝之陵耳。謂之「陵」者，以有陵而後名陵。當漢帝后未葬之前，此二地固不名陵也。杜甫家於此，故自稱杜陵老，亦曰少陵也。按，《關中勝蹟

圖志》於地理考之最詳，余欲依此書注杜詩之地理，此其見端也。文光記。

　　錢注以唐史證唐事，情緒畢見，然多牽合傳會。其門人朱長孺復有輯注，與錢互異。朱注既行，張邁可復病其疏漏，於是有會粹補朱之遺、採錢之粹，長篇分其段落，詩末略述作意，甚便初學，難言盡美。光記。

河東集四十五卷、外集二卷，龍城錄二卷，附錄二卷 （唐）柳宗元撰，劉禹錫編，（宋）韓醇音釋

　　首為劉禹錫序，次目：雅詩歌曲一卷，古賦一卷，論一卷，議辨（《列子》《文子》《鬼谷子》《晏子春秋》《亢倉子》《鶡冠子》）一卷，古聖賢碑並碑銘三卷，行狀一卷，表銘碣誄一卷，志碣誄二卷，表志一卷，墓志一卷，對一卷，問答一卷，說一卷，傳一卷，騷一卷，弔贊箴戒一卷，銘雜題一卷，題序五卷，記四卷，書五卷，啟二卷，表二卷，奏狀一卷，祭文二卷，詩二卷，非國語二卷。《外集》：宋政和四年沈晦編，有序（略曰：「今以四十五卷本為正，而以諸本所餘作《外集》。參考互證，用私意補其闕如。」）。《附錄》：宋淳熙丁酉臨邛韓醇編，有記（略曰：「胥山沈公謂其參考互證，若無遺者。余紬繹既久，有所未盡，舛誤不一，用各疏於篇。諸本所餘，復編為一卷，附於《外集》之末，如胥山之識云。」）。末附集傳一卷（文九篇，三十三卷本所載。四十五卷本舊無此文，廼錄附之），海虞徐若南校刊。又附文集後序（天聖元年河南穆修序刊，凡四十五卷。劉禹錫原編三十二卷，不知何時分析），四明新本後序（沈晦撰），柳州舊本後序（紹興四年李襃序），河東集題後（李石），河東集記後（韓醇）。

　　濟美堂本 （明嘉靖年東吳郭雲鵬仿宋韓醇本重校刊）

　　柳文簡古不易校，其用字奧僻或難曉。沈晦嘗用穆伯長、劉夢得、曾丞相、晏元獻四家本參考互證，凡漫乙，是正二千餘處，刊於四明（四明本四十五卷），所至稱善。韓醇復據四明本訂其舛誤，增以詁訓，益以附錄（韓記一卷，此刻二卷，又集傳一卷），較四明本尤精。郭雲鵬照韓本鏤板行世，至今稱善。（大字四十五卷本所傳最遠，初出穆修家，云是劉夢得本小字三十三卷，元符間京師開行，顛倒篇什，補易句讀，訛正相半。曾丞相家本篇數不多，於二本晏本最為精密。次序與諸家不同，無非國語。四明本以穆本為正，以諸本所餘作《外集》。蓋穆本為最初之本，無有先於此者。今本劉序作四十五通，《書錄解題》作三十二通。此本沈序作三十三卷，劉序云：「有退之之志若祭文，附於第一通之末」，此本無之，知非劉編原本。子厚，河東人，故稱《河東集》。河東柳氏，唐時甚盛，詳《山西志》。後為柳州刺史，世號柳柳州。柳人懷之，廟於羅池。韓、柳集並行，故墓志不錄。）

龍城錄二卷（「子部·小說類」《存目》偽託之書，宋葛嶠始編入《柳集》，《唐·藝文》不載。《山西通志》作一卷。）

近時傳一書曰《龍城錄》，云柳子所作，非也，乃王銍性之偽為之。其梅花鬼事，蓋遷就東坡詩「月黑林間逢縞袂」及「月落參橫」之句耳。又作《雲仙散錄》，尤為怪誕，殊誤後之學者。又有《李歂注杜甫詩》及《注東坡詩事》，皆王性之一手，殊可駭笑，有識者當自知之。（宋張邦基《墨莊漫錄》第二卷，從《稗海》本錄。）

陳振孫《書錄解題》曰：劉禹錫作序，稱為次其文為三十二通，退之之志若祭文，附第一通之末。今世所行本皆四十五卷，又不附志文，非當時本也。（陳氏未曾遍閱諸本，亦未曾讀完一本。）

文光案，四十五卷之本所傳最遠，更無古於是者。諸家校訂皆以是本為正，而以別本參考之，是四十五卷乃夢得之原編。穆修亦云「大字四十五卷」，是劉夢得本其言，必有所據。其三十三卷，元符間京師開行小字本，沈晦謂其「顛倒篇什，補易句讀」，是三十三卷本顯不足據。直齋錄三十三卷本為解題，遂謂四十五卷本非夢得原編，不亦誣乎？其所據者為劉序，安知非刻此本時追改劉序以合三十三卷之數（沈晦明言此本補易句讀，今翻刻宋本劉序實作四十五通，不作三十二通）？至退之所作墓志、祭文，今本因韓、柳集並行，故不復錄其說，見於本傳後《附記》。初非原編在第一通之末，今本移於別處。諸家據眾本訂一書，直齋以一人解眾書，自不如穆氏、沈氏、韓氏所見之確。今以陳說為是，以穆說為非，恐未必然。凡集之流傳，其卷數由多而少，未有由少而多者，四十五卷為最古，則三十三卷為今本最古者，猶非原編。其三十二通之說，烏可據乎？考《舊唐書·經籍志》不載柳集，《新唐書·藝文志》「《河東集》三十卷」，《山西通志》「四十五卷，《外集》二卷」。攷諸家書目，卷數多不足據。如司馬文正公《集注太元》，或作一卷，或作六卷，或作八卷，惟《授經圖》作十卷，明本十卷，五柳居重刊宋本十卷（京師琉璃廠五柳居多聚善本，見翁覃溪《家世略記》）。蓋編目者不校書，往往致誤。又刻板數目字最易混淆（《萬方鍼線》某方第幾，查之不得。顛倒數目，此書為甚）。三十三卷本文多於四十五卷，蓋編集時所削，後人又取而錄之（《河間傳》何異袁子才紀武后，實宜刪削，今存《外集》上卷）。別本《河東集》不刻《龍城錄》，實為有見。今《陶彭澤集》有《聖賢羣輔錄》，《張曲江集》有《千秋金鑑錄》，《柳河東集》有《龍城錄》，悉宜刪去，以存其真。《河間傳》或為寓言，或言之太過。文人好奇，何所不至？觀後半所論，似為改行敗節者

戒，後世遂據為典故（《古今合璧事類》載此條），不復置辨。或曰刺肅宗。

絳守居園池記注一卷　（唐）樊宗師撰，濼陽趙仁舉注，金華吳師道正誤補遺
明本

　　韓子志樊紹述墓，謂紹述有所著書總六十卷，雜文總三百十一篇，詩七百十九首，今皆亡矣。近世謂紹述文之存者僅一卷，亦未之見也。惟《絳守居園池記》獨傳，艱深險怪，殆不可讀。豈紹述之文盡若是，而此篇以拔乎萃而能久耶？以獨奇而為志怪者所寶反得久耶？往年，余得是文而讀之，強為之句而多所未解。及觀吳君正傳補正趙氏注釋，始得究其名義。然徐而誦之，意若猶有異者。因重句之而疏其說於右方，將復正於吳君焉。愚嘗謂六籍之下盡文章之妙，正無過於孟子，奇無過於莊周。周雖外於聖人，而其學則有所本，汪洋自恣之辭皆出於是，豈徒尚奇倔而已哉！紹述之辭深矣，探其本或未也。雖然，亦豈易至哉？其間有精到之語，皆蕩滌塵滓，採掇菁華，可但以險怪目之乎？文章之法，固不在是，但取其怪，以資笑談，亦過矣。延祐庚申四月十一日，金華許謙書。

　　泰定丁卯，予在宣城，得趙氏注《園池記》刊本。大德中，知晉州日，翰林徐公琬、閣公復所為序、引者讀之，與向所見抄本多異。凡予所補正者，往往增改，而猶恨其有未盡也，因以其本復加刊定。篇中諸亭名，元注未之考，向略考見其端，而許君按據文勢，辨正條理，悉以圈抹著之，皆與今改注合。竊伏精鑑，俾存而弗削焉。吁，自予始校此文，逮今二十年。參之見聞，屢經竄易，計今尚未得為定稿也。區區窮猶若是，況乎聖經賢傳之奧，而欲以一見了之，不亦舛乎？並書以自徼。至順三年歲次壬申十一月二十二日，吳師道識。

　　辭尚質，質則氣完，輕重、高下、疾徐之節安則喜、怒、哀、樂、愛、惡之情展。夫惟知道之士，含和而吐華，辭盛致腴，不煩繩削而正、奇可師也。故唐、虞君臣之言渾渾如也，夏、商、周之言皎皎如也，秦、漢之言振振如也。雖粹駁清厚之氣人有不同，因其才之所至，皆足以自名一家，本乎質故也。漢中葉以降，辭益落，爰始淫為浮輕側纖，拘為俚俗，矯為峭巇，辭人人殊，去古日遠，氣卑則言不振，質不足故也。唐繼古制，世平而聲和，在貞觀、永徽時則岑文本、魏徵、虞世南、褚遂良濼其源，在垂拱、開元時則陳子昂、張說、九齡、蕭穎士、李華導其流，在大曆、興元時則獨孤及、梁肅、權德輿揚其波，辭稍振矣。然去秦、漢人所次猶遠，蓋其力僅僅及是，犇趨赴則僵。至貞元、

元和時，韓愈氏作。大放厥辭，力復於古。雖正、奇迭用，而一本乎質用能，奄有秦、漢，追商、周而睨之，辭乎復此其始也。時有河東柳宗元，辭始今古，犬牙厠陳張、梁、權間。洎左官牢愁，思益專，辭益振，破觚斲雕，窈眇回鬱，傑然與韓辭相上下，唐世言文章者稱韓、柳焉。於時，隴西李翺慕愈而効之，振策而驅之，然不敢異之也。故史稱翺為文尚氣質，卒得與韓同謚贊皇。李德裕作文論，亦言文主氣質辭，雖未至識，則精詣不羣。南陽樊宗師與韓、柳亦同時，又相好也，視二氏之逸駕，絕足瞠乎若恐後之。將掉鞅爭先則力之不能及，欲頻仰襲沿則恥為之下，於是瘁心竭液，恢詭險僻，務奇以掩之，此誠不可陵出其右，而祇喪厥質氣不完者，其辭變固其所也。宗師之辭夥矣，惟《絳守居園池記》獨傳怪之尤者。然其形墜名物，足以辨方考志；清言雅趣，足以摹寫光景，好古博雅之士存之而不廢也。其辭義、句讀不可易知，自宋以來作訓故者數家，往往探討疲而乖舛眾。金華吳君正傳始取趙氏注，補其闕而正其訛。白雲先生、高陽許君益之又從而審辨之，由是文義明而句讀別。夫二君之於學，窮六籍之菁華，明百氏之邪正，時其整暇而游豫屬之，豈《大章》《咸池》《桑林》之舞既高張宮庭，飫聞而概繹之，而夷、徠之音，巴、渝之曲，亦充備下陳者與？且樊氏之失，二君既掊而明之，其間可採擷，如鄉予所云者，亦不忍遽棄也。古也有志：「君子取善也，博以周」，予於二君見之矣。東陽張樞云。

《山西通志》：樊宗師，蒲州人，字紹述。始為國子主簿。元和三年，擢軍謀宏遠科，授著作佐郎。歷金部郎中、綿州刺史。徙絳州，治有迹。進諫議大夫，未拜，卒。始宗師饒財，悉散施姻舊賓客。妻子告不給，笑不答。力學多通解，著《春秋》《魁紀公》《樊子》凡百篇，別集尚多。韓愈稱宗師論議平正有據，嘗薦其材云。

《山西經籍志》：樊宗師《春秋集傳》十五卷，《樊子》三十卷。又《樊宗師集》二百九十一卷，詩七百六十九篇（一作「《詩集》一卷」）。

文光案，《山西通志》《絳州志》皆載此《記》，《絳州志》有「趙師尹注」。《山西志》又載「宋王晟《絳守池記注》一卷」（晟，天聖中絳守）。

絳守居園池記〔註28〕（州人趙師尹注）

〔註28〕按，以下主要參考趙師尹之注進行標點，另外也略參考岑仲勉，《絳守居園池記》集釋〔M〕// 岑仲勉，岑仲勉史學論文集，北京：中華書局，1990：598～621。

絳（逗）即東雍（去），為守（去聲）理所（句）。稟參實沈分（去）氣（句），蓄兩河潤（句）。有陶唐冀遺風餘思（去聲，句）。

絳治雍州之東規，天星得參實沈（實沈，參神）。括地蘊介（音戛）兩河間，（《爾雅注》：「東河至西河」），揆人理則陶唐冀地。

晉（逗）韓魏之相剝剖（逗），世說（逗）總其土田（逗）士人（逗），令（難貞反）無磽（口交反，逗）襍擾（句）。宜得地形勝（逗），瀉水施法（句）。

由晉暨韓、魏來競，剝削剖析，世稱各總理其地與人，俾無磽薄及紛鶩者。宜乘勝迹，恒漑其地，治（平）其人。

豈新田又蕞猥不可居（句）？州地或自有興廢（逗），人因得附為奢儉（句）。

乃既從新田（今絳縣）慮蕞隘猥遝復返，故絳又州地屢遷（白柏壁至玉壁，隋開皇三年又徙今州治），土風亦異。

將為（去）守悅致平理與（平，逗），益侈心耗物害時與（句）？自將失敦窮華（逗），終披夷不可知（句）。

詰為園者易制治耶，易驕恣耶？無亦失敦樸、窮華麗，將終至披靡陵夷已乎？

陴（頻彌反）繡（字書無此，疑「緗」之譌）孤顛（逗），呵（口下反）倔（渠勿反）元武（句）。

城因山勢縣邈北簪。

踞守居（逗），割有北（句）。自甲辛苞（逗），大池泓（烏宏反）橫（逗），硤旁（逗）潭中（句）。

地右觭（邱奇反）園，守居之北。苞而為池，深廣東西橫（縱二十丈，橫四十八丈），硤其旁而潭其中。

癸次木腔（逗），瀑三丈餘（逗），涎玉沫珠（句）。

池北右次，是水所由入，奔溜硤（楚兩反）錯。

子午梁貫（句）。亭曰個（同「回」）漣（句）。虹蜺雄雌（逗），穹鞠靚矖（句）。礙艮（胡墾反）島坻（音池，逗），淹淹委委（平，句）。莎靡縵蘿薔（逗），翠蔓紅刺相拂綴（句）。

梁穹窿中踞貫池南北，搆亭名個漣。上視虹掣，下趨（去）如窺宮。列奇石行步觸礜循島坻閒，淹沒委折岸。莎披靡縵布蘿薔閒，翠紅刺亂相牽拂點綴（梁以土為之，今亭在梁左）。

南連軒井陣（逗），中踶曰香（句）。承守寢（逗）睟思（句）。

豎香亭鑑有熊氏井陣法，四繞木籬，連瑣布罥（胡介反）。藉守寢室，晬潤足（去）人深思。

西南有門曰虎豹（句）。

闉門守居之右繪兩壁，虎象有武，豹象有文（今仍其處）。

左畫虎搏立（句），萬力千氣（逗）底（音止）發（句）。巋匿地（句），努肩腦（逗），口牙快（於亮反）抗（句）。雹（蒲角反，逗）火（逗）雷（逗）風（逗），黑山震將合（句）。

虎伏巋底，厲怒發忿，快扞抗舉。似擊烈將撼山，欲合極其猛鷙。

右胡人鬃（句），黃帣（於元反）纍珠（句），丹碧錦襖（句），身刀（逗）囊（逗）韡（逗）撾（陟瓜反，逗）紹（同條，句）。白豹元斑（句），飫（於據反）踞掌胛（音甲，逗），意相得。

胡人馴豹，髮鬃鬐服，歷錄幡、筭、刀、佩亂映。豹斑飽于鉤距，手抵背膊閒。人獸相習，殊無怖迮（悉門）。

東南有亭曰新（句）。前含（同領）曰槐（句），有槐眉（音戲）護（逗），霵鬱蔭後頤（句）。渠決決緣池西（逗），直南折廡赴（逗），可宴可衙（句）。

東南新亭之頷，巨槐作力擁護，霵霵陰鬱目，前頷蔭亭。後頤有渠，自西直南曲折向廡來赴。茲亭可宴息，亦可判決衙事。

又東騫（當從鳥虛言反逗）渠曰望月（句）。

池（演爾反）東騫舉過（平）月渠。

又東騫窮角（逗），池研雲曰柏（句）。有柏蒼官青士（逗）擁列，（逗）與槐朋友（句），巉陰洽色（句）。

又極東為柏亭，柏影研磨池雲。蒼者官，青者士，與槐閒（去）植。高陰渥色，穠鬱莫京。

北俯渠（逗）憧憧來（逗），刮級廻西（句）。

北瞰渠流靡定，水與階平，又瀰漫西折。

巽嵎（疑「隅」）閒（逗），黃原玦（音決）天（句），汾水鉤帶（句），白言謁行（去，句）。

巽隅所見，原如玦，水如鉤。據地宏廠，有以考言察行來告謁者亦於斯亭。

旦艮閒（逗），遠岡青縈（句），近樓臺井閭點畫察（句）。可四時合奇士（逗），觀雲、風、霜、露、雨、雪（逗）所為發生（逗）、收歛（去，句），賦歌詩（句）。

晨視辰方，納遙青，灼微杪，恒聚士人游詠時物（悉柏亭帶言東北）。

正東曰蒼塘（句）。蹲（音存）瀕（同「賓」）西潀望（句），瑤翻碧潵（句），光文切鏤（句），梨（古「劇」通）深撓撓（奴巧反，逗）收（去）窮（白）。

塘在東故名曰蒼。由林木閒俯瞥（匹滅反），沆潏璀璨，淪連水紋，淶刻動撓，抵岸涘始收。

正北曰風隄（句）。乘攜左右（逗），北回股努（句）。塍（徒計反）捩（音列）蹴塘（逗），銜（音咸）渠歃池（句）。南楯楹（逗）景（同「影」）怪爛（句），蛟龍鉤牽（句），寶龜靈廬（薄猛反，句），文文章章（逗），陰欲（呼合反）墊威（盧咸反，句）。煙漬靄褧（同「絧」，句），桃李蘭蕙（句）。神君仙人（逗），衣裳雅治（句），可會脫赤熱（句）。

受風曰風隄，蹲正北。纒連左右，相陵駕攜持。旁隄返抱，大似兩髀（音比）奴力。止巖紗轉蹴塘之半，銜帶小渠而歃享於大池。直南接子午梁，倒影在水，光怪咸爛，檻格則蛟龍之鉤牽，柱磉（音顙）則龜廬之游詠，鏤則文，合則章，真若麟介（音甲）羣來隱噏（色甲反）下嗡。有時煙四浮靄蒙錦，桃李蘭蕙正芳，水涌花明。雖神人、仙子，衣裳嫋（乃了反），凌波以度，不是過矣。風（去）斯隄也，即長夏多人，暍（於歇反）暑可袪（悉風隄）。

西北曰黿跡（音灰）原（句）。開咍（呼來反）儲（句），虛明茫茫（逗），寬眼湏（胡孔反）耳（逗），可大客旅鐘鼓樂（音洛，句）。提鷗挈鷺（句），佲（同「泌」，並列反）池豪渠（句），憎乖憐圍（句）。

奠西北宇，平原瞰水，如黿掘地，即取黿跡名原。信開大饒儲蓄，其涵光寥廓則開咍也。奇崛（渠勿反）拄目，闛（音堂）鞳（音塔）盈耳則儲也。開咍儲，嘉賓樂矣。復俯睋鷗鷺，若在提挈，泌滿乎池，豪視乎渠，故作向背（蒲妹反），可嫌也，實亦可愛。

正西曰白賓（句）。薈（烏外反）深梨（逗），素女雪舞百份（句）。水翠披（句），暷暷（盧谷反）千幅（逗），迎西引東（句）。土長厓（逗）挾橫堭（逗），曰卯酉（句）。樵塗塢徑幽委（句），蟲、鳥聲（逗），無人（逗）。風日（逗）燈火（逗）之，晝夜（逗）漏刻（句），詭姽（魚毀反）絢化（句）。

西濱樹梨百本，得白之名。嶒深，舞動水翠間（去）之驚視，若干幅畫迎此引彼。土厓挾持而橫亙者，卯酉堭也。塗徑隱折。歷日夕動定諸時，詭異姽雅，絢采幻化。

大小亭（逗），館池渠間（句），走（去）池隄上（句）。亭後前（逗），陣乘塘

（逗），如連山羣峰擁（句）。地高下（逗），如原隰隄谿壑（句）。

　　凡亭，置小池渠間，蓄洩四注，走池水隄上，紆折旁流間（去）。自諸亭周顧，塘、原、濱、埒則皆以堞連墉，如亂山之環擁。由上迆下，若層壑之迭承。

　　水引古（句），自源三十里（句）。鑿高（逗）槽絕（逗）竇墉（逗）為池（句）。溝、沼、渠、瀑（逗），濴（同「淙」，音叢）潨終出（句），汩汩（音骨）街衖（逗）、畦町（逗）、阡陌間（逗），入汾（句）。

　　引古水，自九原（俗名古堆，在州西北）之麓。二泉所距，不三丈許，清一濁一，匯流過郡。鑿其高，槽其絕，竇其墉，以為斯池。疏鑿異形，具眾水名義，纖流以出，厥聲汩汩然。經民巷陌，復竇墉南入於汾（括園水所來去，應大池泓橫）。

　　巨樹木（逗），資土悍水沮（將豫反，逗），宗族盛茂（句）。旁蔭遠映（逗），錦繡交（句）。菓枝香畹（音遠，逗），麗絕地郡（句）。

　　土剛水沮，卉木所由盛也。枝實離離畹畹，葩鬱鬱，甲於州界。

　　考其臺、亭、沼、池之增（句），蓋豪、王、才、侯（逗），襲以奇意相勝（句）。至今過客，尚往往有指可創起處（句）。余退常吁（逗），後其能無（逗），果有不（同否）補建者（句）。

　　考唐刺是州，如徐王元禮（武德中）、鄭王元懿（總章中）、韓王元嘉（咸亨元年庚午，妃房氏薨，子訓等作《碧落碑文》，今存）、許王素節（光宅元年）、岐王範（開元六年）、絳王悟（元和元年），及孔正（高宗時）、張錫（景雲元年）趙彥昭（景雲二年）、嚴浚（字挺之，開元中）、韋陟（肅宗時）、韋武（德宗時）、崔宏禮（長慶中）輩，或於園池不無增易。即過客嬉遊，猶有可指建者。是以退憩之餘，懷往昔，悲方來，知將創改失制，匪記搆所克常保。

　　池由於煬（句）及（當作「反」）者雅（逗）、文安（句）發土築臺為拒誅（句），幾附於汙（同「洿」）宮（句。《隋史》「雅」作「粹」）

　　池則由隋大業（元年）間，附漢王諒（煬帝弟）反者，為絳人薛雅、聞喜人裴文安（諒兵曹）伐土為臺（蓋劃北齊斛律光冢增築之，今冢連池東南），拒周羅睺（隋將軍，封義寧郡公）之誅，幾比《禮・檀弓》所云「洿其宮而豬（同「瀦〔註29〕」）焉」者。

――――――――――――――
〔註29〕「瀦」，原作「豬」，與正文文字同。疑作「瀦」為是。

水本於正平軌（句），病井滷生物瘠（逗），引古沃瀚（句）。人便（句），幾附於河渠（句）。

水則自隋開皇間正平令梁軌（正平，絳帶郭縣。軌，字世薈，十三年以內軍將軍為臨汾令，十六年開古水，十八年臨汾改正平）開十二渠，便人溉沐，幾比司馬遷所言河渠之利。

嗚呼（句），為附於河渠（逗）則可（句），為附於汙宮（逗）其可？（句）書以薦後君子（句）。

嗚呼，河渠而可為也，汙宮而不可為也。擇而取之，將進後人正告之矣。

長慶（唐穆宗）三年（癸卯）五月十七日記。（文光案，此記又見於陶氏《輟耕錄》，有句讀。）

右從《絳州志》錄出。書目例不錄書，因是記注本甚少，志書人又罕覯，恐其遺忘，且防散佚，遂存之。《志》又載孫沖序，並錄以資考證。《記》後有諸家句讀，無所發明，未錄。句讀之讀，通作逗，留止之義，見武億《句讀敘述》。今從之，以省筆畫。注中平、去有「聲」字，今省。耿文光職。

長慶中，樊宗師為絳州刺史，嘗作《絳守居園池記》，其辭句甚隱僻不明。宗師與韓退之親，且相推善。觀退之之文，大不如此。咸平六年七月，沖奉詔為絳州通判，觀《園池記》。其石甚卑小，文字多摧缺，因熟讀。及遊覽園池，考其亭臺、池塘、渠竇、花木、隄原、川河、井閭、墻墉、門戶，凡為宗師筆紀處所者，雖與舊多徙移，然歷歷可見，猶視其文未能過半。樊之《記》有亭曰洄漣、曰香、曰新、曰望月、曰柏，有塘曰蒼塘，有隄曰風隄，有原曰鼊蟍原。惟正西曰白濱，今無遺址。又疑其指水涯為亭名也。沖登城西，與北引望，所謂「黃原玦天，汾水鈎帶」者，在其《記》又得一二。其亭為今之所存者，惟香亭與望月亭焉。按其出處，又非舊也。其餘皆非當時所名者也。得非遭梁、周開鎮是郡者，或因循改易也？蒼塘湮沒矣，風亭、鼊蟍原雖問老吏故氓，是非難校。今之亭有東南者曰四望，居高臺，臨鄽市，可以望也。依斜律光廟之東曰望京，據北曰香。香之西北曰會賓，前垂崖之下連柏陰曰水簾，池之中曰水心。跨昂橋，歷虎豹門而西曰曲水。既北少西，夾池曰望月。又北限篠竹搆水曰禮賢，且西曰密梨，園曰感恩，南對遠引曰射圃，可以習射也。前畦夏花新竹三四本，壓堤屈律。西北來竇水上走，別一亭曰姑射，西北正與姑射山相對。最居北城上，西連廢門臺樓，東北可周覽人家，依崖鑿列屋高下。水竹葩花，老棗翳桑，陰密鬱邃。磴響激流，引溉蔬圃，環折縈帶，尤可登望。今題

二亭曰浩氣、菡萏，皆北向。浩氣連仁豐廳後，當公退時，可逍遙養浩然之氣也；菡萏蔭虎豹門，其下皆芙藻、菡萏也。今之亭既異於樊文且多焉，其餘渠竇引決，花木蔭滋，歲久且古，與《記》舛訛，不可驗矣。《記》之易解者，曰「西南有門曰虎豹」，其門猶在，左畫虎，鼓怒挾力，呀而人立，所謂「萬力千氣，巋匿地，雹火雷風黑山」。「右胡人髯，黃袶累珠，丹碧錦襖，身刀囊鞾撾紹」，悉如《記》。白豹黃斑焉，皆非故物也，亦後來好事者圖之。又曰：「考其亭、臺、沼、池之增，蓋豪、王、才、侯，襲以奇意相勝。至今過客，尚往往指可創起處」，如此不過數處，俾人再三讀之，可曉其理。如曰「水本於正平軌」，正平，帶郭縣也。隋開皇十三年，內軍將軍為臨汾令，臨汾即正平也。十八年，改正平焉。軌字世暮，材令也。患州民井滷，生物瘠疲，因鑿山原，自北三十里引古水（《圖經》云：「鼓堆水。」）。地缺絕，經濠坎則續之以槽，穿城壩，入衙注地。別水走街衒、阡陌，汩汩然鳴激溝渠。又灌溉畦町訖，入于汾河。其文多如此類，故欲使人昏迷，往往莫辨其理。頃縣前有梁軌遺《記》，熟見其蹟，則知「水本於正平軌」由此而發語也。餘無遺據，則皆莫能知。嗚呼，文者，道之車輿也。欲道之不漓，在文之中正。夫聖人文章，八卦象辭、爻象之體，雖不膚淺，然終能傳解，孔子《繫辭》則皎然流暢。其《詩》、《書》、禮、樂之文披之，皆可究竟。是聖人於文章，本在達意垂法而已，不必須奇怪難人也。由經書外，子、史、百家之言固可通導。獨揚雄《太元》準《易》而為之，當時之人或不肯一覽，故文章在乎正而不雜。但如兩漢風骨，則仲尼、周公復出，固無所嫌也。太子中舍耿君說，知是州將一年，常念《園池記》既歷年歲，惜其文字缺落，因磨石別刊之，俾不墜沒，亦大好事者也。略而序之，冀後來者知文之指歸。孫沖序。

　　戊辰正月，光從《絳州志》中錄得孫沖重刊序。今夏於津門得一明刊本，乃知《志》所載者非全文，因復錄其所遺，以備接補，並考其異同於後。戊子十月。

　　（隱僻不明）自沖在京師得此文，頗與同人商榷，卒不能果，然詳其意旨、句讀。樊宗師又為皇唐名士，不知當時負此文走人門下，有誰與詳解而知之也（宗師與韓退之親，且相推善。觀退之之文，大不如此）。退之文集中有《答陳商書》，其意甚病商之所為文，不與世相上下，故喻以齊王好竽，商負瑟而干之，又不知退之終使宗師之文如是。唐室承齊、梁、陳、隋餘獘，其文章最微弱。又變其體，使有聲韻耦對。唐享年尤遠，由是鼓而成風。其間忽有韓愈獨與張籍、

皇甫湜、李翱輩更迭文體，高出秦、漢，亦大為當時眾口排擯，謂之無用之文。韓愈死，其道彌光。後來有學韓愈氏為文者，往往失其旨，則汩沒，為人所鄙笑，今則尤甚。嘗有人以文投陳堯佐，陳得之，竟月不能讀。即召之，俾篇篇口說，然後識其句讀。陳以書謝，且戲曰：子之道，半在文，半在身。以為其人在，則其文行。蓋謂既成文而須口說之也，是知身死則文隨而沒矣，於學古也何有哉（咸平六年文之中正）！秦世以前，淳而不漓；炎漢之間，煥而不雜；逮魏與晉，稍稍侵害。自茲而下，歐而折脊。隋、唐以來，擘為二途，既不相近，頗甚攻毀（夫聖人文章）。

（因磨石別刊之）以傳其文，中舍世為儒家，故弟起居郎，直昭文館。望博古有文章，愛急救民病，竭力吏道。因滯外，使連漕運數道。咸平六年四月，死王事於河北。是以中舍常喜人，有名於世，故拂拭，樊刺史所為記（俾不墜沒）。

（知文之指歸）沖通治晉州時，嘗與晉守何公亮書論樊宗師所為文章何。以書答沖，剖析尤見為文之深旨。其二書今亦刊之，記後。景德元年九月五日序。

「為絳州通判月餘」（《志》無「月餘」二字），「前畦蔬夏花新竹」（《志》無「蔬」字），「《記》之易解者在其文」（《志》無「在其字」三字），「巍伏地靇」（《志》「伏」作「匿」），「內軍將軍梁軌」（《志》無梁軌名），「生無瘠瘦」（《志》「瘦」作「疲」）。

石刻見於《集古錄》。歐曰：「宗師之文，乃怪誕若此。」

《蜀綿州越王樓詩序》（安此序為樊宗師官綿州時所作）云：綿之城，帝猲獥。掀明威，灟石硝。馳涪瀨左陵（石本作「淩」）凌紅稜，簪天地。送行癸壬，且捌跎踢於西北，蟠紅顧青。越王正（鍾伯敬曰：「宋諱『貞』之字曰『正』。『越王正』，當作『貞』。」按，黃鶴《杜詩注》曰：「貞未嘗刺綿州，意是中宗，或睿宗曾受此封，及刺此州。」豈鶴未見樊序耶？得此並可訂鶴之誤。）故為樓，重軒疊飛，門（石本「門」有「明」字）牔蒙傘。蹇蹇（凌本止一「蹇」字）子（石本、凌本並作「予」）始登，謂日月昏曉，可窺其背，雷電合，風雲遇（石本作「遭」，凌本作「過」），霜辛露酸，星辰介行，鬼神（石本作「神鬼」）變化。草木頭（石本作「頯」凌本作「顯」），繡髻銜，蓑芰皆可察極。既縈視其江帶，又極視其土崗，斷暴遠近，山嶮嶮若閫之東皇。天原開，見荊山。我其（石本作「可」）黃河，矖然為曲直。淚雨落，不可掩。因口其心曰：無害若（石本作「苦」）其目果星星，過歸（石本此句下又復出「果星星過歸」五字）尚悲，不能解，重為詩以釋，益不可。顧謂郡中諸君，能無有意綴（石本「意

綴」二字缺）以華艷，其念蓄云。〔註30〕

　　右序錄於《唐詩紀事》（明仿宋刻差可依据），余以凌氏《湘煙錄》（書不足据，不知其所自出）、劉氏《金石苑》（採自《綿州石刻·宋元豐元年汲郡段緘安道書》）兩本對勘，互有異同，因詳注之。甲申三月，耿文光記。

　　樊紹述既卒且葬，愈將銘之。從其家求書，得書號《魁紀公》者三十卷，曰《樊子》者又三十卷，《春秋集傳》十五卷，表、牋、狀、策、書、序、傳、記、紀、志、說、論、今文讚銘凡二百九十一篇，道路所遇及器物門里雜銘二百二十，賦十，詩七百一十九，曰：多矣哉，古未嘗有也！然而必出於已，不襲蹈前人，一言一句，又何其難也！必出入仁義，其富若生蓄，萬物畢具，海含地負，放恣橫從，無所統紀，然而不煩於繩削而自合也。嗚呼，紹述於斯術，其可謂至於斯極者矣。生而其家貴富，長而不有其藏一錢。妻子告不足，顧且笑曰：「我道在是也」。皆應曰：「然。」無不意滿。嘗以金部郎中告哀南方，還，言某師（或作「帥」）不治，罷之。以此出為綿州刺史，一年徵拜左司郎中，又出刺絳州。綿、絳之人至今皆曰：於我有德。以為諫議大夫，命且下，遂病以卒，年若干。紹述諱宗師。父諱澤，嘗帥襄陽、江陵，官至右僕射，贈某官。祖某官，諱泳。自祖及紹述，三世皆以軍謀堪將帥策，上第以進。紹述無所不學，於辭於聲，大得也。在眾若無能者，嘗與觀樂，問曰：「何如？」曰：「後當然。」已而果然。銘曰：惟古於詞必已出，降而不能乃剽賊。後皆指前公相襲，從漢迄今用一律。寥寥久哉莫覺屬（古職律切），神徂聖伏道絕塞。既極乃通發紹述，文從字順各職職，有欲求之此真躅（古直律切。　凡一叶九韻，此通質、職、緝而又兼古韻）。

　　吾讀《樊紹述墓志》，知韓子稱許樊文者至矣，而後人每以隱僻怪誕目之，其皆未能深知者與。紹述，文士也。於其葬也，搜其家集而品隲之，即以是為作銘之意，故先列其所著，次發為評論，自始至終無微詞。使其文稍有未至，安能心服若是哉？吾既錄《園池記注》，因錄此《志》於後，俾讀紹述之文者，以韓子之言為定評云。韓詩極不易讀，予嘗以韓詩、樊文比而觀之，然後知韓子之所以稱紹述者，其學問實足以相益，而紹述又具韓文之一體。當時互相砥礪，人莫能知，而其所以能為是文之故，亦不深究。妄肆雌黃之口，殊於樊文無當也。吾故謂知紹述者，韓子一人而已。文光識。

〔註30〕按，以上標點參考了（宋）計有功撰，王仲鏞校，唐詩紀事校箋：卷三十四〔M〕，北京：中華書局，2007：940～941。

目錄學卷九

集部

滹南遺老王先生文集四十五卷，續編詩一卷　（金）王若虛撰

前有李治序，王復翁序，彭應龍序，王鶚序，後有吳焯跋。

抄本

予以白衣入翰林，當代鉅公，得侍几硯。然愛予最深，誨予最切者，滹南先生一人而已。先生主文盟幾三十年，為文不事雕琢，唯求當理，尤不善四六。壬寅春，以手書四帙見示，曰：「吾平生頗好議論，今記憶止此，子其為我去取之。」明年，先生亡。越四年，其子恕見予於燕京，予盡以其書付之。又二年，槀城令董君彥明以所藏釐為四十五卷，募工鏤板以傳。東明王鶚斂衽書。

文光案，詩一卷，因《中州集》補入。《中州集》所選諸家詩，遺山改定者最多，俱勝本集，互觀之大有益處。

元遺山詩集箋注十四卷，附錄一卷　（元）張德輝類次，國朝施國祁箋注

首中統三年封龍山人李治（華本作「冶」，諸本皆作「峪」，箋本作「治」）序，陳郡徐世隆序，濟南杜仁傑後序，慎獨老人曹南王鶚引（以上四家敘，中統本），次稷亭段成已序（曹益甫本。天一閣所藏即曹本，詩集廿卷），次至順二年翰林國史余謙序（架閣本），次宏治戊午海陵儲巏題「賜進士文林郎巡按河南監察御史李瀚序」（宏治本所收即此本），次康熙四十六年江南督學使者蔚州魏學誠題（華州本），次總目（首末共四百七，而正文並注共二十五萬六千六百十字），次金史本傳（末附考證），次墓志（大德碑本附考證），次世系（系出拓拔魏姓，唐元結是其遠祖），次年譜（施國祁撰），附錄一卷（增詩五首，餘與華本同。末為元集補載，極其詳備，非他本所及）。

南潯瑞松堂本　（道光二年烏程蔣炳校刊）

李氏序曰：吾友元君遺山，壬辰北還。老手渾成，又脫去前日畦畛矣。東平嚴侯弟忠傑求得全編，將鋟之梓，命余序。余念舊游，聊為揚推云。

徐氏序曰：遺山詩祖李、杜，律切精深而有豪放邁往之氣。文宗韓、歐，正大明達而無奇纖晦澀之語。樂府則清雄頓挫，閑婉瀏亮，體制最備，又能用俗為雅，變故作新，得前輩不傳之妙，東坡、稼軒而下不論也。

杜氏序曰：遺山文集別是一副天生爐鞴，比古人轉身處更覺省力。不使奇字，新之又新；不用晦事，深之又深。但見其巧，不見其拙；但見其易，不見

其難。必欲努力追配，積學數世，然後再議。

王氏序曰：正大中，詔翰林院官，各舉所知。時閑閑先生方握文柄，於人材慎許可。首以元子裕之應詔，朝議是之，而天下無異辭。蓋子之幼也，已得其先大夫東巖君之指授，稍長，多與名士游，肆筆成章。貞祐南遷，文譽日崇。作詩自成一家，古調尤長，一時學者罕見其匹，目之曰元子，尊之也。後雖知劇縣，入主都司，簿書倥傯之際，不廢吟詠。北渡以來，放懷詩酒，游戲翰墨，片言隻字，得者為榮。閒作《中州集》，旁搜遠引，發揚前輩遺美。其敘事之工，概可見矣。余與子同庚中，又同在史舘，三歷春秋，義深契厚。姑以平日親所聞見與夫同志之所常談者，書詩卷末云。

段氏序曰：余亡友曹君益甫盡得遺山律詩，凡千二百八十首，又續採遺落八十二首，將刻梓而益甫沒。後四年，子軼繼成父志，同門下客楊天翼命工卒其事。

余氏序曰：是集世無行本，惟架閣黃公在軒手抄二十卷，藏之篋中。予為補其殘闕，正其謬誤，篇什次第，悉依原本，彙付剞劂，俾海內共珍之。

李氏序曰：曩在陝西嘗刻中州集於西安府郡齋比來河南又以家藏本詩集屬汝州刻之其詩文全集多是抄本魯魚亥豕漫不可讀近始得善本於太僕儲公靜夫遂謀協藩臬諸公鄉試甫畢乃移工任其事

魏氏序曰：錫山華生希閔得善本而鋟之梓，好古之士如獲重寶。昔歐陽子少時，得《昌黎集》於李氏敝筐中，讀而心異之，而當時未有道韓文者。已而與尹師魯輩倡為古文，出所藏韓文舊本行於世，學者遂非韓不學。茲集之出行，復有非元不學者。華生知好之而不以私之己，亦有歐陽子之志也夫。

《本傳》：所著《杜詩學》一卷，《東坡詩雅》三卷，《錦機》一卷，《詩文自警》十卷。晚年尤以著作自任。《金國實錄》在順天張萬戶家，乃言於張，願為撰述，為樂夔所沮而止。乃搆亭於家，著述其上，因名曰野史。凡金源君臣遺言往行，採摭所聞，錄至百萬餘言。纂修《金史》，多本其所著。

《年譜》分四層，紀年第一，時事第二，出處第三，詩文第四，末有論說三則。序曰：「是譜止據詩文大略可考者，按年載入，不敢曲加附會。比年，歙中凌次仲氏亦有此作，僅見其目，無由參訂。」

郝經《陵川集》有《遺山墓銘》，與碑本小異。

是集元刻為嚴忠傑中統壬戌本，張德輝類次詩文共四十卷，前有李治、徐世隆二序，後有杜仁傑、王鶚二引，書佚不得見。考徐序有評樂府語，則《新

樂府》五卷當併入刻，或別自為卷，至明刻乃削去。（《文淵閣書目》十二冊，《菉竹堂目》同。《絳雲樓目》《全集》，《內閣藏書目》四十卷，《季滄葦目》《傳是樓目》《簡明目》俱同。儲氏《附錄》一卷，內詩十四卷，文廿六卷。案，《國史經籍志》云五十二卷，乃耳食之說，不足據。）

明刻為李叔淵宏治戊午本，詩文仍四十卷，有儲巏、李叔淵二序。集中二十二卷，元闕兩頁外，《附錄》一卷乃儲氏從《中州》等集採諸贈言訂入者。何燕泉云：「《遺山集》今刻河南者即此本也。是書劉疏雨眠琴山館有之，借校箋本，如（一卷《出京》詩注）『史院得告歸嵩山寺下』（「寺」此作「侍」），又（《豐山懷古》句）『自古南鄰雄』（「鄰」，此作「都」），又（二卷《移居》句）『運甕古城隈』（「甕」，此作「甓」），又（句）『自信頗相愨』（「相」此作「亦」），又（二十八卷《大丞相碑》）『讒夫之媒孽』（此「讒」上有「辨」字），又（三十三卷《鄧州倉記》）『差人之勞不能給二人之食』（「差」，此作「十」；「二」，此作「一」），又（三十一卷《藏雲墓表》）『再略蒲鮮』（「鮮」，此作「解」），集中藉以訂正者不可枚舉。」

國朝刻為華希閔康熙庚寅本，詩、文仍四十卷，古賦四首（五古一百二十九首，七古七十八首，雜言三十六首，樂府四十八首，五律八十四首，七律二百九十三首，五絕二十五首，六言四首，五、七言一首，七絕五百八十二首），共一千二百八十首，大抵祖中統而禰宏治者，仍載附錄一卷。及李、徐、杜、王四序、引，削去李、儲兩序，而弁以魏學誠大字序，外增附錄詩五首，此刻盛行。傳是樓所藏查初白所評，趙蓉江所易，趙雲松所說，皆是甲辰歲從楊拙園夙好齋乞得，即小箋底本也（文光案，箋本元詩一千二百八十首，續採八十一首，今補一首，共千三百六十二首）。眠琴山館又藏元刻曹益甫至元庚午本，有段成已序，止詩二十卷，無文，其詩亦一千二百八十首，續採八十一首（五古十二首，七古四首，雜言三首，樂府二首，五律八首，七律三十三首，七絕一十九首）。此張德輝類次所遺者，三刻皆無，今並依類收入各卷後，即校箋本。如（三卷《覓古銅爵》句）「應是杜康祠下得」（「是」，此作「自」），又（四卷《贈答張仲文》句）「疑作金荃怨曲欄畹辭」（「欄」，此作「蘭」），又（《天涯山》句）「斷岸何緣此天姥」（「此」，此作「比」），又（《陵川西溪圖》詩注）「自己造仙府」（「自」下，此有「謂」字），亦舉一二，並較今本殊勝，藉以改正不少（《文淵閣書目》云「詩三冊，全」，《菉竹堂目》同。《國史目》云「二十卷」，《天一閣》同。《汲古閣目》云「八本」，《附存書目》云「二十卷」。案，此本與下黃選刻皆二十卷，未知諸目究係何刻。又，此集丹黃滿紙，為西樵老即錢陸燦晚年評本。如一卷《箕山》詩「降衷均義秉」四句，直以腐語抹去。十二卷《雪香亭》「金水河頭好墓田」句，以為唐張祐語，妙在「山光」

二字，若襲改作「河頭」則無味。評語頗中肯綮，亦採入。文光案，天一閣所藏即曹本，有段成巳序。《箋》所據者舊目，嘉慶三年目有序。《附存書目》所著為汲古閣本，毛晉從《全集》中錄出，刻於《十元人集》中者，即此本，提要言之甚詳，施氏偶未之檢。余家舊藏此本，前有段成巳序，後有毛晉跋。《覓古銅爵》句在第四卷內，知分卷有不同，是亦作自前。無古賦，自《箕山》題起凡二十卷，箋本未曾言及）。又從楊秋室假讀舊抄元黃公紹至順庚午本，詩二十卷，僅七百餘首，樂府次首卷，餘略同，有余謙序，蓋選本也。其《移居八首》注云：「元本止七首，今仍之。」乃以「故書堆滿牀」句上接「尚有百本書」句為一首，豈知八首各用一韻，無轉韻者，誤也。秋室云：「此集七律不載《岐陽》，七絕不載《論詩》，棄取已失當，他何論耶？」亮哉，斯言！

查初白評即華氏本，如（五卷《送陳季淵》句）「雪花茫茫楊白雪」（改「雪」作「沙」），又（七卷《癸巳除夜》句）「浮心白髮前」（改「心」作「生」），又（《老樹》句）「不用若回家」（改「若回」作「苦思」），又（八卷《寄希顏》句）「南餘歸計一廛新」（改「南」作「商」），皆與舊本暗合。惟（三卷《崇福宮》句）「寂寞來作由東鄰」乃云「由」疑作「田」〔註31〕，又《半山亭》句「半山亭前淅江水」乃云「淅」當作「浙」，其謬處未免失檢。至（八卷《上馮內翰》句）「蚤櫪老歸千里驥」（改「蚤」作「早」），及詳益甫本，竟係「皁」字。蓋因傳刻者訛「皁」為「早」，而後校者復改「早」為「蚤」，沿誤至此。又（十四卷《壬子寒食》句）「五樹來禽拾放花」（改「拾」作「十」），及詳益甫本，乃是「恰」字，亦因傳刻本訛「恰」作「拾」，遂致改「拾」作「十」，去本字愈遠矣。古書有因校而益訛者，初白尚不免此。

本集三卷《荊棘中杏花》詩亦見（謝枋得《疊山集》），八卷《新野先主廟》詩、十卷《蜀昭烈廟》詩亦見（元明善《清河集》），又《潁亭》詩「春風碧水」二語亦見（張希孟《會波樓》詩），皆誤也。惟別本有《聞鶯》五絕一首，似為（趙孟頫《松雪齋集》）誤入者，故不收補。

集詩失載者，本集《寒食靈泉宴集序》有五古一首（集無），《小亭集序》有《種松》詩（一卷有詩，似非）、《東游略記》詩十首（五卷《游泰山》一首，十二卷《龍泉寺》四首，餘無），《超花》詩注引殘句（集無）。《中州集》五卷趙愚之《書懷繼裕之韻》五古四首（集無），次韻答詩七律陰塵韻二首（八卷止次陰韻一首，十卷《追錄》題下塵韻一首，注云「寄張子純」，非與趙作）；六卷麻知幾《松筅同裕之賦》七古一首（集無）、《裕之以山游見招兼以詩為寄因仍其韻》四首（集無），雷希顏《同裕之欽叔分韻得莫論二字》五古二首（集無）、《九日登少室絕頂同裕之分

〔註31〕按，「云」字後四字原為雙行小字，疑本為大字。

韻得蘿字》五古一首（七卷有《太室同賦》五律一首，非九日作）、《洛陽同裕之欽叔賦》七律一首（九卷一首，非和作）、《次裕之韻兼及景元弟》灰韻七律一首（九卷有《示崔雷諸人》詩而杯材韻不叶，又此自指雷伯威），劉景元《同裕之水谷分韻得荷風送香氣》五絕五首注云「『深竹貯秋氣』，裕之語」（集無）。《歸潛志》引《昆陽懷古》句云「英威未覺銷沈盡，猶向春陵望鬱蔥」（集無），靜修遺文《孝子田君表》云有贈其子田道童詩（集無），《歸田詩話》引句云「花啼杜宇歸來血，樹掛蒼龍蛻後鱗」（集無，不知何人句），以上皆失載者。至庶齋《老學叢談》引《贈張寓齋》句云「汝伯年年髮如漆，看渠著腳青雲平」（四卷《示仲軏》句），《圭齋集·送振先歸庭序》引句云「九原如何作，我欲從歐陽」（二卷《移居》句），《藝林伐山》引句云「北去穹盧千萬里，畫羅休〔註32〕縷麝香金」（十二卷《雪香亭》句），《歸田詩話》引句云「燕南趙北非金土，王後盧前盡故人」（十卷《王仙翁》句），皆屬錯記。若《居易錄》引句云「濟南山水天下無」，乃于欽句（《詠歷山》云：「濟南山水天下無，晴雪曉日開畫圖。」見《齊乘》），更攷《寰宇訪碑錄》有《湧金亭》詩刻在今河南輝縣者，當即五卷《示同遊諸君》作。又《題超化寺》詩刻在今河南密縣者，當即十卷「秋風嫋嫋」作。

　　本集中《侯相雲溪圖》題內載絕句一首，賈氏《千秋錄》中《口號》三首，《酒裏五言說》中五古一首，五詩皆不入題數。郝《銘》所紀一千五百餘首，合諸失載篇什，約有其數。惟今華氏本所刊郝《銘》，於「一千五百」之「餘」字訛作「五」字，而雲松趙氏遂疑真有此數，有「更求全集」之語，殆未考耶？

　　集文元闕者，（十五卷）《光武中興頌大司農箴》二篇、（二十三卷）《文儒武君銘》、（三十一卷）《沖虛大師銘》皆有銘無序，（二十四卷）《教授常君銘》、（二十七卷）《完顏良佐碑》皆有序無銘，（四十卷）《南陽上梁文》脫《拋梁詞》六首。又墓志如《承旨子政》《御史仲寧》《尚書仲平》《大理德輝》《點檢阿撒》《郎中道遠》《省講議仁卿》《西師楊沃衍》《奉御忙哥》《宰相子伯祥》《節婦參政伯陽之夫人》《將軍長樂妻明秀》，凡十二篇，見《漆水公碑》語，今並不存是也。宏治刊本脫去者，（二十二卷）《中順張君碑》脫一頁（闕三百八十字），銘詞後半闕兩行；《陽曲周君表》脫一頁（闕三百四字），從《金石例補》得一十七字是也。

　　又先生文字散見他處，自類次後未經收入者，若《漆水郡侯耶律公墓志銘》

〔註32〕「休」，原闕，據《元遺山詩集箋注·元集例言》補。又按，今《遺山集》卷
　　　　十二《俳體雪香亭雜詠十五首》中無此句。

（《遼史·百官志》引其語）、《尚書右丞耶律公神道碑文》（集中《與成先相仲書》所云公碑）二篇，見《元文類》；《安肅郝氏塋碑文》殘本，見《金石例》；《楊振碑文》殘本，見石刻（意增五十六字傍注）；《跋閑閑草書》和《擬韋詩後》，見《墨跡》，今已依類採補各卷後，惟《秋澗集》云：「有《題東坡與蒲傳正四帖跋》。」及《寰宇訪碑錄》所載《陳仲謙墓志銘》（正書正大二年立），今在山西臨晉縣五峰山；《重修洞真觀碑》（王萬慶正書，元定宗三年十月立）、《五峰山崔先生像贊石刻》（各體書無年月），並在今山東長清者，今無由採輯矣。

　　嘗讀虞道園《學古錄》所載《曾巽初墓銘》云「補注遺山詩一十卷藏於家」，蓋古人已有先我而為之者。第云「補注」，則必有作於前者；又言「藏於家」，則此注似未行世，不得與李季章（荆公注）、施武子（東坡注）、任子山（山谷注）等注並傳，惜哉！集中本事非證不詳，自四史外，如《中州集》《續夷堅志》《歸潛志》《拙軒集》《滏水集》《滹南集》《莊靖集》《鶴鳴集》《二妙集》《河汾諸老詩》《敬齋古今黈》及諸宋人（《齊東野語》《庶齋老學叢談》《山房隨》）、元人（《湛然集》《還山遺稿》《東遊記》《陵川集》《秋澗集》《玉堂嘉話》《丁亥集》《續集》《靜修遺詩》《文拾遺》《皇元風雅》《元名臣事略》《圭齋集》《牧庵集》《困學齋雜錄》《金臺集》《河朔訪古記》《梧溪集》《谷音》《雪樓集》《道園學古錄》《剡源集》《草盧集》《齊乘》《淵穎集》《輟耕錄》《名儒草堂詩餘》《名山遊記》）、明人（《說學齋稿》《潛溪集》《忠文集》《升庵集》）等書約十之一，雜書又二百餘種，大半山館中物，哀而箋釋之而已。已寓灾，所錄副本又一炬而空。復聚羣書，七月而成。張半屏、蔣枕山雅共商搉，有意續補，謹識此以俟。

　　先生手錄詩冊無例可沿，《箋注》隨題入，悉遵舊本。（以上《凡例》）

　　歲丁巳秋九月四日，遺山先生卒於獲鹿寓舍。十日訃至（文光案，大德碑本無「十日訃至」四字），經走常山三百里，已馬骨歸葬（文光案，碑本無「已馬骨歸葬」五字）。爇文酹酒，哭於畫像之前而已（文光案，碑本無「而已」二字）。先生與家君同受業於先大父，經復隸事先生者有年，義當敘而銘之。詩自《三百篇》以來，極於李、杜。其後纖靡淫艷，怪誕癖（碑作「僻」）澀，寖以弛弱，遂失其正。二百餘年而至蘇、黃，振起衰踣，益為瑰奇，復於李、杜氏。金源有國，士務決科干祿，置詩文不為。其或為之，則羣聚訕笑，大以為異。委墜廢絕百有餘年而先生出焉。當德陵之末，獨以詩鳴（碑無「鳴」字）。上薄《風》《雅》，中規李、杜，粹然一出於正直，配蘇、黃氏天才。清瞻邃婉，高古沈鬱。大和力出意外，巧縟而不見斧鑿，新麗而絕去浮靡，造微而神采粲（碑作「燦」）發。雜弄金璧，

糅飾丹素。奇芬異秀，洞蕩心魄。看花把酒，歌謠跌宕。挾幽、并之氣，高視一世。以五言雅為正，出奇於長句，雜至五（碑無「五」字）千五百餘篇。為古樂府，不用古題，特出新意以寫怨思者又百篇餘（碑作「百餘篇」）；用今題為樂府，揄揚新聲者又數十百篇，皆近古所未有也。汴梁亡，故老皆盡，先生遂為一代宗匠，以文章伯（碑無「伯」字），獨步幾三十年，銘天下功德者盡趣其門。有例有法，有宗有趣又至百餘首，為《杜詩學》《東坡詩雅錦機》《詩文自警》等集，指授學者。方吾道壞爛，文曜曀昧，先生獨能振而鼓之，揭光於天，俾學者歸仰識詩文之正而傅其命脈，繫而不絕，其有功於世又大也。每以著作自任。以金源氏有天下，典章法度幾及漢唐，國亡史興已所當為，而《國史實錄》在順天道萬戶張公府。乃言於張公，使之聞奏，願為撰述。奏可，方闢館，為人所沮而止（文光案，碑云「為樂夔所沮而止」，《金史》本傳同，沮事不詳）。先生曰不可，遂令一代之美泯而不聞，乃為《中州集》百餘卷（文光案，《中州集》十卷，「百餘卷」不知為底稿為誤字）。又為《金源君臣言行錄》，往來四方，采摭遺逸，有所得輒以寸紙細字親為記錄，雖甚醉不忘，於是雜錄近世事至百餘萬言，捆束委積，塞屋數楹，名之曰野史亭，書未就而卒。嗚呼，先生可謂忠矣。先生諱好問，字裕之，太原定襄（碑作「秀容」）人，系出拓跋魏，故姓元氏（文光案，《國史》：本黃帝之後。自昌意少子受封北國，傳至後魏道武，於東晉安帝隆安二年稱帝於平城，乃以拓拔為氏。傳六世而至孝文，遷都洛陽，始改元氏。又傳七世而國祚移，遂落籍汝州。唐代多顯宦，五季從汝州遷平定，靖康末從平定遷忻州，故文字中以平定為鄉郡。又案，今忻州韓巖村五花墳有詩人元遺山之墓，乾隆五十九年刺史汪本直重修，有墓圖並記，重摹此志勒石）。曾大父某（碑本「曾大父春忠顯校尉隰州團練使」），大父某（碑本「大父滋善儒林郎銅山府君贈朝列大夫」），父某（碑本「父格顯武將軍鳳翔府路第九處正將兼行隴城縣令騎都尉河南縣開國男邑食三百戶」），妣某氏（碑本「妣河南縣君張氏」）。先生七歲能詩，太原王湯臣稱為神童。年十一，從其叔父，官於冀州。學士路宣叔賞其俊爽，教之為文。年十有四，其叔父為臨川令，遂從先大父學。先大父即與屬（碑作「倡」）和，或者譏其不事舉業，先大父言「吾正（碑作「政」）不欲渠為舉子爾，區區一第不足道也。」遂令肆意經傳，貫串百家。六年而業成，下太行，渡大河，為《箕山》《琴臺》等詩。趙禮部見之，以為少陵以來無此作也，以書招之，於是名震京師，目為元才子。登興定五年進士第，不就選。往來箕、潁間者（碑無「者」字）數年而大放厥辭，於是家累（碑作按）其什，人嚼其句，洋溢乎里巷，吟諷於道途，巍然坡、谷復出也（碑本此句下有「初筮任，除鎮平令，再轉內鄉，遂丁

艱憂，終喪」十七字。翁方網曰：「此處敘次有誤，余於《年譜》詳之矣。」按，《年譜》云：「先生先官於內鄉，後乃官鎮平、官南陽，以本集考之甚明，郝《銘》考之未詳。」）。正大中，辟鄧州南陽令（「鄧」，碑作「申」。案，《譜》：「南陽令在四十二歲。」）。南陽大縣，兵民十餘萬，帥府內兼鎮府（碑作「撫」），甚有威惠。以太夫人衰疾，辭。劇致養，轉內鄉令。丁艱憂，終喪（案，碑本無「以太夫人」下十九字。案，《譜》：「官內鄉在三十九歲。郝《銘》『南陽令轉內鄉令』，誤甚。」《譜》又云：「《金史・文藝傳》敘內鄉令在正大之前，亦誤。近日長洲顧嗣立《元百家詩小傳》又敘內鄉於南陽之後，亦沿郝氏《銘》序之訛耳。顧氏《小傳》又沿郝《銘》之訛，作『興定三年進上』，皆宜改正。」文光案，郝《銘》、《臨川集》本、碑本俱作「五年」）。詔為尚書都省掾（碑本：「詔為尚書都省掾。居無何，除左司都事。再轉為中順大夫，行尚書省左司員外郎兼修起居注上騎都尉、河南縣開國子，食邑五百戶，賜紫金魚袋」）。天興初，入翰林，知制誥。金亡，不仕而卒，春秋六十有八，卒之某月日（碑云：「某年月日」），葬定襄（碑云：「葬於秀容」）。前配太原（碑作「同郡」）張氏（碑云：「戶部尚書林卿之女」），再配臨清毛氏（碑云「摧貨司提舉飛卿之女」）。子男三人，曰某某（碑云：「長曰撫奉直大夫汝州知州兼管諸軍奧魯勸農事，次曰振仕太原路參佐，次曰總尚書都省監印」）。女三人（碑「五人」）：長適進士程端（碑云：「長曰真，適進士東勝程思溫」），次女冠（碑云：「次嚴，女冠，詔為官教，號浯溪真隱」），次適張某（碑云：「次順，早卒。次適成和郎大都惠民司提點太原翟國才，次適建德路織染局大使定襄」）。銘曰（碑無「銘曰」，銘詞提行。汪本「銘曰」上有「霍維祖」三字）：士子賈技爭綴緝，僥倖寸祿奔走急。以為詩文作無益，糞壞擲棄明月璧。先生卓犖有異識，振筆便入蘇黃室。開闢文源翦荊棘，大聲復完金玉擊。爛漫長醉思盈溢，瑞錦秋花亂堆積。險妬護前喘肝膽，羣犬猻猻（碑作「狺」）共讒嫉。塵埃野馬為鬼蜮，遺山巖巖倚天壁。國史興喪是吾職，義烈不負董狐筆。定襄高寒拓拔國，馬昇（碑作「兒」）歸來（碑作「葬」）反元宅。有書有傳（碑作「卷」）俱未卒，嗚呼先生端可惜。嗚呼先生不可得！（文光案，汪本碑末題云：「大德四年七月吉日男奉直大夫汝州知州兼管諸軍奧魯勸農事元柎並元振立石。」又案，志傳中或言太原定襄人，或言太原秀容人，定襄即今忻州所屬之定襄縣。宋熙寧中，省入秀容。元祐初復置，仍隸忻州，至今因之。定襄本漢陽曲縣地，後漢移陽曲於太原界，置定襄縣，隸新興郡。考定襄自置縣至今，未曾隸太原。其言太原定襄者，誤也。遺山忻州人，讀書定襄之神山西，至忻州界二十里，遂誤為定人。秀容即今之嵐縣，隸太原府苛嵐州。金名嵐州，隸河東北路，元隸太原路縣。西三十里有古秀容城，即漢汾陽縣。按，此為南秀容，朔平府界為北秀容。其曰「太原秀容人」者，因定襄省入秀容而誤也。究之秀容為古地名，省定襄縣。入秀容乃隋與宋之地理，與遺山所居

之忻州無涉。忻建自隋開皇十八年，宋為忻州定襄郡，金隸太原府，元隸冀寧路，明仍忻州、隸太原府，雍正二年改直隸州，領定襄、靜樂二縣。今遺山墓在州城南十五里，士人呼曰五花墳墓。前有土五方，相傳先生葬時，四方來祭者張棚帳於此，畫花為記，至今遺趾如故。又案，先生卒於蒙古憲宗七年九月四日，是年為宋理宗寶祐五年。後三年庚申，始為蒙古世祖中統元年。《元詩小傳》云：「世祖在藩邸聞其名，將以館閣處之，未用而卒。」　《箋》云：「《金源君臣言行錄》即《壬辰雜編》。」　碑云：「曾大父春，隰州團練。」本集《承奉銘》云：「祖春，不仕。」《箋》云：「團練，宋官，金初有此職。春生當靖康，天輔間為此官隰州，入金或挂冠去。《銘》遂其終志，故諱言之。此碑仍書原官，削去『宋』字。」　「行尚書省左司員外郎」，《箋》云：「先生本官省掾，此職乃崔立叛後授。望而勒授者，陵川撰碑略去，此本乃復加入而言再轉者。」　「天興初，入翰林知制誥」，《箋》：「案，上文員外郎已在天興二年，此安得反言『初』？且此職亦必係崔立勒授者，碑文失於削去本傳不載，此官最是。」　「奧魯」「與路」同）

　　右錄《陵川集》本《遺山先生墓志銘》（元郝經撰），以碑本（凡二本：一為箋注本所刻，一為汪本直得摹勒石者，略有更訂，與舊碑本小異，今刻入《墓圖》後）互校，錄於注中。其有未盡者，增注於末。辛巳重九日，光志。

　　元遺山《論詩絕句》效少陵「庾信文章老更成」諸篇而作也，王貽上仿其體，一時爭效之。厥後宋牧仲、朱錫鬯之論畫，屬太鴻之論詞、論印，遞相祖述，而七絕中又別啟一戶牖矣（《養新錄》）。遺山先生口誨：遺山先生向與頤齋張公自汴北歸過衛，先君命錄近作一卷三十餘首為贄。拜二公於賓館，同志雷膺在焉。先生略叩所學，喜見顏間。酒數行，命張燈西夾，曰：「吾有以示之先生。」憑幾東面坐，予二人前侍披。所獻狂斐，且讀且竄。即其後，筆以數語，擬其非是，且見循誘善意。而於體要工拙，音韻乖叶，尤切致懇。每篇終，不肖跪受教，再拜起立。夜向深，先生雖被酒，神益爽，氣益溫，言益厲，覺泉蒙茅塞，洒洒然頓釋，如醉者之於醒，委者之於起也。說既竟，先生復昌言曰：「千金之貴，莫踰於卿相。卿相者，一時之權。文章，千古事業，如日星昭回，經緯天度，不可少易。顧此握管銛鋒，雖微，其重也，可使纖埃化而為太山；其輕也，可使太山散而為微塵。其柄用有如此者，況老成漸遠，斯文將在後來。汝等其勗毋替。」坐客四悚，有怳然自失，不覺映面發愧者。既而鼓動，客去。先生覆衾臥，予二人亦垂頭倚壁熟睡。及覺，日上，先生與客已觴詠入矣。於是胠篋取一編書，皆金石雜著，授余曰：「可疾讀，吾聽。」愜其音節，句讀不忒。顧先君字而謂之曰：「孫子誠可教矣！老夫平昔問學，頗得

一二。歲累月積，針線稍多。但見其可者，欲付之耳。可令吾姪從余偕往，將一一示而畀之。庶文獻之傳，罔隕越於下。」先君起拜謝不敢，曰：「先生惠顧若爾，何幸如之。知王氏且有人矣，敢不惟命期。」於明年春，當見先生於西山，時歲甲寅春二月也。後三十五載，戊子冬十二月臘節前三日，小子惲再拜謹述。　又《帝王鏡略序》：「近讀遺山先生《鏡略》書，所謂立片言而得要者也。其馳騁上下數千載之間，總理繁，會數百萬言之內。駢以四言，叶以音韻，世數代謝，如指諸掌。」

又《黃石祠詩注》：黃石公祠有詩云：「天口既與赤帝子，口口願師黃石公。」題曰：「騰騰老」，後復題曰：「兀兀翁」，騰騰老，楊紫陽也；兀兀翁者，楊飛卿也。二公爭相謂已詩者數年。遺山聞之曰：「詩則非佳，爭之之意，甚可一噱也。」　又《史天澤家傳》：「北渡後，名士多流寓失所。知公好賢樂善，偕來游依。若王滹南、元遺山、李敬齋、白樞判、曹南湖、劉房山、段繼昌、徒單侍講，為料其生理，賓禮甚厚。暇則與之講究經史，推明治道。」　又《玉堂佳話》：「遺山常與張噥齋論文，見有竊用前人詞意而復加雌黃者，遺山曰：『既盜其物，又傷事主，可乎？』一坐為之絕倒。」　又，夢與姜君文卿會歷下，以遺山新舊樂府為問。予曰：「舊作極佳，晚年覺詞逸意宕，似反傷正氣。」姜以為然，予因賦詩以贈。既覺，頗記一二。（王惲《秋澗集》）

元遺山先生金末遭亂避兵，行至一窮僻之所，有古廟焉，因假宿，意謂明日將他之也。忽更餘，若有人聲自梁屋間出，熟聽之，聲愈清切。問元先生曰：「先生博學強記，吾常聞之矣，試與學生一一問之如何？」先生曰：「某也學淺才疏，然於世之經、史亦嘗涉獵，願子問之。」於是先問《易》，次及《書》、《詩》、《春秋》、四書及漢、唐史之異同，皆前輩所未考者。先生以已意所見詳辨之，其聲稱善，曰：「先生真大才也。惜乎，不遇時也如此。」問答稍閒，復曰：「先生得無飢乎？」先生曰：「雖飢，亦無奈何。」其聲曰：「學生當與先生備之，並裀褥進，先生慎無疑而勿受也。」先生曰：「某雖不與子相識，若神若鬼，既蒙問答，復何疑焉？」其聲曰：「願先生稍出戶外，當自備至。」於是先生出，復進，則皮㲩餅羹畢具。先生始甚恠之，因自思曰：「受此亦豈有所害耶？」食既而寢。明日將行，其聲又曰：「先生未可行，學生當先往覘之。」須臾至，曰：「兵事方熾，不若就此為善也。」居數日，先生欲去，其聲又曰：「先生可行矣，然回某方則善。」先生曰：「某與子既若是情好，猶故人也。今日生別，或可使某知子之為何如人，姓名為誰，他日思以報。」其聲

曰：「學生非人也，因見先生遭難，故來相護耳。既欲相見面，必待送數程，擇一半壁窗處，月明夜相見。就別自此。」行數日，無日不見報前途虛實者，先生深以為幸。一日告：「前途可無慮矣，學生當與先生別。」夜半月明，其聲漸近。先生倚窗立，但見一虎特大，斑文可觀，拜舞而去。先生常載此事於文集。後至正庚子夏，宗叔可道思言，因備道其詳云。（孔行素《信齋類稿》。　又遺山有《雁塚詞》，雁之有義，人所不及。諺云：「雁孤一世，鶴孤三年，鵲孤一週」，時故親迎奠雁。）

　　張橘軒與遺山為斯文骨肉，張公「富貴倘來良有命，才名如此豈長貧」，元改「倘來」為「逼入」，「此」為「子」。又云：「半篙溪水夜來雨，一樹早梅何處春。」元曰：「佳則佳矣，而有未安。既曰『一樹』，烏得為『何處』？不如通作一句，改『一樹』為『幾點』。」壬辰北渡，寄遺山詩：「萬里相逢真是夢，百年垂老更何鄉。」元改「里」為「死」，「垂」為「歸」。如光弼臨軍，旗幟不易，一號令之而百倍精采。（《庶齋老學叢談》）

　　呂公祠云：元遺山在太原，有道人常邀同食，且曰：「我家在濟南趵突泉上，甚可樂也，公能從我游乎？」元曰：「有待數年。」後遺山過濟南，已忘前約矣。游泉上，倦臥瀠源堂，忽夢前道人揖之曰：「久約不相憶耶，何咫尺不枉顧？」醒而始悟，因起，過北岸，入祠中，儼然坐上矣，因為重建此祠。（《歷城舊志》）

　　元遺山，北文雄也。其妹（案，遺山無妹，當即其次女）為女冠，文而艷。張平章當揆欲娶之，使人屬裕之。辭以可否在妹，以為可則可。張喜，自往訪之。覘其所向，至則方自手補天花板，輟而迎之。張詢近日所作，應聲答曰：「補天手段暫施張，不許纖塵落畫堂。寄語新來雙燕子，移巢別處覓雕梁。」張悚然而出。（《山房隨筆》）

後　記

　　本書原為筆者的省級課題的結項報告，今欲出版，不甚歡喜。雖然本書在對耿文光及其著述的研究上尚有諸多不足，如未來得及對《日課書目》、二十卷本《目錄學》等進行全面整理等，但相信也解決了部分懸而未解的問題。未來擬打算將此二書連同天津圖書館所藏《耿氏藏書目》以「耿氏藏書目三種」之名一起標點出版。

　　筆者以為，從整個目錄學史上看，耿文光可以算作一位成就頗豐的學者型藏書家，可惜生前聲名不顯，故其著述亦多不流傳。然從其存世的《目錄學》《萬卷精華樓藏書記》看，所收錄的諸書之版本或多為明、清時期常見之本，但編撰書目之體例、內容等絕對是很有學術價值的。同時，他以讀書為目的的觀念也給人很大的啟發。從這個方面看，耿氏及其著述並不比當時江南之地眾多藏書家差。這一點，本書所引鄭偉章、李艷秋等學者也多持肯定態度。另外，韋力先生曾專門在其微信公眾號「芝蘭齋」以《耿文光萬卷藏書樓：萬卷精華，粹於一書》為題對耿氏的生平及著述等進行過考察和評價，筆者在撰寫本書的過程中多有參考，但未及引入正文，今附記於此，學者可以據此更為清楚地了解這位了不起的學者。

　　本書的出版，得力於諸多親朋好友的鼎力相助，在此一併感謝。

2023 年 1 月記於家中，7 月重校再記。